HANS RAUSCHER

ISRAEL, EUROPA
UND
DER NEUE ANTISEMITISMUS

MOLDEN
VERLAG

# HANS RAUSCHER

# ISRAEL, EUROPA UND DER NEUE ANTISEMITISMUS

## EIN AKTUELLES HANDBUCH

MOLDEN VERLAG, WIEN

Verlag und Autor danken folgenden Förderern:

Bank Austria AG
Erste Bank der österreichischen Sparkassen AG
Investkredit Bank AG
Österreichischer Raiffeisenverband
Österreichische Kontrollbank AG
Siemens AG
Stadt Wien
Strabag

Die deutsche Bibliothek – CIP-Einheitsaufnahme

Rauscher, Hans
Israel, Europa und der neue Antisemitismus – ein aktuelles Handbuch/Hans Rauscher –
Wien: Molden Verlag, 2004
ISBN 3-85485-122-7

© 2004 by Molden Verlag GmbH, Wien
www.molden.at
Umschlagentwurf: Veronika Molden
Lektorat: Helga Zoglmann
Herstellung: Alfred Rankel
Satz: Zehetner Ges. m. b. H.
Druck: GGP Media GmbH, Pößneck

ISBN 3-85485-122-7

# Inhalt

„Das Monster ist zurückgekommen" • Gibt es einen „Neuen Antisemitismus"? • „Die Dämonisierung der Juden wird auf den Staat Israel übertragen" • Was ist neu am „Neuen Antisemitismus"? • Sind auch „die Guten und Anständigen infiziert"? Die Solidarität mit Israel unter einer harten Belastungsprobe • Die Zwickmühle • Die Grenze zwischen berechtigter Kritik an Israel und Antisemitismus

„Wir leben wieder in Angst" • „Der neue Antisemitismus ist leider keine jüdische Phantasie", sagt der Kardinal • Was war geschehen? • Die Fakten: Die EU untersucht „beunruhigende Entwicklungen" • „Entweder Rechtsextreme oder junge Muslime meist arabischer Herkunft • Ein Bericht wird zurückgehalten, ein zweiter in Auftrag gegeben • „Die größte Gruppe scheint aus rechtsextremen jungen weißen Europäern zu bestehen" • Subtiler Streit um die Täter-gruppen • Übergroße politische Korrektheit gegenüber den Muslimen? • Der „transportable Islam" • Die „europäische Intifada", ein neues Kapitel in der Geschichte des Antisemitismus • 52 Millionen Muslime in Gesamteuropa • „Die Importeure der Intifada sind eine kleine Minderheit, aber sie verbünden sich mit anderen Antisemiten" • „Alltags-Antisemitismus", ein Entgiftungs-prozess mit hohen toxischen Rückständen • Wer will keine Juden als Nachbarn? Zwei Prozent der Deutschen, 18 Prozent der Österreicher • Der Rechtspopulismus gibt alten Vorurteilen ein neues Styling • Warum uns das etwas angeht: „Eine Demokratie, die den Antisemitismus akzeptiert, stellt sich selbst in Frage" • „Israel als größte Gefahr für den Weltfrieden" – Der Schock der Eurobarometer-Umfrage • „Israel hat den Öffentlichkeitskrieg verloren"

„Nur Israel verleiht uns Juden Sicherheit als Juden" • Kritik auf der Basis der Garantie von Israels Existenzrecht • Terroristen und „Terroristen" • An der Grenze der moralischen Erträglichkeit • „Israel rennt ins Verderben", sagen die Geheimdienstchefs • Sharon: „Die Zeit ist nicht gegen uns" • Die Extremisten auf beiden Seiten beherrschen die Schlagzeilen • „Der Duft eines explodierenden Märtyrers" • Fast forward durch die Geschichte: Wer war wann im Heiligen Land? • Der Kampf zweier Völker um ein Land • Die Staatsgründung mit Flucht und Vertreibung • „Facts on the ground" • Auch die Palästinenser brauchen ein „neues Denken" • Demographische Zeitbombe • Kritik und Empathie

Die traditionellen Rechtsextremen; die arabisch-muslimischen Radikalen; die europäischen Rechtspopulisten; die Neue Linke; „Wiedergeburt" in Osteuropa; von blanker Hasspropaganda bis zur Code-Sprache der Anspielungen • Grundsätzliche Definitionen – moderne Spielarten • „Antisemitismus ist die Gesamtheit juden-feindlicher Tendenzen" • Antisemitismus und Nationalsozialismus • Was „den Juden" ausmacht • Der Kern des Antisemitismus • Nicht trotz, sondern wegen Auschwitz – sekundärer Antisemitismus nach 1945 • Moderner antisemitischer Code in Deutschland und

Österreich – Haider, Möllemann, Hohmann, „Kronenzeitung" •
„Der Herr Muzicant von der Kultusgemeinde" • „Der Herr
Grienberg von der Ostküste und das Wienerherz" • Der „vaterlands-
verräterische, weltverschwörerische, schmutzige, intrigante,
geschäftstüchtige Jude" • Haiders falsches Kalkül – Antisemitismus
rettet nicht vor Wahlniederlage • Der deutsche Rechtspopulist folgt
dem österreichischen: Möllemanns „gehässige Juden", die am
Antisemitismus mitschuldig sind • Antisemitismus ist in Europa
nicht mehrheitsfähig – warum Rechtspopulisten trotzdem
antisemitisch agieren • Was endlich auch einmal gesagt werden
musste: Antisemitismus der christlichen Rechten in Deutschland •
„Ich stelle die provozierende Frage: Waren die Juden ausschließlich
Opfer?" • Die „Täterschaft" der Juden in der Russischen Revolution •
„Ein Lehrstück des antisemitischen Diskurses" • Die Selbst-
reinigungskraft der deutschen Demokratie funktioniert – gegen den
Unmut an der „Basis" • Das Phänomen „Krone" – eine extrem
erfolgreiche Zeitung mit antisemitischen Untertönen • „Nur wenige
wurden vergast" • Antisemitismus in Versform • „Ausgeschwitzt" •
Muslimischer Antisemitismus: Das fatale Rezept des Dr. Mahatir,
Premierminister von Malaysia • Blumige „arabische Rhetorik" oder
Hasspredigten, die zum Terrorismus aufrufen? • „Antisemitische
Vorstellungen im Islam gut verankert" • „Bruder Hitler" in der
ägyptischen Regierungszeitung • „Man muss sich vor den Juden
hüten" – aus palästinensischen Schulbüchern • Verordneter
Judenhass der Regime oder Volks-Antisemitismus? • Auschwitz hat
es entweder nicht gegeben – oder es hat keine Bedeutung für die
Araber • Der Präsidentenberater interveniert, die Hasspredigen gehen
weiter • Quasi-eliminatorischer Antisemitismus der radikalen
Islamisten (Hamas) • „Haben wir den Mut zur Selbstkritik?"
Stimmen der Rationalität in der inner-arabischen Debatte •
Verbindungen zwischen radikalen Arabern und europäischen
Rechtsextremen • „Die Drahtzieher der Globalisierung" – Anti-
semitismusgefahr bei Attac & Co.? • „Der Antisemitismus der
Antifaschisten" • Wenn man die „internationalen Finanzmärkte"
kritisiert, muss man auf die Untertöne achten • Osteuropa:
„In tieferen Bewusstseinsschichten überdauert" •

Die Vergangenheitsbewältigung in Osteuropa beginnt erst –
und sie konzentriert sich auf den Kommunismus

## 5. KAPITEL
### DIE ZUKUNFT DES ANTISEMITISMUS

„Weniger Gedanken über die Ursachen machen, sondern
energisch vorgehen“

# Einleitung

Die Idee zu diesem Buch stammt von Fritz Molden, dem österreichischen Patrioten, Widerstandskämpfer, kampfeslustigen Konservativen mit einem liberalen Herzen, risikofreudigen Unternehmer, Wiederbegründer einer österreichischen Zeitungstradition nach dem Weltkrieg, Buchverleger mit Höhen, Tiefen und allem, was dazwischen liegt. Wir sprachen einmal über die ersten Anzeichen für einen „neuen Antisemitismus" in Europa. Ob man sie ernst nehmen solle oder ob es sich nur um ein plötzliches Sichtbarwerden von üblen Tendenzen handle, von denen wir wissen, dass sie da sind, die sich aber mehr oder weniger in den Schmutzecken der europäischen Gesellschaft verbergen.

Wir sprachen auch über den Wandel in der Haltung der meisten Europäer, besonders der Deutschen und der Österreicher zu Israel. Wo noch vor zwanzig Jahren Solidarität, Mitgefühl, eine grundsätzlich positive Einstellung zum Staat Israel und eine absolute Abscheu vor dem palästinensischen Terrorismus vorherrschten, breitete sich nun Unbehagen über die israelische Besatzungspolitik aus, waren zum Teil seltsame Bemühungen zu erkennen, den Terror zu verstehen oder wenigstens zu erklären, manchmal sogar zu entschuldigen. Dieser Mentalitätswandel erreichte seinen sichtbaren Höhepunkt in einer Umfrage der EU-Kommission im Herbst 2003, wo rund 60 Prozent der Bewohner der damals 15 EU-Mitgliedsstaaten Israel (und nicht etwa den Irak-Krieg oder Nordkoreas Atomwaffen-Ambitionen) zur größten Gefahr für den Weltfrieden erklärten (siehe Abschnitt „Der Schock der Eurobarometer-Umfrage", Seite 89).

Hier hat sich etwas dramatisch verschoben. Die Umfrage war zwar missverständlich, möglicherweise sogar tendenziös formuliert. Es wäre besser gewesen, nach Krisenherden statt nach einzelnen Ländern zu fragen. Es ist kein Zweifel, dass die ganze, scheinbar hoffnungslose Situation im Nahen Osten von den meisten Menschen in Europa als gefährliche Bedrohung und Belastung empfunden wird – und nicht nur Israel allein. Aber die beinahe alltägliche Erfahrung von Gesprächen unter Freunden, im Bekanntenkreis, in der ganzen öffentlichen und halböffentlichen Diskussion nicht nur in Österreich und Deutschland zeigt, dass Israel und sein Verhalten sehr wohl im Zentrum sowohl der Emotionen wie der rationalen Überlegungen steht.

Kein Wunder, angesichts der doppelten Rückbindung von Israel und seinem Konflikt mit den Palästinensern an Europa. Der Holocaust war eine europäische Monstrosität. Die Verantwortung und die Verpflichtung daraus bleibt für immer bei Europa. Es verbleibt bei uns die Obsorge für die Sicherheit und Angstfreiheit der europäischen Juden; es verbleibt bei uns der nie endende Kampf gegen Hass und Ressentiment in der eigenen Gesellschaft – und es verbleibt bei uns letztlich die Verantwortung für die Existenz Israels.

Gleichzeitig schlägt aber der Nahostkonflikt nach Europa zurück – in Gestalt von Millionen arabisch-muslimischer Einwanderer, die den Palästinakonflikt als Teil, möglicherweise sogar als Kern ihrer größeren Auseinandersetzung mit dem säkularen „Westen" sehen. Beginnend mit der „zweiten Intifada" von 2000 bis heute häuften sich auch die Übergriffe auf Juden und jüdische Einrichtungen in Europa, und wenn auch nicht alle Täter aus den Reihen muslimischer Jugendlicher kommen; wenn es innerhalb der zuständigen EU-Institutionen sogar einen peinlichen Disput über das Ausmaß der Beteiligung junger Muslime gab; und wenn sich schließlich bei zwei spektakulären Vorfällen in Frankreich herausstellte, dass die angeblich arabischen Täter erfunden waren, so ist doch nicht zu leugnen, dass eine sehr hohe Zahl, wahrscheinlich sogar die Mehrzahl der Übergriffe auf das Konto arabisch-muslimischer Einwanderer-Söhne geht. Das ist die zweite Rückbindung des Konflikts zwischen Israel und den Palästinensern an Europa. Das erfüllt uns mit Angst, weil wir darin einen gewaltigen Treibsatz des größeren Angriffs des radikal-islamischen Terrorismus auf Europa sehen – und sehen müssen.

In diesem Klima der Angst und der Verunsicherung entsteht ein explosives Gemisch aus reflexartigen Schuldzuweisungen, Verschwörungstheorien, wieder aufgekochten alten Vorurteilen, aber auch von echter Besorgnis und strapazierter Solidarität. In jeder Diskussion kann man, mehr oder weniger offen, die Frage hören: „Also, darf man jetzt Israel kritisieren oder ist das schon antisemitisch?" Oder: „Man wird doch noch sagen dürfen, dass …"

Man darf und man kann. Aber auf das „Wie" kommt es an, auf den Hintergrund, auf die Untertöne, darauf, ob es eine ehrliche Frage ist oder eine hinterhältige Unterstellung. Ob man über „die Juden" redet oder über bestimmte politische Entscheidungen und Verhaltensweisen einer Staatsführung. Ob es um eine echte, wenngleich schonungslose Debatte geht oder um augenzwinkernde Selbstvergewisserung der eigenen Vorurteile.

Der Vertreter der amerikanischen „Anti-Defamation League", Abraham Foxman, stellte bei der großen Antisemitismus-Konferenz der OSZE in Berlin im April 2004 die rhetorische Frage: „Wo zieht man die Grenze, ob es sich um Antisemitismus handelt oder nicht?" und gab sich selbst gleich die Antwort: „Man weiß es einfach. Es geht aus dem Kontext hervor, aus dem Ton und wie es gesagt wird. Es ist wie mit Pornographie: es ist fast unmöglich, es zu definieren. Aber du erkennst es, wenn du es siehst." (Die „Anti-Defamation League" ist eine 1931 gegründete jüdisch-amerikanische Organisation, die sich der Bekämpfung des Antisemitismus widmet: www.adl.org.)

Das hat eine innere Wahrheit. Auch wer nicht so vertraut ist mit den vielfältigen Erscheinungsformen des Antisemitismus, kann spüren, dass etwas nicht stimmt, wenn bestimmte Code-Worte fallen, wenn Zweideutiges zu lesen ist. Aber das reicht nicht für Klarheit in der Debatte.

Fritz Molden und ich kamen zu dem Schluss, dass wir versuchen sollten, mit einem Buch, diesem Buch, mehr von dieser Klarheit herzustellen:

Gibt es einen „Neuen Antisemitismus" in Europa, und wie sieht er aus?

Was ist neu am „Neuen Antisemitismus"?

Wann ist Kritik an Israel antisemitisch und wann nicht?

Schließlich: Wie können wir Europäer, aber vor allem wir Deutsche und Österreicher, eine Position im israelisch-palästinensischen Konflikt finden? Eine Position, die unsere Verantwortung für die Vergangenheit – und für den anhaltenden, nicht zu bagatellisierenden

Antisemitismus – nicht verleugnet, die auch den arabisch-muslimischen Terrorismus klar benennt, es uns aber auch erlaubt, die israelische Politik gegenüber den Palästinensern kritisch zu hinterfragen.

Dabei geht es auch um die möglichst umfassende Präsentation von Fakten, die richtige Einschätzung und Einordnung von Phänomenen, um Vermittlung von Grundlagen und die Einbettung in einen historischen, aber auch aktuellen Kontext, der selbst interessierten Lesern nicht so geläufig sein dürfte. Darum trägt dieses Buch den Untertitel: „Ein aktuelles Handbuch".

Im Zuge der Recherchen für dieses Buch habe ich die beiden großen Konferenzen über den Neuen Antisemitismus besucht, die 2004 abgehalten wurden: Zunächst das von der EU-Kommission in Brüssel am 19. Februar abgehaltene Seminar „Europe against Antisemitism – for a Union of Diversity" unter dem Vorsitz des damaligen Kommissionspräsidenten Romano Prodi und mit zahlreichen prominenten Teilnehmern. Außerdem die noch umfangreicher angelegte „OSCE Conference on Antisemitism" in Berlin am 28. und 29. April, bei der die 55 Mitgliedsstaaten der „Organisation für Sicherheit und Zusammenarbeit in Europa" unter ebenfalls äußerst prominenter Beteiligung über Maßnahmen gegen den Antisemitismus berieten. Im Vorfeld dazu fand als gemeinsame Veranstaltung des „American Jewish Committee" und des „Zentralrats Deutscher Juden" ebenfalls in Berlin ein Forum diverser NGOs zum selben Thema statt, aus der sich für dieses Buch weitere wertvolle Anregungen ergaben. Vor allem aber boten diese drei Konferenzen Gelegenheit zu intensiven Gesprächen mit internationalen Experten, Politikern und Autoren.

Weitere wichtige Erkenntnisse ergaben sich aus den beiden Berichten des „European Monitoring Center on Racism and Xenophobia" in Wien. Einerseits der – dann vom EUMC nicht veröffentlichte – Bericht „Manifestations of Antisemitism in the European Union – First Semester 2002" von Werner Bergmann und Juliane Wetzel vom März 2003. Andererseits der Bericht „Manifestations of Antisemitism in the EU 2002–2003", der sozusagen als Korrektur zum ersten in Auftrag gegeben und dann veröffentlicht wurde (über die darunterliegende Kontroverse im Kapitel „Die Fakten"). Beide Berichte enthalten ein Fülle von Material und auch wichtige Interpretationen.

12

Weiters wurden für dieses Buch intensivst die internationale Presse, politische Fachjournale, aber auch die zahlreichen Internet-Websites ausgewertet, die sich – oft sehr polemisch – mit dem Thema beschäftigen; ein nicht unwichtiger Teil des Kapitels über moderne Erscheinungsformen des Antisemitismus bildet eine Materialsammlung, die der Autor für einen Prozess mit dem österreichischen Massenblatt „Kronenzeitung" zusammengestellt hat.

Schließlich ist Dr. Rudolf Gelbard zu danken, der reiches historisches Material vor allem über die Geschichte des Zionismus und der Entwicklung des Staates Israel zusammengetragen hat.

Wien, im September 2004                                        *Hans Rauscher*

# 1. Kapitel
## Israel, Europa und der Neue Antisemitismus
### *Was uns das angeht*

An fast jedem beliebigen Tag wird der europäische Medienkonsument mit Nachrichtenfetzen wie diesen konfrontiert:

„Junger Araber sticht in Paris jungen Juden nieder"

„Wieder jüdischer Friedhof in Deutschland geschändet"

„Palästinensischer Selbstmordattentäter sprengt in Jerusalem Schulbus mit Kindern in die Luft"

„Israelische Sicherheitskräfte dringen in palästinensische Gebiete ein – Gegenschlag fordert mehrere Todesopfer, darunter auch Kinder"

Das ist der Bezugsrahmen, in dem unser Denken und Fühlen zum Thema „Nahost-Konflikt" abläuft. Hinter diesen Meldungen wartet ein großes, unaufgelöstes Thema darauf, dass wir es irgendwie in den Griff bekommen – begrifflich-analytisch, aber vor allem praktisch-politisch. Die Vorfälle in Europa und im Nahen Osten stehen eindeutig miteinander in Verbindung – aber wie sollen wir sie bewerten? Wir spüren einen Zusammenhang mit Ereignissen hier und dort, wir erfahren die beunruhigende Erkenntnis, von einer gewalttätigen Auseinandersetzung mitbetroffen zu sein, für die wir eigentlich keine Mitverantwortung empfinden und übernehmen wollen, aber es doch tun müssen.

Zwischen Europa und Israel besteht ein Spezialverhältnis, das sich von der furchtbaren Einzigartigkeit des Holocaust herleitet. Angesprochen ist dabei ausdrücklich ganz Europa und nicht nur Deutschland oder auch Österreich. Hitler-Deutschland hat den Holocaust ins Werk gesetzt, aber es fand genügend willige Helfer im restlichen besetzten Europa, sei es in Frankreich oder im Osten. Jacques Chirac war der erste französische Präsident, der die Mitverantwortung Frankreichs für die Deportation der Juden ausdrücklich anerkannte. Aber nicht nur wegen der Kollaboration mit Hitler-Deutschland, sondern auch wegen der älteren Geschichte des Antisemitismus auf dem Kontinent fühlt sich Europa – verkörpert in der nun 25 Staaten umfassenden Europäischen Union – verpflichtet, die Existenz und die Sicherheit des Staates Israel zu unterstützen. Das mindert die Verantwortung Deutschlands und Österreichs nicht, aber es ist eben nicht eine alleinige Verantwortung.

Außerdem versteht sich die Europäische Union als politische Einheit, die sich bestimmten Werten verpflichtet fühlt – Demokratie, Rechtsstaat, Menschen- und Bürgerrechte, Minderheitenschutz, Humanismus allgemein. Man spricht teilweise sogar von „europäischen Werten", obwohl sie universale Werte der Menschheit sind oder sein sollten. Sie haben ihre Wurzeln allerdings in der europäischen (Geistes-)Geschichte, wie der antiken Philosophie, dem Christentum, der Aufklärung, der Französischen Revolution („Erklärung der Menschenrechte"). Die Betonung der „europäischen Werte" mag allerdings auch daher rühren, dass gerade im Europa in der ersten Hälfte des 20. Jahrhunderts besonders katastrophal gegen sie verstoßen wurde, wobei ein mörderischer Antisemitismus die schrecklichste Rolle spielte. Als man in der zweiten Hälfte des 20. Jahrhunderts daran ging, ein Vereinigtes Europa zu errichten, geschah dies unter besonderer Berufung auf die unter furchtbaren Opfern wieder erkämpften „europäischen Werte".

Israel als Staat ist eine Reaktion auf den europäischen Antisemitismus und, in letzter Konsequenz, auf den Holocaust. Zwar hatte die Einwanderung von Juden ins damalige Palästina schon Jahrzehnte vor dem Zweiten Weltkrieg und dem Holocaust begonnen und gab es schon damals unter den politischen Eliten der Juden in Palästina eine klare Zielvorstellung von der Gründung eines Staates; doch die furchtbare Erfahrung der Massenvernichtung war entscheidend für die Verwirklichung, sowohl auf Seiten der jüdischen Siedler, wie auf Seiten der internationalen Gemeinschaft, die mit der UN-Resolution vom November 1947 der Staatsgründung feierlich zustimmte – allerdings in ganz anderer Form, als sie dann verwirklicht wurde. Die UN-

Resolution sah eine Teilung Palästinas (damals britisches Mandatsgebiet) in einen jüdischen und einen palästinensischen Staat vor.

Wir Europäer sind in diesem Wirkungszusammenhang eingebunden. Wir tragen eine Kollektivverantwortung – nicht eine Kollektivschuld. Diese kann es nicht geben, selbst wenn die ganz große Mehrheit derer, die unter der Nazi-Herrschaft lebten, nichts gegen den Mord an den Juden unternommen hat und nach Berechnungen von Historikern rund 300.000 im damaligen Deutschland aktiv in die Judenvernichtung eingebunden waren. Kollektivverantwortung heißt, für einen moralisch eindeutigen Umgang mit unserer Vergangenheit zu sorgen und jedes auch nur ansatzweise beginnende Wiederaufleben dieser Vergangenheit zu bekämpfen. Das gilt ganz besonders für Deutschland und Österreich als Entstehungsorte des Verbrechens, aber auch für viele andere europäische Länder, sei es wegen Mittäterschaft (die französische Vichy-Regierung, Italien, viele osteuropäische Länder), sei es wegen weitgehend unterlassener Hilfeleistung (die Schweiz, aber auch Großbritannien und die USA, wo man spätestens seit 1942 über das Ausmaß der Morde informiert war, aber aus den verschiedensten Gründen keine direkten Aktionen setzen wollte).

Allein deshalb wird Europa auch für unabsehbare Zukunft ein besonderes Verhältnis zum Staat Israel haben und haben müssen. Letztlich umfasst diese Kollektivverantwortung des vereinten Europa (und nicht nur Deutschlands) eine gewaltige Aufgabe: Die Sicherung der Existenz des Staates Israel.

Israel ist Europas Kind, für das die Verantwortung ebenfalls niemals ganz erlöschen kann, selbst wenn sie nicht so unmittelbar ausgeübt werden kann wie in Europa selbst. „Der Holocaust verbindet uns unauflöslich mit Israel", sagte Bundeskanzler Gerhard Schröder 2002 im deutschen Bundestag. Der österreichische Kanzler Franz Vranitzky erklärte am 8. Juli 1991 im Parlament: „Über eine moralische Mitverantwortung für Taten unserer Bürger (im Nationalsozialismus – Anm.) können wir uns auch heute nicht hinwegsetzen."

Jedenfalls ist es bis heute ein Axiom der europäischen Politik, sowohl der einzelnen Staaten wie der Union, dass Israel geschützt werden muss und nicht untergehen darf – auch wenn das gerade in der aktuellen Situation wahrscheinlich von einer Mehrheit der Israelis vermutlich nicht so empfunden wird; und wenn die Regierung Sharon gerade der Europäischen Union bittere Vorwürfe machte, als alle 25 EU-Mitgliedsstaaten geschlossen für die Resolution der UN-Vollversammlung vom 21. Juli 2004 stimmten, mit der der Bau eines „Sicherheitszaunes" gegenüber den Palästinensern verurteilt und zum Abriss jenes Teiles aufgefordert wurde, der auf palästinensischem Gebiet im Westjordanland verläuft (Stimmenverhältnis insgesamt 150:6). Der israelische UN-Botschafter nannte das koordinierte Abstimmungsverhalten der EU-Mitglieder „schändlich" (obwohl andererseits jene Klauseln in der Resolution, die Israels Recht auf Selbstverteidigung bestätigen und die Palästinenserbehörde auffordern, den Terror wirklich zu bekämpfen, auf Druck der EU in die Resolution kamen).

Hier existiert ein tiefer Dissens. Von den Israelis wird die Haltung der Europäer als einseitig „pro-palästinensisch" ausgelegt, zum Teil möglicherweise sogar unterschwellig antisemitisch motiviert. Das offizielle Europa hingegen macht geltend, dass es gerade aus Sorge um Israel handle: Frieden und Sicherheit für Israel könnten nur aus einer Friedensregelung mit den Palästinensern kommen; das bedeute letztlich eine Aufgabe der harschen Besatzung in der Westbank und in Gaza und die Gründung eines palästinensischen Staates. Das Recht auf Selbstverteidigung Israels werde nicht bestritten, aber gerade der „Sicherheitszaun" oder die „Sperrmauer" laufe de facto auf eine neue Landnahme zuungunsten der Palästinenser hinaus und trenne jedenfalls Zehntausende von ihren Lebensgrundlagen: Feldern, Olivenhainen, von lebenswichtiger Infrastruktur wie etwa Spitälern.

Andererseits sagen die Israelis: wir sind schließlich die Betroffenen, unsere Kinder werden von palästinensischen Bomben zerfetzt, wir haben jahrzehntelange Erfahrung im Kampf gegen den Terrorismus, wir wissen am besten, wie man damit umgeht.

Tatsächlich: der Zaun verleiht auch einen gewissen Schutz vor dem Eindringen palästinensischer Terroristen, keinen perfekten, wie immer neue schreckliche Attentate beweisen, aber die israelische Armee bietet Statistiken an, die man nicht ganz ignorieren kann: seit der Errichtung der ersten Teilstrecken des Zauns bzw. der Mauer ist die Attentatswelle abgeschwächt.

Europa, das offizielle Europa, fühlt sich verpflichtet – in israelischer Sicht „maßt es sich an" –, aus Sorge um die langfristige israelische Sicherheit auf Irrwege der israelischen Sicherheitspolitik hinzuweisen. Implizit fühlt sich Europa aber auch für das Schicksal der Palästinenser verantwortlich – aus einem Motivenbündel heraus, das nicht ganz so leicht zu entwirren ist. Einerseits spielt, wie von israelischer Seite oft vorgebracht, das Thema „Geschäfte mit den Arabern" sicher eine Rolle. Europa bezieht Öl aus dem Nahen Osten und liefert Industriegüter und Waffen dorthin. Ob allerdings eine Unterstützung der Palästinenser die europäischen Geschäfte in den diversen arabischen Staaten entscheidend befördert, ist die Frage. Die arabischen Führungseliten neigen da eher zu Lippenbekenntnissen.

Es sind natürlich auch Gründe der inneren Sicherheit, der politischen Stabilität, die Europa in den Konflikt hineinziehen. Aber letztlich empfindet Europa auch ein Gefühl der Verantwortung und Verpflichtung gegenüber den Palästinensern. Deren gegenwärtige Lage ist ohne Zweifel auch auf eigene, teils sehr frühe und sehr schwere Fehler zurückzuführen. Aber diese Lage ist auch das Ergebnis der Ur-Entscheidung, die Gründung des Staates Israel zu unterstützen. Daraus ergibt sich eine indirekte europäische Verantwortung für die Palästinenser.

Die EU finanziert in sehr beträchtlichem Ausmaß die palästinensische Autonomiebehörde in den besetzten Gebieten. Zwar wird ein Teil des Geldes zweifellos missbraucht und fließt in die Taschen einer palästinensischen Führungs-Clique oder wird, viel schlimmer, zur Bezahlung von Terroristen verwendet; aber im Wesentlichen finanziert Europa doch die notwendigste Infrastruktur der Palästinenser – Gehälter für Ärzte, Polizisten, Lehrer, Subventionen und Kredite für Straßenbauten, Schulen, Spitäler, Bewässerungsanlagen, alles, was eben ein entstehender Staat praktisch ohne eigene Einkünfte so braucht.

Dass dies so bleibt, daran hat der Staat Israel sehr wohl ein großes Interesse, denn erstens müsste er es sonst selbst bezahlen und zweitens würde ein völliger Zusammenbruch der ohnehin schon arg beschädigten palästinensischen Überlebens-Strukturen einen Aufstand auslösen, der nicht mehr zu begrenzen wäre. Bei aller Kritik an der Haltung der EU, die „einseitig pro-palästinensisch" sei (der israelische Außenminister Silvan Shalom Anfang September zu seinem Besucher Joschka Fischer), wurden gleichzeitig Gespräche geführt, ob nicht die EU einen Teil der Infrastruktur im Gaza-Streifen übernehmen könnte, aus dem sich Sharon zurückziehen will.

Letztlich geht die europäische Politik davon aus, dass der Bestand Israels auch von einer Lösung des Konflikts mit den Palästinensern abhängt, zumindest was Israels Status als jüdischer Staat und liberale Demokratie betrifft.

## „Das Monster ist zurückgekommen"

Israel, die Palästinenser und der gesamte Nahe Osten sind also viel stärker mit Europa verwoben, als es die europäische Öffentlichkeit vielfach wahrnimmt. Es ist ein prekäres Verhältnis, stets gefährdet durch Irritationen, meist zwischen Israelis und Europäern.

In jüngster Zeit kamen neue, schwere Irritationen hinzu. Denn über Europa ging eine Welle von antisemitischen Gewalttaten, Schmähungen und Drohungen hinweg, die ihre aktuelle Virulenz aus dem israelisch-palästinensischen Konflikt beziehen (siehe nächstes Kapitel). In einem noch größeren Zusammenhang ist sein Nährboden und Energiequell das Spannungsfeld zwischen Israel, Europa (oder dem gesamten Westen) und der arabisch-islamischen Welt.

Es dauerte nicht lange, bis jemand die Alarmglocken läutete. Der Antisemitismus nähere sich derzeit einem Punkt an, „an dem er so schlimm ist wie in den dreißiger Jahren", sagte der US-Botschafter bei der EU, Rockwell Schnabel, im Februar 2004 bei einem Abendessen des *American Jewish Committee* in Brüssel. Der außenpolitische Koordinator der EU und frühere Nato-Generalsekretär Javier Solana sagte bei demselben Anlass: „Jüngste antisemitische Taten und Äußerungen in Europa sind empörend. Dass Synagogen angezündet werden, dass Juden auf der Straße körperlich misshandelt und verbal verunglimpft werden, ist absolut nicht akzeptabel."

„Das Monster ist zurückgekommen", sagt der Präsident des „European Jewish Congress", der Mailänder Geschäftsmann Cobi Benatoff.

Gemeinsam mit Edgar Bronfman, dem Präsidenten des „World Jewish Congress", der Dachorganisation mit Sitz in New York, verfasste Benatoff einen Gastkommentar im „global newspaper" *Financial Times,* der am 19. Februar 2004 erschien. Der Artikel trug den ominösen Titel „Bricht wieder die Finsternis über Europa herein?" und gipfelte in dem Satz: „Antisemitische Rhetorik und Gewalt hat in Europa ein so großes Ausmaß erreicht, wie es seit dem Ende des Zweiten Weltkrieges nicht mehr vorgekommen ist."

Auch die UNO entschloss sich, das Phänomen zur Kenntnis zu nehmen. Generalsekretär Kofi Annan veranstaltete im Juni 2004 in New York ein Seminar zum Thema Antisemitismus – dem ersten der UN überhaupt – und hielt fest, dass „wir einen alarmierenden Anstieg dieses Phänomens in neuen Formen und Manifestationen beobachten. Diesmal kann und darf die Welt nicht schweigen". Es sei 60 Jahre nach dem Holocaust schwer zu glauben, dass der Antisemitismus wieder sein Haupt erhebe. Annan stellte auch die Verknüpfung mit dem Nahost-Problem her: „Wenn wir Gerechtigkeit für die Palästinenser suchen – wie wir das müssen –, dann lasst uns jedermann zurückweisen, der versucht, diese Sache zu benutzen, um Hass gegen Juden zu schüren, sei es in Israel oder anderswo."

Diese Passage in der Rede des UN-Generalsekretärs kann übrigens als Zurechtweisung starker Kräfte innerhalb der Weltgemeinschaft gewertet werden, die genau das tun: Unter dem Vorwand der Suche nach Gerechtigkeit für die Palästinenser Hass gegen die Juden oder gegen Israel zu schüren.

## Gibt es einen „Neuen Antisemitismus"?

Antisemitismus hat viele Gesichter. Er ist „der Oberbegriff für jede Form von Judenfeindschaft", sagt der Leiter des Zentrums für Antisemitismusforschung in Berlin, Wolfgang Benz. „Die älteste Form ist der religiös motivierte Antijudaismus, der in unserer säkularisierten Gesellschaft keine große Rolle spielt. Dann gibt es den so genannten modernen Antisemitismus, das ist die pseudowissenschaftlich mit der Rassenlehre argumentierende Judenfeindschaft, die von Hitler praktiziert wurde. Die dritte Form ist der Antizionismus als Kampfbegriff nicht nur gegen den Staat Israel, sondern fast immer gegen die Juden als Kollektiv. Und es gibt viertens einen sekundären Antisemitismus: Das ist eine neue Judenfeindschaft in Deutschland, die nicht trotz, sondern wegen Auschwitz funktioniert, also eine Abneigung gegen Juden, weil sie uns an deutsche Verbrechen erinnern, weil Wiedergutmachungszahlungen geleistet wurden, weil sie uns daran hindern, den Schlussstrich zu ziehen."

In Frankreich, Belgien und den Niederlanden gäbe es einen anderen Antisemitismus: „Er geht von jungen islamischen Einwanderern aus Arabien und Nordafrika aus, die sich vehement als Judenfeinde artikulieren" (Benz-Interview in der „Taz" vom 28. April 2004).

Anti-Judaismus macht die Juden für den Tod Christi verantwortlich (der umstrittene und immens erfolgreiche Film von Mel Gibson „Die Passion Christi" wird in dem Sinn von vielen als anti-judaistisch angesehen). Gibson bekennt sich zu einer ultra-konservativen christlichen Sekte.

Unter Anti-Zionismus hingegen versteht man die Kritik oder die totale Ablehnung der Neu-Gründung des jüdischen Staates auf einem Teil des historischen „Eretz Israel", des „Landes Israel". Der historische Begriff des Zionismus umfasst die Neubesiedlung des „Eretz Israel" (Land Israel) bzw.die Neugründung eines jüdischen Staates auf diesem (umstrittenen und in vielerlei Hinsicht nicht klar definierten) Territorium, ausgehend von der Idee des österreichischen Journalisten und Aktivisten Theodor Herzl um die Wende des 19. zum 20. Jahrhunderts.

Der moderne Zionismus hingegen ist in der Formulierung des deutsch-jüdischen Autors Natan Sznaider einfach „in erster Linie die Ausübung jüdischer Souveränität in politischem Sinne. In Israel gibt es einen jüdischen Staat, jüdische politische Institutionen, eine jüdische Öffentlichkeit, eine jüdische Währung – alles, was Sie wollen" (Interview in der „Taz" vom Juli 2004).

Die politisch mächtige israelische Siedlerbewegung erhebt – unterstützt von linken wie von rechten Regierungen – einen Anspruch auf große Teile des heutigen Westjordanlandes, weil dies ja den Kernteil des historischen „Eretz Israel" bildete. Ob das ebenfalls als (legitimer)

Zionismus zu betrachten ist, wird zumindest von liberalen Israelis und Juden und von einem Großteil der Weltmeinung verneint. Denn einerseits soll auf diesem Gebiet ein eigener palästinensischer Staat entstehen. Andererseits würde eine Annexion und Inkorporierung in den israelischen Staat diesen binnen kurzem seines jüdischen Charakters berauben, es sei denn, man führt eine ethnische Säuberung an den Arabern durch.

Aber gibt es einen „Neuen Antisemitismus"? Die kurze Antwort ist: Ja, es gibt ihn. Er speist sich aus alten und neuen Quellen und ist ein Zusammenfluss von drei Strömungen: der Antisemitismus der alten Rechtsextremen, der Antisemitismus der neuen linken „Anti-Imperialisten" – und der Antisemitismus der radikalisierten Muslime in Europa und anderswo. Alle verwenden antisemitische Stereotypen und Vorurteile, die es schon länger gibt, aber sie setzen sie in einem neuen Kontext ein – so gut wie immer in dem des Nahost-Konflikts.

Der Neue Antisemitismus ist „das alte europäische Ungeheuer", das „eine neue Gestalt bekommen hat", schrieb die liberale holländische Zeitung „de Volkskrant" im Juni 2004. „Das Monstrum ist wieder erwacht, wiewohl in zwiefach neuer Gestalt", hieß es im Leitartikel der „Zeit" von Josef Joffe im Februar 2004.

Allerdings bestreitet etwa der britische Wissenschaftler Brian Klug, Philosophie-Professor in Chicago und in Oxford, den „Mythos des Neuen Antisemitismus". Ein Gedankenexperiment würde dies zeigen: wäre Israel kein jüdischer, sondern ein lutheranischer oder katholischer Staat, der aber in den besetzten Gebieten Palästinas dieselbe Unterdrückungspolitik betreibe, so gäbe es denselben wütenden Aufruhr unter den Palästinensern und ihren jugendlichen Sympathisanten in Europa, aber der wäre dann eben nicht antisemitisch. Die Feindschaft gegenüber Israel sei nicht die gegen den jüdischen Charakter des Staates, sondern gegen Israel als „europäischer Eindringling oder als amerikanischer Klient oder als nicht-arabisches oder nicht-muslimisches Gebilde; darüber hinaus als unterdrückende Besatzungsmacht". Das sei vielleicht chauvinistisch und xenophobisch, aber nicht in sich selbst antisemitisch (Brian Klug: „The Myth of the New Antisemitism", in: „The Nation", Februar 2002, www.thenation.com).

Klugs Argumentation lässt allerdings außer Acht, dass die wüsten Hassäußerungen, die sich sowohl in der arabisch-muslimischen Welt, in der entsprechenden Immigration in Europa, wie in manchen rechten und linken Zirkeln gegen die Juden und Israel richten, ganz klar und eindeutig auf die alten antisemitischen Stereotypen der Nazi und anderer zurückgreifen. Hier sind Juden als „Juden" gemeint und nicht als Lutheraner oder Katholiken (obwohl die muslimischen Radikalen gerne den Begriff „Kreuzfahrerstaat" für Israel verwenden). Hier werden „die Juden", „die Israelis" (wieder) als eine besondere Spezies der Menschheit hervorgehoben, besonders verschlagen, einflussreich weit über ihre zahlenmäßige Bedeutung hinaus durch bösartig-geniales Ränkeschmieden, die Drahtzieher hinter praktisch jedem Übel. Sie steuern die amerikanische Nahostpolitik, die internationalen Finanzmärkte und sind letztlich verantwortlich für das Unglück und die Rückständigkeit der arabisch-muslimischen Welt. Brian Klug skizzierte brillant das innere Bild, das nicht nur die rabiatesten Antisemiten, sondern viele an sich gemäßigt denkende Bürger von „den Juden" haben: „Wo immer sie hingehen, formen sie einen Staat im Staat. Mit heimlicher Konspiration arbeiten sie zusammen, um ihren eigenen kollektiven Vorteil auf Kosten der Nationen oder Gesellschaften zu fördern, in deren Mitte sie leben und die sie ausnutzen. Sie sind schlau und manipulativ und verfügen über unheimliche Kräfte, die es ihnen trotz ihrer relativ kleinen Zahl erlaubt, ihre Ziele zu erreichen."

Juliane Wetzel und Werner Bergmann vom Berliner „Zentrum für Antisemitismusforschung" haben 2003 einen Bericht über „Manifestationen des Anitsemitismus in der Europäischen Union – erstes Semester 2002" erstellt, der als Reaktion auf die Welle judenfeindlicher Übergriffe vom „European Monitoring Center on Racism and Xenophobia" (EUMC) mit Sitz in Wien in Auftrag gegeben wurde. Der Bericht erregte einiges Aufsehen, weil ihn das EUMC nicht veröffentlichen wollte und dann durch einen zweiten, umfangreicheren Bericht anderer Autoren ersetzte. Dieser kam allerdings bezüglich der Natur der Täter antisemitischer Vorfälle zu unterschiedlichen Schlüssen.

Der Wetzel-Bergmann-Bericht enthält jedoch eine ausgezeichnete

Zusammenfassung jener „vorherrschenden antisemitischen Vorurteile", die in der aktuellen Problematik die größte Rolle spielen:

„Die vorherrschende Meinung des zeitgenössischen Antisemitismus" sei immer noch die „einer jüdischen Weltverschwörung, das heißt die Annahme, dass Juden alles kontrollieren, was in der Welt geschieht, sei es durch finanzielle oder mediale Macht, sei es durch verborgene politische Einflussnahme hauptsächlich in den USA, aber auch in europäischen Ländern. (Diese Verschwörungstheorie basiert oft auf der berüchtigten antisemitischen Fälschung der ‚Protokolle der Weisen von Zion', die beschreibt, wie eine Gruppe von Juden scheinbar die Fäden der Welt in der Hand hält.) Daher kommend, hat sich die Abkürzung ZOG (Zionist Occupation Government) sowohl auf der äußersten Rechten wie in der radikalen islamischen Szene etabliert. Eine kürzlich ausgestrahlte ägyptische TV-Serie ‚Reiter ohne Pferd' benutzte diese berüchtigte antisemitische Fälschung. Während des Fastenmonat Ramadan wurden die 41 Teile der Serie von zahlreichen arabischen Sendern ausgestrahlt)."

Diese Annahme, die Juden seien die wahren Herren der Welt, wird nach der Analyse der Berichtsautoren benutzt, um sehr unterschiedliche Phänomene zu erklären: „Die Leugnung des Holocaust nimmt eine zentrale Rolle im europäischen Rechtsextremismus ein. Es wird behauptet, dass der Holocaust niemals stattgefunden hat und dass die jüdische Seite, indem sie ihren Opferstatus ausnutzt, um mit der ‚Auschwitz-Lüge' vor allem europäische Regierungen zu erpressen (Restitution, Unterstützung für Israel), aber auch die US-Politik gegenüber Israel zu beeinflussen Darüber hinaus negiert die These von der ‚Auschwitz-Lüge' naturgemäß auch die Behauptung, dass die Gründung des Staates Israel historisch notwendig war, um ein sicheres Heimatland für die Überlebenden des Holocaust und die Juden generell zu schaffen. Genau an diesem Punkt wird die rechtsextremistische Propaganda auch für die radikalen islamistischen Gruppen in ihrem Kampf gegen Israel anwendbar, denn der Opferstatus und Israels Existenzrecht werden durch die ‚Auschwitz-Lüge' herausgefordert. Hier hat ein Lernprozess stattgefunden, in dem ‚revisionistisches' Gedankengut von einigen Leuten in der Arabischen Welt übernommen wurde.

Im Gefolge des 11. September 2001 sei die Ansicht entstanden, schreiben Bergmann/Wetzel, der islamistische Terrorismus sei eine natürliche Folge des ungelösten Mittel-Ost-Konflikts, für die Israel alleine verantwortlich ist ('The impact of September 11 on Antisemitism', herausgegeben vom Stephen-Roth-Institut für Studien des Zeitgenössischen Antisemitismus und Rassismus, Universität Tel Aviv, www.tau.ac.il). Sie rechnen den Juden einen bedeutenden Einfluss auf die angeblich gegenüber Israel einseitig bevorzugende Politik der USA zu. Hier können antisemitische und antiamerikanische Haltungen zusammenfließen, und Verschwörungstheorien über die ‚jüdische Weltherrschaft' können neu aufflammen."

## „Die Dämonisierung der Juden wird auf den Staat Israel übertragen"

Die Annahme von engen Bindungen zwischen den Vereinigten Staaten und Israel verstärke ein weiteres Motiv antisemitischer Haltungen: „In der politischen Linken sind Antiamerikanismus und Antizionismus eng miteinander verbunden. Wegen seiner Besatzungspolitik betrachten Teile der Friedensbewegung die Gegner der Globalisierung und manche Drittweltstaaten Israel als aggressiv, imperialistisch und kolonialistisch. Für sich selbst genommen ist das naturgemäß nicht als antisemitisch zu werten; und doch gibt es übertriebene Formulierungen, die eine Wendung von Kritik in Antisemitismus bezeugen, zum Beispiel wenn Israel und die Juden beschuldigt werden, die furchtbarsten Verbrechen der Nationalsozialisten wie etwa den Holocaust zu wiederholen. Als Form des Antisemitismus kann man sagen, dass die Tradition der Dämonisierung von Juden aus der Vergangenheit nun auf den Staat Israel übertragen wird (auf der Website der englischsprachigen saudischen Zeitung ‚Arab News' erschien ein Artikel mit dem Titel ‚Ein palästinensischer Holocaust droht'). Auf diese Weise wird traditioneller Antisemitismus in eine neue Form übertragen, die weniger der Legitimität entbehrt und dessen Anwendung in Europa heute Teil des politischen mainstream werden könnte."

Der Punkt dabei ist, wie ja auch Klug argumentiert, dass Kritik an Israel nicht per se antisemitisch sei; aber oft genug eben in einem solchen Kontext und mit einer entsprechenden Intention vorgebracht wird. Die israelische Politik gegenüber den Palästinensern liefere „eine Begründung, um Juden generell als Täter zu bezeichnen, wodurch der moralische Status als Opfer in Frage gestellt wird, den sie als Folge des Holocaust errungen haben. Die Verbindung zwischen Antisemitismus und antiisraelischen Gefühlen liegt in der Gelegenheit für einen Rollentausch von Tätern und Opfern".

Das geschieht jedes Mal, wenn in der politischen Diskussion oder in Zeitungskarikaturen oder am Stammtisch das Verhalten der Israelis mit dem der Nazis gleichgesetzt wird, wenn von „Völkermord" und „Holocaust" an den Palästinensern die Rede ist.

## Was ist neu am „Neuen Antisemitismus"?

Nicht die alten Klischeebilder, die sind dieselben. Neu sind die Täter – vor allem junge Muslime in einigen europäischen Ländern –, neu ist aber vor allem der gedankliche Zusammenhang und in manchen Fällen auch die Zusammenarbeit zwischen den drei Hauptströmungen des modernen Antisemitismus: Alte Rechte, Neue Linke, radikale Muslime.

Juliane Wetzel: „Spätestens seit der antisemitischen Welle (in Europa – Anm.) im Frühjahr 2002 wurde es offenkundig, dass wir es nicht mit einem neuen Antisemitismus im Sinne von Stereotypen zu tun haben – das sind die alten mit manchmal neuen Konnotationen und Hintergründen –, sondern mit neuen Tätergruppen und mit einer Zielrichtung gegen Juden persönlich."

Mit dem Beginn der „zweiten Intifada" im Herbst 2000 sei es „offenkundig geworden, dass Propaganda, die aus den arabischen Staaten kommt, einen ziemlich merkbaren Einfluss auf die muslimischen Gemeinschaften in Europa hatte. Diese antisemitischen Strukturen von Vorurteilen waren nicht auf eine Art von Re-Import von europäischen antisemitischen Stereotypen gegründet, die die arabische Welt seit den achziger Jahren überfluten, sondern konnten sich

27

auch mit antisemitischen Traditionen in diesen Ländern verbinden. Zeitungen und Satelliten-TV, aber auch sehr intensiv das Internet sind willkommene Medien, um diese Propaganda in den europäischen muslimischen Gemeinden zu verbreiten."

Der „Neue Antisemitismus" ist im Kern die Übertragung alter Mythen und Stereotypen auf den „Kampfschauplatz Naher Osten" oder, in größerem Zusammenhang, „Islam gegen Westen".

„Die dominierende Annahme des zeitgenössischen Antisemitismus ist eine angebliche jüdische Weltverschwörung, die in rechtsextremen Zirkeln eine zentrale Rolle spielt, meist verbunden mit einer Leugnung des Holocaust", sagt Juliane Wetzel. „An diesem Punkt wird die Propaganda der extremen Rechten für radikale islamistische Gruppen in ihrem Kampf gegen Israel ideologisch einsetzbar, denn der Opferstatus der Juden und Israels Existenzrecht werden durch die so genannte ‚Auschwitz-Lüge' bestritten."

Was Bergmann und Wetzel in ihrem ersten, dann abgelehnten Bericht herausgearbeitet haben, wird im Wesentlichen auch durch den zweiten Bericht bestätigt, den die EUMC dann in Auftrag gab und der in seinem theoretischen Teil weitgehend von dem österreichischen Sprachwissenschaftler Alexander Pollak verfasst wurde: Es herrsche praktisch Konsens „zwischen allen Teilnehmern der laufenden Debatte über den ‚neuen Antisemitismus', da es einen signifikanten Anstieg in verbalen und physischen Attacken gegen Juden oder jüdischen Institutionen seit dem Jahr 2000 gegeben hat. Die meisten von ihnen stimmen auch überein, dass dieser Anstieg im Kontext der politischen Entwicklungen im Mittleren Osten gesehen werden sollte. Weiters weisen besonders die Proponenten des Standpunktes, dass es tatsächlich einen ‚neuen Antisemitismus' gibt, auf neue Quellen des Antisemitismus hin, neue Gruppen von Tätern oder auf neue Koalitionen zwischen extremistischen Organisationen, die den Antisemitismus als gemeinsamen Bezugspunkt entdeckt haben."

Überdies behaupteten die meisten der Proponenten eines „neuen Antisemitismus", dass die letzten Jahrzehnte eine Verkleidung des Antisemitismus als Antizionismus oder Kritik an Israel gebracht haben oder eine Verkleidung hinter solchen Antiideologien wie Antirassismus oder Antiimperialismus. Andere würden auf die neuen

Kommunkationskanäle hinweisen, besonders das Internet, das für die rasche Verbreitung der Konspirationstheorien verantwortlich ist.

Mit einem gewissen distanzierten Unterton weisen die Autoren des zweiten Berichts darauf hin, dass sich alle neuen Aspekte des zeitgenössischen Antisemitismus auf die öffentliche Erscheinungsform und das „neue Gesicht" des Antisemitismus beziehen.

In diesem Sinn könne man von einem „neuen Antisemitismus" sprechen: „Neu insofern, als es Manifestationen in Politik, Medien und Alltagleben betrifft, neue Formen der Diskriminierung, neue Gruppen von Antisemiten oder eine neue Qualität oder Quantität von antisemitischen Akten"; aber nicht neu insofern, als die traditionellen negativen Stereotypen „des Juden" benutzt werden, die bereits im „traditionellen" Antisemitismus präsent sind.

Ziemlich vorsichtig formulieren die Autoren des zweiten Berichts dann noch, man könne „Hinweise" unter den registrierten Daten erkennen, die die Meinung unterstützen, dass es eine gewisse Verbindung zwischen der Zahl der berichteten antisemitischen Vorfälle und der politischen Situation im Mittleren Osten gibt: „Das kann aus dem signifikant hohen Gipfel von Zwischenfällen in einigen Ländern während des April 2002 ersehen werden, des Monats, in dem die israelische Armee ihre umstrittene Besetzung einiger palästinensischer Städte durchführte. Ein solcher Gipfel wurde während einer der folgenden Monate nicht erreicht."

Weiters würden einige der Daten darauf hinweisen, dass es einen Wandel in den Profilen der Täter gibt: „Es ist nicht mehr meist die extreme Rechte, die als verantwortlich für die Feindseligkeit gegenüber jüdischen Individuen oder jüdischem Eigentum (oder öffentlichem Eigentum) mit einer Verbindung zum Holocaust gesehen wird – besonders während der erwähnten Spitze an Zwischenfällen. Stattdessen identifizieren die Opfer junge Muslime ,Leute, von nordafrikanischer Herkunft' oder ,Immigranten'."

Der israelisch-palästinensische Konflikt wird damit in die europäischen Gesellschaften hineingetragen. Der deutsche Soziologe Ulrich Beck hat dafür einen treffenden Begriff gefunden: die „entgrenzte Intifada": „Entgrenzung der Intifada meint: Das Außen ist innen; der ,äußere' israelisch-palästinensische Konflikt bricht im ,Inneren' auf und bedroht den nationalen Kompromiss des Ausgleichs von Juden und Nicht-Juden" (Ulrich Beck: „Süddeutsche" vom 27. November 2003).

Die islamischen Radikalen setzen also die „Argumente" des alten, europäischen Antisemitismus als Waffe gegen den Staat Israel ein. Das ist fundamentalistisch in dem Sinn, dass Israel ein fundamentales Recht, das des Überlebens als vorwiegend jüdischer Staat, abgesprochen wird.

Aber auch die alte Rechte versucht, mit der israelischen Besatzungspolitik die eigenen Belastungen zu relativieren und zu verharmlosen. Der österreichische Rechtspopulist Jörg Haider sprach Israel praktisch den Charakter einer Demokratie ab, und sein zeitweiliger „intellektueller Guru", der nunmehrige Europaabgeordnete Andreas Mölzer, ein schlagender Burschenschafter mit Mensurnarben, verkündete, eines seiner Arbeitsgebiete im Europäischen Parlament werde der Kampf gegen den „gewalttätigen Zionismus" sein. In Deutschland stehen die Fälle Möllemann und Hohmann für den Versuch, Antisemitismus politisch einzusetzen. Haider, Hohmann und Möllemann nahmen billigend in Kauf, antisemitische Assoziationen hervorzurufen (genaue Analyse dieser politischen „Technik" im 4. Kapitel).

Die Neue Linke hingegen betrachtet Israel als „kolonialistischen Unterdrücker" der Palästinenser und verwendet gleichzeitig unterschwellige alte antisemitische Stereotype wie „internationale Finanzkreise" in ihrer Kritik an der Globalisierung, sodass sich die globalisierungskritische NGO „Attac" veranlasst sah, Klarstellungen herauszugeben und entsprechende Schulungen für ihre Aktivisten und Sympathisanten durchzuführen.

Das ist das Neue am Neuen Antisemitismus: eine neue Erscheinungsform mit neuen Vernetzungen, neuen Bündnissen – und neuer Intensität der entsprechenden Hass-Aktionen. Man könnte es auch mit den Worten von Jonathan Sacks sagen, Chefrabbiner des Vereinigten Königreichs: „Antisemitismus ist nicht ein Glaubenssystem, sondern ein Virus. Wie aber besiegt ein Virus das Immunsystem? Indem er mutiert. In unserer Zeit ist es das, was mit dem Antisemitismus passiert. Er mutiert, um das mächtigste Immunsystem zu besiegen, das jemals von der westlichen Zivilisation geschaffen wurde: nämlich die Bemühung, nach dem Holocaust Rassismus zum Tabu zu erklären."

Wie konnte das gelingen? Wie konnte der mutierte Virus die hochaufgerichteten Barrieren auch bei gutwilligen Menschen überwinden? Wir erinnern uns – der EUMC-Bericht von Werner Bergmann und Juliane Wetzel hat ja die Erklärung schon geliefert: „Die Tradition der Dämonisierung von Juden aus der Vergangenheit wird nun auf den Staat Israel übertragen." Jonathan Sacks bietet dieselbe Erklärung an, geht aber einen Schritt weiter: „Indem er eher Israel angreift als die Juden; indem er es dämonisiert und für alle Schwierigkeiten in der Welt verantwortlich macht. Der Virus ist daher imstande, das ganze System, das zum Schutz der Juden geschaffen wurde, in eine Waffe zu verwandeln, mit der man Juden des Rassismus, der Apartheid und der ethnischen Säuberung bezichtigen kann. Und man kann sagen, wenn du gegen diese Dinge bist, dann musst du gegen Israel und gegen Juden sein. Durch diese dämonische Mutation ist der alte Virus imstande, die Gehirne von sonst guten und anständigen Menschen zu infizieren."

Hier sind wir an einem entscheidenden Punkt. Dass schon die Existenz Israels bei vielen Antisemitismus produziert, ist nicht schwer nachzuweisen. Ebenso, dass ein großer, sehr großer Teil der Kritik an Israel und seinem Verhalten nicht nach moralischen Kriterien geübt wird, sondern aus Ressentiment und ohne Bereitschaft, die israelische Position mitzubedenken.

## Sind auch „die Guten und Anständigen infiziert"?
Die Solidarität mit Israel unter einer harten Belastungsprobe

Aber hat der antisemitische Virus in seiner Mutation tatsächlich die „Hirne der guten und anständigen Menschen infiziert"? Oder ist es nicht auch so, dass die Solidarität der „guten und anständigen Menschen" mit Israel einer permanenten Belastungsprobe ausgesetzt wird? Im Israel-Bild der deutschen und österreichischen Bildungseliten hat sich in den letzten Jahrzehnten ein enormer Wandel vollzogen. Die Israel-Begeisterung der frühen Jahre ist vielfach in Unbehagen umgeschlagen. 1967 klebten die Studenten des Instituts für Publizistik der Universität Wien an den Radiogeräten, um Israels Sieg im „Sechs-Tage-Krieg" gegen Ägypten, Jordanien und Syrien emphatisch zu verfolgen (die Professoren, die bei der Waffen-SS gewesen waren, äußerten sich anerkennend über die militärische Brillanz und Tapferkeit „der Juden" – „wie Rommel", sagte einer). Heute gilt bei nicht wenigen Studenten am selben Institut Israel als rassistischer Unterdrückerstaat, die Solidarität verschiebt sich hin zu den Palästinensern.

Nehmen wir den Begriff „Apartheid", der von vielen Kritikern für die fortschreitende Entrechtung und physische Einengung der palästinensischen Bevölkerung im Westjordanland und in Gaza verwendet wird. Die israelische Regierung und viele israelische Freunde wehren sich wütend gegen diesen schwer belasteten Begriff, der die rassistische Politik des weißen Regimes in Südafrika bezeichnet. Aber eine Untersuchung der Lebensverhältnisse der Palästinenser unter der Besatzung ergibt böse Parallelen. Man muss es ernst nehmen, wenn südafrikanische Gegner der Apartheid sich durch die Zustände in den besetzten Gebieten an die eigene jüngste Vergangenheit erinnert fühlen?

Im August 2004 ging diese Meldung durch die internationalen Medien: Der UNO-Sonderberichterstatter John Dugard hat Israel vorgeworfen, die Palästinensergebiete mit einem Regime der Apartheid zu kontrollieren. Dugard beobachtet für die internationale Gemeinschaft die Einhaltung der Menschenrechte in den Palästinensergebieten. Der aus Südafrika stammende Dugard war in seinem Heimatland Professor an der Universität von Witwatersrand und Direktor des Lauterbach Forschungszentrums für Internationales Recht an der Universität von Cambridge. In Südafrika war er Mitglied der „Wahrheitskommission", die die Verbrechen des Apartheidregimes untersucht hat. Derzeit lehrt er Internationales Recht an der traditionsreichen Universität von Leyden, Niederlande. Er ist Mitglied der UN-Kommission für Internationales Recht und Senior-Berater des südafrikanischen Obersten Gerichtshofes. In seinem Bericht für die UN-Vollversammlung sagte Dugard, das System in den besetzten Gebieten sei schlimmer als früher in Südafrika. Israel verletze im Westjordanland und im Gaza-Streifen fortgesetzt die Menschenrechte der Palästinenser

Einen schwereren Vorwurf kann man einem demokratischen Staat wie Israel kaum machen. Die Apartheid war das System der weißen Südafrikaner, vor allem jener burischer Abstammung (im Unterschied zu denen britischer Herkunft), um die schwarze Mehrheitsbevölkerung unterjocht zu halten. Den schwarzen Südafrikanern wurden so genannte „Homelands" oder „Bantustans" zugewiesen, unwohnliche und weitgehend wertlose Landstriche mit einer Scheinautonomie, die grundsätzlich als der einzig legitime Aufenthaltsort für schwarze Südafrikaner galten. Überall anderswo – in den Städten, auf den (weißen) Farmen und in den Minen konnten sich Schwarze nur mit einem „Pass" aufhalten, der nur solange galt, als sie nicht in irgendeiner Weise „auffällig" wurden. Entsprechende Verstöße wurden brutal geahndet.

Tatsächlich sind die Parallelen nicht zu übersehen: Israelische Siedlungen überziehen das palästinensische Gebiet, vor allem im Westjordanland. Diese Siedlungen sind verbunden mit Straßen, die von den Palästinensern nicht benutzt werden dürfen. Das Gebiet ist überzogen von einem Netz israelischer militärischer Stützpunkte und „checkpoints", die die Palästinenser an der freien Bewegung in ihrem eigenen Land behindern. Sie sind abgeschnitten von ihren Olivenhainen, Obstgärten und Feldern, die zum Teil auch von militanten Siedlern zerstört werden, aber auch abgeschnitten von Schulen, Krankenhäusern und oft genug dem Nachbarort.

Ende August 2004 sprach Dugard bei einer Konferenz der UN „zur Unterstützung des palästinensischen Volkes" in Kapstadt und führte dabei seinen Apartheid-Vergleich aus: Die berüchtigten Pass-Gesetze unter dem südafrikanischen Apartheid-Regime, die über das Recht der Schwarzafrikaner entschieden, sich in so genannten „weißen Gebieten" zu bewegen und dort zu wohnen, seien „Prototypen" der „Special Permits", die die Palästinenser benötigen, um in ihren eigenen Häusern in der so genannten „Saum-Zone" zwischen der Waffenstillstandslinie von 1967 und dem neu errichteten „Sicherheitszaun" leben, ihre eigenen Felder erreichen und andere Familienmitglieder anderswo besuchen zu können: „Die Apartheid", so Professor Dugard, war charakterisiert durch „ernsthafte Behinderungen der Bewegungsfreiheit. Die Passgesetze waren international berüchtigt. Die südafrikanischen Gesetze waren brutal, wurden aber einheitlich angewendet. Die israelischen Passgesetze werden auf willkürliche Weise angewendet. In Südafrika wurden während der Apartheid Häuser zerstört, um ,Gruppengebiete' für verschiedene Rassen zu schaffen, aber nicht mit der Zerstörungswut, die die israelische Besatzung kennzeichnet." Die Apartheid in Südafrika habe rund 13 Prozent des Staatsgebietes für die schwarzen Südafrikaner vorgesehen: „Ironischerweise ist das ungefähr der Prozentsatz, der wahrscheinlich für die Palästinenser vom ursprünglichen Palästina übrigbleibt." Im Gegensatz zu den palästinensischen Gebieten wurde die Apartheid nie auf Straßen ausgedehnt. Der Sicherheitszaun sei nicht wirklich eine Sicherheitsmaßnahme, denn dann würde er sich an die „grüne Linie", die international anerkannte Waffenstillstandslinie nach dem Krieg von 1967 halten. Er scheine eher dafür geschaffen worden zu sein, um die Siedler zu beschützen und ihr Land auszudehnen. Es sei nur eine Frage der Zeit, bis die palästinensischen Bauern ihr Land und ihre Dörfer verlassen würden, um der ständigen Schikane durch die Israeli Defence Forces (IDF) zu entgehen.

Auch der südafrikanische Autor Breyten Breytenbach, der in Südafrika wegen seines Widerstands gegen die Apartheid sieben Jahre eingesperrt war, hatte bei einem Besuch des „Internationalen Schriftsteller-Parlaments" auf der Westbank und in Gaza „bedenkliche Assoziationen" an Südafrika vor dem Zusammenbruch der Apartheid 1994. Die Reise des Schriftstellerparlaments wurde zwar durch den klassischen Fall von moralischer Blindheit im Zusammenhang mit Israel überschattet – der greise portugiesische Nobelpreisträger José Saramago sah den „Geist von Auschwitz" über Ramallah schweben, wo Arafat praktisch unter Hausarrest steht (siehe auch Kapitel: Moderne Formen des Antisemitismus), aber internationale Literaturgrößen wie Wole Soyinka, nigerianischer Nobelpreisträger, hatten mit den Palästinensern an den Checkpoints der israelischen Armee zu warten, sie hörten Geschichten von Häusern, die von israelischen Panzern ohne Vorwarnung zusammengefahren wurden, sodass man einige Kinder unter den Trümmern habe hervorziehen müssen, von Kranken und schwangeren Frauen, die gehindert werden, ins Spital zu kommen, von plötzlichen Schüssen und Toten, kurz, von „unmotivierter Demütigung, schierem Willen zur Machtausübung und Kollektivbestrafung ganzer palästinensischer Dörfer".

Die Apartheid brach 1994 endgültig zusammen, nachdem der letzte weiße Präsident Südafrikas, Frederik Willem de Klerk, zu der Überzeugung gekommen war, dass die Vorherrschaft der fünf Millionen Weißen (vor allem der Buren oder „Afrikaaner") über mehr als 30 Millionen schwarzer Südafrikaner nicht mehr aufrechtzuerhalten sei. Einerseits hatten die Wirtschaftssanktionen der westlichen Welt gegriffen, andererseits wäre die weitere Aufrechterhaltung des Apartheid-Regimes mit einer Explosion des Terrorismus und mit einem Bürgerkrieg verbunden gewesen. De Klerk schloß also den historischen Kompromiss mit dem fast dreißig Jahre inhaftierten Nelson Mandela, die schwarze Mehrheit erhielt praktisch unblutig ihre Bürgerrechte. De Klerk und Mandela erhielten den Friedensnobelpreis.

De Klerk ist also auch ein unverdächtiger Zeuge. Er besuchte kürzlich Israel und die besetzten Gebiete und hatte danach in einem Interview mit dem „Spiegel" einen Ratschlag für Israelis und Palästinenser: „Es gibt einige Dinge, die wir in Südafrika gelernt haben und die universell gültig sind. Deshalb habe ich den Israelis gesagt: Ihr könnt euch nicht vorwärts bewegen, wenn ihr nicht selbst die Initiative ergreift. Wenn ihr das Land wirklich teilen wollt, müsst ihr zuerst die Siedlungen aufgeben, die ganz offensichtlich in einem Gebiet liegen, das Teil eines palästinensischen Staates ist. Erst dann habt ihr ausreichend moralische Autorität."

Die Palästinenser hingegen müssten endlich beweisen, sagte de Klerk weiter, dass sie wirklich alles in ihrer Macht Stehende tun, um die radikalen Elemente zu bekämpfen, die Selbstmordanschläge und andere Gewaltakte verüben. Nur: „Ich glaube, dass die Israelis denselben Fehler machen, den wir selbst jahrelang begangen haben. Einer der Gründe für unser Scheitern war, dass wir Weiße das Land aufteilen und zu viel für uns selbst behalten wollten. Auch die Israelis teilen nun ihr Land. Sie bauen eine Mauer, doch sie lassen den Palästinensern keinen Staat, der lebensfähig ist. Deshalb werden sie sich in zehn

Jahren in derselben Situation befinden, wie ich sie vorfand, als ich Präsident wurde."

Das ist keine antisemitische Aussage, sondern eine sehr realistische Einschätzung, die auch gar nicht Schuld zuweist, sondern Verantwortung auf beide Seiten verteilt.

## Die Zwickmühle

Nehmen wir noch einen anderen Begriff, der zugleich ein Kampfbegriff der antisemitischen Feinde Israels ist und eine Interpretation von faktischen Vorgängen in den besetzten Gebieten: „Vertreibung".

Freimut Duve, deutscher Publizist, lange Abgeordneter für die SPD im deutschen Bundestag, schließlich von 1997 bis 2003 erster Repräsentant der OSZE für die Überwachung der Freiheit der Medien, veröffentlichte am 27. Juni 2004 in der „Süddeutschen" unter dem Titel „Gezielte Vertreibung der Palästinenser" einen Text, in dem es hieß, die Europäer müssten auf das, was in Israel geschieht, „sehr genau hinsehen und hinhören. Denn was derzeit im Westjordanland, das nicht zum offiziellen israelischen Staatsgebiet gehört, unter dem Vorwand der ‚Sicherheitspolitik' geschieht, ist nicht mehr und nicht weniger als die gezielte Vertreibung."

Duve war ebenfalls für einen Lokalaugenschein mit einer internationalen Delegation vor Ort gewesen. Dort, wo vor zwei Jahren zu Beginn der Intifada kleine Sicherheitsstützpunkte für das israelische Militär eingerichtet worden waren, seien nun hermetisch abgeriegelte, neue Siedlungen der Israelis entstanden: „Den palästinensischen Bauern wird Land gestohlen, ihre Olivenbäume werden ausgerissen, vor allem aber wird den Bauern der Zugang zu ihren Feldern fast unmöglich gemacht. Die Errichtung der Mauer zwischen den beiden Völkern führt zu einer Vertreibung der palästinensischen Bevölkerung. Hunderte von Elektrozäunen und Straßensperren wurden aufgestellt, arabische Dörfer eingeschlossen und zerteilt. Um zu ihren abgesperrten Olivenhainen zu kommen – früher nur wenige hundert Meter von ihrem Haus entfernt –, sind die palästinensischen Bauern nun viele Stunden zu Fuß unterwegs. Sie benötigen dazu Sonderausweise, die häufig aber nur die älteren Familienmitglieder bekommen, für die zehn Kilometer Fußmarsch wirklich unzumutbar sind. Kommt hinzu, dass die Durchgangssperren oft zu unbestimmten Zeiten willkürlich geöffnet und geschlossen werden. Die ganze Region steht folglich unter permanenter militärischer Drangsal."

Besonders gefährlich für das künftige friedliche Miteinander sei das Verhalten vieler der neuen israelischen Siedler, die die Araber tagtäglich mit kleinen Gemeinheiten drangsalieren, über die in Anbetracht der großen Terroranschläge natürlich nicht berichtet wird. So werfen sie ihren Müll regelmäßig auf die Felder der arabischen Bauern. Natürlich verfügen diese Siedler über eigene neue Straßen und Absicherungen, deren Nutzung für Palästinenser verboten ist, die ihnen selbst aber die Fahrt zum Arbeitsplatz erleichtern. Trotz dieser offensichtlichen Bevorzugung greifen Siedler seit einiger Zeit Palästinenser auch immer wieder tätlich an.

Duve resümiert: „Es wäre für den künftigen Frieden eine Tragödie, wenn der vage Rückzugsplan im Gaza-Streifen nur ein Vorwand bliebe, hinter dem diese oft brutale Siedlungspolitik im Westjordanland weiter fortgeführt wird und die das Weiterleben der Araber auf ihrem eigenen Grund und Boden unmöglich machen wird. Das ist die Wirklichkeit im Westjordanland."

Wir haben diese beiden Beispiele für ein fragwürdiges Vorgehen der Israelis in den besetzten Gebieten so ausführlich zitiert, weil sie das Dilemma der „Guten und Anständigen" ziemlich exemplarisch verkörpern. Heute geraten „gerade diejenigen, die den Antisemitismus mit Wort und Tat bekämpfen, mit dem eskalierenden Atavismus des israelisch-palästinensischen Konflikts in diese Zwickmühle", sagt Ulrich Beck. „Sie wollen und können die israelische Gesellschaft nicht kritisieren, um ihren Anti-Antisemitismus nicht zu gefährden. Aber sie müssen die Politik Sharons kritisieren aus demselben Grund, um nämlich die moralischen Grundlagen ihres Anti-Antisemitismus nicht in Frage zu stellen."

„Neu sind nicht die Fratzen des Antisemitismus", sagt Beck. Neuartig jedoch ist der zugleich globale und lokale Wirrwarr der Konfliktknäuel, die „Glokalisierung" des israelisch-palästinensischen Konflikts und das Paradoxon, dass es ausgerechnet die menschenrechtliche Sensibilität und die darauf fußende Kritik Israels ist, die die Dämme bedrohen, die gegen den Antisemitismus errichtet wurden". Gerade weil es selbstverständlich sei, dass Europäer die Politik der israelischen Regierung kritisieren, und weil selbstverständlich sei, dass derjenige, der Sharon kritisiert, nicht automatisch Antisemit ist, unterhöhlt der in Europa verinnerlichte israelisch-palästinensische Konflikt die in den letzten Jahren errungenen Umgangsformen des Multikulturalismus: Je moralisch berechtigter diese Sharon-Israel-Kritik auftrumpft oder ist, je einseitiger sie nur auf Israel zielt, desto nachdrücklicher würden die mühsam errungenen Verständigungs- und Versöhnungsformen zwischen Juden und Nicht-Juden nicht nur in Deutschland und nicht nur in Europa gefährdet.

Die israelischen Siedlungen und die Maßnahmen zu ihrem Schutz verkleinern eindeutig die Lebensräume der Palästinenser und setzen sie einem Leben in Drangsal und Beschwernis aus. Wenn die Intention dahinter nicht glatte Landnahme ist, so jedenfalls die Verhinderung eines echten palästinensischen Staates.

Andererseits: Kann man den Selbstmord-Terror übersehen, der die israelische Zivilgesellschaft verfolgt? Kann man übersehen, dass die Attentäter, indoktrinierte junge Burschen, aber auch fanatisierte junge Frauen sich in Discos mit jungen Israelis im Reproduktionsalter in die Luft sprengen, in Schulbusse steigen oder vor Kindergärten ihre Bombengürtel zünden? Kann man ignorieren, dass Funktionäre der „Hamas" in deutschen Medien eisenhart erklären, sie würden „niemals" ein Arrangement mit Israel und zwei Staaten nebeneinander akzeptieren (sondern nur einen islamischen Gottesstaat auf dem Territorium Israels und Palästinas). Der Zaun oder die Mauer wird von der Mehrheit der israelischen Bevölkerung als Schutz empfunden, und das ist er bis zu einem gewissen Grad auch.

Ulrich Beck konstatiert „einen gewisse „verräterische Einäugigkeit der Deutschen und der Europäer. Man protestiert gegen die israelische Militanz und übersieht leichtfertig den Selbstmordterror, mit dem Palästinenser die israelische Zivilgesellschaft tyrannisieren. Wenn sich eine palästinensische Frau in einem Café, in dem auch israelische Frauen mit ihren Kindern sitzen, in die Luft sprengt, dann müsse man – hört man gelegentlich – gewiss nicht entschuldigend, aber doch verstehend auch in Rechnung stellen: von derart zutiefst in ihrer Würde verletzten Palästinensern könnte man schließlich nicht ohne weiteres die Einsicht erwarten, dass das In-die-Luft-Sprengen von Kindern, streng genommen, nicht statthaft ist."

Die fundamentale Kritik an Israels Politik blendet oft, zu oft, den palästinensischen Terrorismus, den islamischen Fundamentalismus und den Krisenzustand der arabisch-muslimischen Welt aus.

Der neue Antisemitismus kommt ja „durch die Hintertür des Antizionismus, der Kritik an der israelischen Politik oder lediglich an der Person des Premiers Sharon. Er ignoriert ganz einfach das gewaltige Entwicklungsdefizit der arabischen Gesellschaften, er ignoriert das autokratische Syrien oder das feudalistisch-marode Saudi-Arabien, deren innere Probleme wirklich nicht zu begründen sind mit dem Konflikt in Gaza und Westjordanland" (Stefan Kornelius in der „Süddeutschen" vom 28. April 2004).

Umgekehrt aber trägt der Zaun oder der „Sperrwall" sicher nicht dazu bei, die Neigung der palästinensischen Bevölkerung zu einer Friedenslösung mit den Israelis zu verstärken. Dürfen sie aber deshalb zu vermehrten Terrorismus greifen? So dreht sich die Diskussions-Spirale immer weiter. Im dritten Kapitel dieses Buches wird versucht, an Hand der israelisch-palästinensischen Realität auf festeren Diskussionsboden zu kommen. Fürs erste ist es aber notwendig, sozusagen das grundsätzliche Denkmodell vorzustellen, das eine Handhabe zur Beurteilung immens komplizierter Situationen bieten kann.


## Die Grenze zwischen berechtigter Kritik an Israel und Antisemitismus

Die Grenze zwischen „berechtigter Kritik an Israel" und Antisemitismus ist die Grenze, die zwischen argumentierter, rational nachvollziehbarer Kritik und purem Ressentiment liegt. Der Antisemitismus ist ja eine Wahnidee, kann also nichts mit der Realität zu tun haben. Aber nur über Realität lässt sich sozusagen streiten, nicht über wahnhafte Vorstellungen.

Der Mitarbeiter des „Dokumentationsarchiv des Österreichischen

Widerstandes", Heribert Schiedel, kritisiert in einem Interview mit „derstandard.at" einen Teil der Berichterstattung zum israelischen Vorgehen in dem palästinensischen Flüchtlingslager Jenin im Frühjahr 2002. Dies sei ja der Auslöser für eine antisemitische Gewaltwelle in Europa gewesen, vor allem in Frankreich und England. Der „falschen Rede von einem ‚Kriegsverbrechen' oder ‚Massaker' an palästinensischen Zivilisten" stehe der Report von „Human Rights Watch" gegenüber, der von Gefechten zwischen bewaffneten Palästinensern und der israelischen Armee spricht, aber nicht von einem Massaker. Wenn „diverse politische Gruppierungen der Rechten wie der Linken bis heute an der Massaker-Theorie festhalten", widerspreche das den Tatsachen und sei schlicht ein Ressentiment.

Das stimmt, aber es fehlt trotzdem in dieser Argumentation noch ein Teil der Realität, nämlich die Tatsache, dass die Zahal (israelische Streitkräfte) bei ihrem Versuch, in einem dichtverbauten Gebiet einige Terroristen zu stellen, mit Panzern einen guten Teil der Häuser niederwalzten, und zwar ohne viel Vorwarnung. („Flüchtlingslager" stimmt nur insofern, als dort die 1948 im Krieg geflüchteten Palästinenser und ihre Nachkommen leben, aber nicht in Zelten, sondern in Betonhäusern.) Ein Vorgehen, das zum ständigen Repertoire der Israelis gehört, zuletzt in Rafah im Gaza-Streifen massiv angewandt wurde und wohl als Exzess der militärischen Gewaltanwendung zu bezeichnen ist.

Wieder sehen wir, dass die Realität in dieser Konfliktzone viele Facetten hat und nicht einfach festzumachen ist. Unter dem Strich besteht aber kein Zweifel, dass Jenin eben kein Massaker war.

Der israelische Publizist und Gründer der Friedensbewegung „Gush Shalom" (Block des Friedens), Uri Avnery, veröffentlichte im April 2004 ein „Praktisches Handbuch" zum Antisemitismus. „Frage: Ist jeder, der Israel kritisiert, ein Antisemit? Antwort: Absolut nicht. Wer Israel für manche seiner Aktionen kritisiert, kann deswegen nicht des Antisemitismus bezichtigt werden. Aber jemand, der Israel hasst, weil es ein jüdischer Staat ist, sehr wohl. Allerdings ist es oft nicht leicht, zwischen den beiden zu unterscheiden."

„Frage: Kann man ein Anti-Zionist sein, ohne ein Antisemit zu sein? Antwort: Absolut ja. Zionismus ist ein politisches Glaubensbekenntnis und muss wie jedes andere behandelt werden. Allerdings: Auch hier ist es oft schwer zu unterscheiden, weil echte Antisemiten sich oft als Anti-Zionisten tarnen."

„Frage: Wenn jemand Israel mehr kritisiert als andere Länder, ist er dann ein Antisemit? Antwort: Nicht notwendigerweise. Es sollte zwar überall gleiche Standards geben, aber die Juden werden als eine ‚Nation der Opfer' gesehen (und waren es auch). Die Welt ist daher geschockt, wenn die Opfer von gestern die Opfer von heute schaffen. Daher wird von uns zu Recht ein höherer moralischer Standard verlangt."

Avnery liefert da auf fast feuilletonistische Weise ein sehr brauchbares Denkgerüst (er ist übrigens der Ansicht, man könne „nicht wirklich" davon sprechen, Europa wäre wieder antisemitisch geworden, gibt aber zu, dass der israelisch-palästinensische Konflikt auf europäischen Boden transferiert worden sei – www.uri-avnery.de).

Gibt es auch ein wissenschaftliches Kriterium dafür, wann Kritik an der israelischen Politik eindeutig antisemitisch ist?

Der Sprachwissenschaftler Alexander Pollak hat für den zweiten Bericht der EUMC im Rahmen einer Gesamtdefinition des Antisemitismus (siehe Kapitel: Moderner Antisemitismus) die „entscheidende Frage", „an welchem Punkt antiisraelische und antizionistische Ausdrucksweisen als antisemitisch zu betrachten sind", so beantwortet: „Antiisraelische oder antizionistische Haltungen und Äußerungen sind in jenen Fällen antisemitisch, wo Israel als Repräsentant ‚des Juden' angesehen wird, das heißt als repräsentativ für die Eigenschaften, die man der antisemitischen Konstruktion ‚des Juden' zuschreibt." Also etwa wenn die israelische Politik auf die „Hinterhältigkeit" und den Wunsch nach geheimer Weltherrschaft „der Juden" zurückgeführt wird.

Wenn Juden hingegen umgekehrt in Europa, den USA oder sonst wo außerhalb Israels als Repräsentanten von Israel betrachtet werden, wenn Juden für die Politik Israels gegenüber den Palästinensern kritisiert oder beleidigt werden – dann müsste laut Alexander Pollak eine solche Feindseligkeit streng genommen vielleicht nicht als antisemitisch gewertet, allerdings aber vom EUMC und anderen „Wachhunden" genau beobachtet werden, weil sie für sich Haltungen und soziale Verhaltensweisen sind, die eine ernste Bedrohung der europäischen Grundwerte und Demokratie darstellen" (EUMC).

Mit etwas weniger definitorischer Skrupelhaftigkeit betrachtet, könnte man aber auch sagen, dass diejenigen, die Juden in der Welt oder „die Juden" für das Verhalten Israels verantwortlich machen, bereits tief im antisemitischen Sumpf stecken, weil sie ja von Juden/Israelis erstens als eine zusammengehörige Gruppe von Friedensstörern betrachtet werden, deren gemeinsames Charakteristikum ja ist, immer besonderes Unheil zu stiften.

„Auf alle Kritik an der israelischen Politik kann sich der Antisemitismus ganz leicht und in scheinbarer Harmlosigkeit draufsetzen", sagte der österreichische Schriftsteller Robert Schindel („Gebirtig") in einem Interview mit der „Neuen Zürcher Zeitung" (15. November 2003). „Jeder kann sagen, ich meine doch nur Israels Politik. Darf man keine Kritik an Israel mehr üben? Da wird der Antisemitismus dann richtig spitzbübisch. Man kann nur eine vorurteilsfreie Kritik an Israel üben, wenn man das Existenzrecht Israels in den Grenzen von 1967 anerkennt. Und wenn man anerkennt, dass Israel in der Verlängerung seiner Geschichte ein besonderes Sicherheitsbedürfnis hat. Mit Anerkennung dieser Präliminarien ist eine rechte oder rechts-chauvinistische Regierung zu kritisieren, so wie die Rechten eine linke israelische Regierung kritisieren würden."

Wenn man sagt, dass der Zaun den Friedensprozess stört und den Radikalen neuen Zulauf verschafft, dann ist das „weder Anti-Israelismus noch Antisemitismus" schreibt Josef Joffe in der „Zeit". „Wenn aber einer den Israelis einen ‚Vernichtungsfeldzug' unterstellt oder sie mit dem probaten Nazi-Vergleich überzieht, dann trapst eine andere Nachtigall durch den Diskurs".

Der inzwischen aus dem Amt geschiedene deutsche Bundespräsident Johannes Rau hielt im April 2004 die Eröffnungsrede zur großen Antisemitismus-Konferenz in Berlin – und leistete dabei etwas, was bei Eröffnungsreden nicht so häufig ist, nämlich die Arbeit begrifflicher Klärung. Rau sagte, er mache immer wieder die Erfahrung, „dass viele Menschen nicht ausreichend unterscheiden können zwischen Antisemitismus und Fremdenfeindlichkeit auf der einen Seite und normaler Kritik auf der anderen Seite. Jeder muss wissen: Kritik am

Verhalten von Juden oder an jüdischen Institutionen ist genauso erlaubt wie die Kritik an jedem anderen Bürger oder jeder anderen Einrichtung in einem freien Land."

Aber alle wüssten, „dass Kritik an Juden oder jüdischen Einrichtungen nicht selten von Menschen kommt, die tief von antisemitischen Vorurteilen geprägt sind. Das erkennt man häufig an der Sprache: Sie setzen alle Juden miteinander gleich. Sie reden von ‚den' Juden und stellen sie ‚den' Deutschen oder ‚den' Franzosen gegenüber; sie lasten Fehlverhalten Einzelner der gesamten jüdischen Gemeinschaft an. Wir wissen aber auch: Es gibt Menschen, die einzelne Juden für Fehlverhalten kritisieren, weil nicht bei dem einen recht sein kann, was bei dem anderen falsch ist."

Jeder wisse auch, dass „hinter mancher Kritik an der Politik israelischer Regierungen in den vergangenen Jahrzehnten massiver Antisemitismus steckt". Das gelte für einzelne Stimmen, das gilt aber „leider sogar für Staaten und für die Staatengemeinschaft: Es war gewiss eine der dunkelsten Stunden der Vereinten Nationen, als die Vollversammlung am 10. November 1975 in ihrer Resolution 3379 Zionismus mit Rassismus und Rassendiskriminierung gleichsetzte. Es hat mehr als sechzehn Jahre gedauert, bis diese Resolution widerrufen wurde."

Umgekehrt gäben aber „solche Erfahrungen niemandem das Recht, Kritik an der jeweiligen israelischen Regierung generell als antisemitisch zu diskreditieren und unter Generalverdacht zu stellen". Was Rau nicht so deutlich sagt, was aber klar hervorging, hat demnach auch die israelische Regierung nicht das Recht, Kritik generell als antisemitisch zu denunzieren.

Schließlich: „Ich kenne viele Freunde Israels, die Kritik an der israelischen Politik gegenüber den Palästinensern üben, weil sie in großer Sorge sind um den Staat Israel und um die israelische Gesellschaft. Sie wissen sich in dieser Kritik einig mit all den Israelis, die die Politik ihrer eigenen Regierung scharf kritisieren, und diese Kritik gibt es ja nicht nur in der israelischen Opposition." Man möge aber bei dieser Kritik bedenken, dass „die Menschen in Israel seit der Staatsgründung in einem Zustand existentieller Bedrohung leben. Wenn man versucht, sich in ihre Situation zu versetzen, dann braucht man nicht auf Kritik zu verzichten, auch nicht auf harte Kritik, aber man sollte sich nach meiner Überzeugung sehr um eine angemessene Form bemühen."

Damit hat der damalige deutsche Bundespräsident den Ton für eine zivilisierte Debatte über das Thema vorgegeben: Wir wissen, dass es Antisemiten gibt und wir wissen, dass viele unter dem Vorwand der Kritik an israelischer Politik nur ihren Antisemitismus kaschieren wollen; wir wissen aber auch, dass es konkrete Gründe für Kritik an dieser israelischen Politik gibt; wir sollten sie nur in einem zivilisierten Ton und mit einer Grund-Emphatie für die Situation der Israelis vortragen – und uns nicht davon beirren lassen, dass uns dafür manche glühende Verteidiger dieser Politik Antisemiten nennen werden.

# 2. Kapitel
# 60 Jahre nach Hitler:
# „Wir leben wieder in Angst"
## *Wie sich der Neue Antisemitismus darstellt*

### „Wir leben wieder in Angst"

An einem Februartag des Jahres 2004 versammelten sich in der typischen bürokratischen Architektur des „Charlemagne"-Gebäudes der Europäischen Kommission in Brüssel einige hundert Menschen, um über das Thema Antisemitismus zu diskutieren. Antisemitismus? Die EU-Kommission, die sich (zumindest im öffentlichen Bewusstsein) sonst eher mit Fragen der Gurkenkrümmung oder Fördermitteln für schwach entwickelte Gebiete beschäftigt, hielt es für notwendig, ein „Seminar" über „Europa gegen den Antisemitismus – für eine Union der Vielfalt" abzuhalten. EU-Präsident Romano Prodi eröffnete, und der deutsche Außenminister Joschka Fischer gab seiner Verwirrung und Bestürzung beredten Ausdruck:

„Ich finde es erschütternd, dass eine Konferenz wie diese im Europa von heute notwendig ist. Ich erlebe es ja selbst: meine jüdischen Freunde fragen sich erstmals: ‚Wann gehen wir weg?' Ich sage zu ihnen: ‚Seid ihr verrückt?'. Aber ich bekomme mit, wie ernst es ihnen war. Und wir werden nicht zulassen, dass sie das Gefühl bekommen, allein zu sein."

Jüdische Bürger denken wieder ans Auswandern aus Europa? Und das ist, wie der Holocaust-Überlebende und Friedensnobelpreisträger Elie Wiesel bei der Konferenz berichtete, nicht eine Frage des „ob", sondern des „wann".

„Als ich kürzlich einige jüdische Gemeinden in Europa besuchte, flüsterte man mir ins Ohr: ‚Wann sollen wir gehen?' Mein Gott, was für eine Frage!" Aber, kein Zweifel, sagte Wiesel, die jüdischen Gemeinden „leben in Angst". „An manchen Orten ist die Angst größer, an manchen kleiner, aber die Angst ist da … Ich habe das an vielen Orten gehört, daher hören wir besser zu. Ich gehöre zu einer Gruppe, die Antennen hat. Ich würde sogar sagen, wir *sind* Antennen, das ist alles, was wir sind. Wir wissen es, und wenn wir euch sagen, dass wir Signale auffangen, die uns Sorgen machen und veranlassen, Alarm zu schlagen, dann hört ihr besser zu."

Wenn die jüdischen Bürger Europas von Angst sprechen, dann steht „Auschwitz" im Raum. Das ist zugleich eine falsche und eine richtige Assoziation. Falsch, weil der Antisemitismus des nationalsozialistischen Deutschland und Österreich überwunden ist, auch wenn er nie ganz erloschen ist und nie ganz erlöschen wird. Ein so ungeheuerlicher Vorgang wie die weitgehend durchgeführte Ausrottung der europäischen Juden durch das nationalsozialistische Regime in Deutschland kann und wird sich nach menschlichem Ermessen nicht wiederholen. Richtig, weil die in viel geringerer Intensität fortdauernde Gefahr für die Juden angesichts der Tatsache von Auschwitz einen Skandal darstellt.

„Man hat die Toten umgebracht", sagte Jean-Pierre Roth, der Vorsteher des Trägervereins des Friedhofes von Herlisheim im Elsass, auf dem im Mai 2004 abermals Grabsteine mit Hakenkreuzen, SS-Runen und Neo-Nazi-Parolen in leicht fehlerhaftem Deutsch („Sieg für unser Führer") beschmiert wurden. Der alte Friedhof der jüdischen Gemeinde, die sich schon im 18. Jahrhundert angesiedelt hatte, war bereits 1992 verwüstet worden. Wobei es vermutlich autochthone Elsässer Neonazis waren, es aber im Elsass, besonders in Straßburg, immer wieder zu Übergriffen von muslimischen Einwanderern gegen Juden kommt.

Die Toten kann man nur symbolisch noch einmal ermorden, aber dass im Europa des 21. Jahrhunderts Juden und jüdische Einrichtungen von der Polizei bewacht und vor gewalttätigen Angriffen geschützt werden müssen, ist ein unerträglicher Zustand. Doch selbst die wohlwollende und/oder am Schicksal der Juden interessierte europäische Öffentlichkeit hatte sich bis vor kurzem schon (zu sehr) an den Anblick von Polizisten und privaten Sicherheitsleuten im Umfeld von jüdischen Einrichtungen gewöhnt, das heißt abgefunden.

## „Der neue Antisemitismus ist leider keine jüdische Phantasie", sagt der Kardinal

Angesichts dieser scheinbaren Akzeptanz des eigentlich Inakzeptablen forderte etwa bei der Brüsseler Tagung der Londoner Rabbi Jonathan Abraham die Zuhörer auf, zu bedenken, „was es bedeutet, wenn ich meine dreijährige Tochter nicht zum Kindergarten bringen kann, ohne an einem Sicherheitsmann vorbeizugehen". Und der Oberrabbiner der Sephardischen Synagoge in Brüssel, Shalom Benirizi, sagte: „Ich brauche Bodyguards für meine Sicherheit, wenn ich zur Synagoge gehe und ich habe aufgehört, meinen traditionellen Hut zu tragen, um nicht so aufzufallen."

Der Vorsitzende der israelitischen Kultusgemeinde in Österreich, Ariel Muzicant, der während des Wiener Wahlkampfes im Jahr 2001 Ziel von antisemitischen Ausfällen des bekannten Rechtspopulisten und FPÖ-Politikers Jörg Haider geworden war, fragte im Februar 2004: „Wie lange müssen wir es uns noch gefallen lassen, dass unsere Kinder auf dem Schulweg bespuckt werden und hinter Stacheldraht lernen müssen?"

Dass dies alles kein Verfolgungswahn ist, bestätigte der Kardinal Philippe Barbarin, Erzbischof von Lyon und Primas von Frankreich in Brüssel: „Man muss leider sagen, dass der neue Antisemitismus keine jüdische Phantasie ist."

Ein anderer französischer Kardinal, Roger Etchegaray, der für den Vatikan oft in heiklen Missionen unterwegs ist, zuletzt auch bei Saddam Hussein, um den Irak-Krieg noch abzuwenden, sagte in einem Interview mit der italienischen Zeitung „La Stampa" im Dezember 2003: es gebe „eine Rückkehr des Antisemitismus in Europa. Wenn man das nicht erkennt, wenn man es nicht beim Namen nennt, dann ist das ein unbewusster Weg, es zu akzeptieren. Der Weg, der nach Auschwitz führt, ist immer vor uns und er beginnt mit ‚kleinen' Dingen." Etchegaray meinte, der neue Antisemitismus könne nicht allein als Folge des Konflikts zwischen Israelis und Palästinensern gesehen werden, denn das Phänomen habe sich in Europa über Jahrhunderte entwickelt.

Und Dalil Boubakeur, der Rektor des muslimischen Instituts an der Pariser Moschee, legte, ebenfalls in Brüssel, zunächst den Grundton mit seiner Deklaration: „In religiöser Hinsicht sind wir alle (Christen, Juden, Muslime) Semiten!" Dann scheute er sich nicht, die Realität anzusprechen: „Antisemitische Akte verbreiten sich mit großer Virulenz und Geschwindigkeit. In Frankreich hat es seit 2001 Hunderte Akte gegeben." Zwar sei bei den jungen Moslems „diese Aggressivität oft auch ein Ventil, es ist nicht bewusster Rassismus – und auf der anderen Seite haben wir das Phänomen der Islamophobie", aber: „Die in Brand gesteckten jüdischen Schulen, die Beleidigungen in der Schule oder auf der Straße, die Angriffe auf Rabbiner oder noch mehr auf jüdische Schüler in den Gymnasien oder die angezündeten Synagogen zeigen die extreme Gefährlichkeit eines Phänomens, das im israelisch-palästinensischen Konflikt eine Wiedergeburt der Gewalt zu finden scheint."

## Was war geschehen?

Warum glauben Europas Juden im 21. Jahrhundert, 60 Jahre nach Kriegsende, wieder, sie müssten den Kontinent verlassen, weil sie nicht sicher genug sind? Was veranlasst zahlreiche jüdische (und nichtjüdische) Vertreter des öffentlichen Lebens zu so dramatischen und erschreckenden Aussagen?

In einigen großen und wichtigen Mitgliedsstaaten der Europäischen Union, vor allem Frankreich, Großbritannien, den Niederlanden, Belgien und in gewissem Ausmaß auch in Deutschland war es – mit auf-und abschwellender Intensität – zu einer Häufung von tätlichen Übergriffen auf Juden und jüdische Einrichtungen gekommen, begleitet von einer Flut von Schmähungen und Drohungen über Telefonanrufe, Flugblätter, Grafitti, Briefe und vor allem im Internet.

Die Vorfälle begannen etwa zeitgleich mit der so genannten „Zweiten Intifada" im Oktober 2000, als der damalige Oppositionspolitiker und spätere Ministerpräsident Ariel Sharon unter schwerer Bewachung einen demonstrativen Besuch auf dem so genannten Tempelberg in Jerusalem machte, der sowohl den Juden wie den Muslimen als Heiligtum gilt.

Sharons ostentatives Auftreten war als Provokation gedacht und arbeitete so jenen Kräften unter den Palästinensern in die Hände, die ohnehin schon einen neuerlichen „Aufstand" („Intifada") beschlossen hatten, um die gleichzeitig unter der Ägide des US-Präsidenten Clinton laufenden Friedensverhandlungen zwischen der israelischen Regierung unter Ehud Barak und Palästinenserführer Jassir Arafat zu torpedieren.

Es folgte eine Reihe von furchtbaren Selbstmordanschlägen in Israel und im Gegenzug äußerst harte Militärschläge der Israelis. Das wiederum erzeugte eine bisher nicht dagewesene Reaktion in Europa. Einerseits kam es zu teils schwerwiegenden Übergriffen moslemischer Jugendlicher in den erwähnten Ländern, insbesondere aber in Frankreich, gegen Juden. Andererseits verstärkten sich auch tätliche und verbale Übergriffe von Seiten rechtsradikaler Gruppen und Individuen; und schließlich wurde auch unter linken Gruppen und Organisationen, wie etwa den Globalisierungskritikern, eine Kritik an Israel und dem angeblichen Einfluss der Juden auf die USA und die Welt generell laut, die von vielen als bereits antisemitisch charakterisiert wurde.

Bei der UN-Konferenz von Durban, Südafrika, im Sommer 2001, die eigentlich dem Kampf gegen den Rassismus gewidmet war, verurteilten rund 3.000 (!) Hilfs- und Menschenrechtsorganisationen Israel als einen „rassistischen Apartheidstaat", der systematisch rassistische Verbrechen, Taten mit dem Ziel des Völkermordes und der ethnischen Säuberung begehe.

Es scheint, dass sich nach einigen Jahren der „Ruhe" mit dem Scheitern der Friedensverhandlungen zwischen Israelis und Palästinensern im Jahr 2000 wieder ein globales Klima aufbaute, das man nicht nur anti-israelisch, sondern auch antisemitisch nennen kann. Die Entwicklungslinien führen aber auch in wesentlichem Ausmaß auf den 11. September 2001 und den Anschlag auf die Doppeltürme des World Trade Center in New York zurück. Unmittelbar nach dem Angriff mit insgesamt vier gekaperten Passagierflugzeugen (von denen eines ins Pentagon in Washington gesteuert wurde und eines, das vermutlich das Weiße Haus treffen sollte, in Pennsylvania abstürzte) brach eine Flut von Verschwörungstheorien los, deren bizarrste und hartnäckigste „die Juden" oder dem israelischen Geheimdienst Mossad als die eigentlichen Täter „entlarvte". Die Legende besagt, dass von 3.000 bis 4.000 jüdischen Amerikanern, die angeblich in den Twin Towers arbeiteten, am 11. September praktisch keiner zur Arbeit erschien, weil sie „vorgewarnt" waren. Der Anschlag sei vom Mossad verübt worden, der die Täterschaft den Arabern zuschieben wollte. Diese Verschwörungstheorie fand vor allem im arabischen Raum große Verbreitung (mit der begleitenden „Beweisführung", dass Araber zu einem so aufwendigen Anschlag gar nicht in der Lage wären – was wiederum viel über das Selbstwertgefühl vieler Araber aussagt). Aus dem arabisch-islamischen Raum fand diese Version vor allem über das Internet sehr schnelle weltweite Verbreitung, und tauchte auch auf verschiedenen Desinformations-und Hass-Websites in Europa auf.

Plötzlich sah sich Europa mit einem wüsten Gemisch an antisemitischen Hassprodukten konfrontiert, verbalen wie physischen. In Marseille brannte eine Synagoge, in Antwerpen wurde das Vereinslokal eines jüdischen Fußballklubs verwüstet, im Elsass jüdische Friedhöfe geschändet, Attacken gegen Juden in traditioneller Kleidung, aber auch gegen jüdische Schüler von ihren muslimischen Klassenkameraden häuften sich.

Bei einem Hallen-Fußballmatch zwischen Belgien und Israel in Belgien Anfang 2004 stimmten einige Reihen von Zuschauern hinter der belgischen Spielerbank die Sprechchöre „Hamas, Hamas, Juden ins Gas" an. Die „Hamas" ist die radikal-islamische Bewegung der Palästinenser, die die Existenz eines israelischen Staates nicht anerkennt und auf dem Gebiet des historischen Palästina – also des heutigen Israel und der so genannten besetzten Gebiete – einen fundamentalistischen Gottesstaat errichten möchte. Ein Großteil der Selbstmordattentate gegen Israelis geht auf das Konto der Hamas. Der belgische Spieler Mustapha Toukouki, der Belgiens Nationalteam angehört, soll die Zuschauer angeheizt haben, was er bestritt. Er wurde trotzdem suspendiert.

Im Januar 2004 warnten die führenden Kirchen Großbritanniens und die jüdische Gemeinde vor der Gefahr eines Wiederauflebens des Antisemitismus. Der Erzbischof von Canterbury, Rowan Williams, das Oberhaupt der katholischen Kirche, Kardinal Cormac Murphy-O'Connor und Chefrabbiner Jonathan Sacks erklärten in der „Times": „Der Antisemitismus taucht als Phänomen in vielen Teilen der Welt wieder auf. Die Anstiftung zum Hass und zur Gewalt gegen Juden hat zugenommen."

Bei einem Treffen mit einer Delegation des „American Jewish Committee" zeigte sich Papst Johannes Paul II. besorgt über den „alarmierenden Trend": Bedauerlicherweise sei die Lage so, dass die Kirche ihre scharfe Verurteilung von Rassismus und Antisemitismus heute ständig wiederholen müsse. Jede Gewalt im Namen der Religion sei eine „Entweihung der Religion".

Einen ersten Höhepunkt erreichte dieses antisemitische Syndrom im Frühjahr 2002, während der israelischen Vorstöße ins Westjordanland, insbesondere in die Ortschaften Jenin und Bethlehem. Dann gab es einen neuerlichen Höhepunkt im Herbst desselben Jahres, und wenngleich sich diese Spitzen wieder abflachten, so kochte doch das antisemitische Ressentiment auch während 2003 und 2004 weiter. Die Übergriffe und Drohungen hörten nicht auf, obwohl sie zum Teil viel schärfer als früher behördlich verfolgt wurden. „Ich kann euch versprechen, dass nichts unbestraft bleiben wird, es wird keine antisemitische Aggression oder Bedrohung geben, die nicht mit letzter Energie bekämpft werden wird", rief der französische Innenminister Nicolas Sarkozy beim Kongress der internationalen Liga gegen Rassismus im Januar 2004. „Das ist keine Angelegenheit der Juden, sondern der Republik. Die antisemitische Bedrohung wird mit letzter Energie bekämpft."

Dennoch setzten sich die Angriffe fort. Wer eine Kippa (rituelle Kopfbedeckung) oder sonst ein Symbol jüdischer Tradition und Zugehörigkeit trägt, riskiert, auf der Straße angegriffen zu werden, wie jener 17-jährige Schüler in Paris, dem ein anderer junger Mann Anfang Juni 2004 mit dem Ruf „Allahu akbar!" (Gott ist groß) ein Messer in die Brust stieß. Der Täter wurde gefasst, ein 30-jähriger beschäftigungsloser Buchhalter, Sohn einer Tunesierin und eines Algeriers. In seiner Wohnung fand man radikal-islamische Plakate, knapp vorher hatte er eine Reise nach Saudi-Arabien unternommen. Die Tat fand vor einer Talmudschule in einer der Vorstädte von Paris statt, in Epinay-sur-Seine, wo arme Araber und Juden zusammenleben und der Ort immer wieder zum Schauplatz antijüdischer Übergriffe wird. Der Attentäter hatte allerdings danach noch vier andere Personen, darunter einen Muslim angegriffen. Er ist offensichtlich psychisch labil und vielleicht nur beschränkt schuldfähig. Aber er war jedenfalls dem Trommelfeuer antisemitischer Propaganda ausgesetzt, die massenhaft in den islamischen Gemeinden Frankreichs und Europas kursiert.

## Die Fakten:
## Die EU untersucht „beunruhigende Entwicklungen"

Europa hatte ganz offensichtlich ein Problem. Und dem musste man irgendwie auf europäischer Ebene begegnen, zumindest in Form einer Bestandsaufnahme dessen, womit man es eigentlich zu tun hat.

In Wien hat das erst 1997 eingerichtete „European Monitoring Centre on Racism and Xenophobia" (EUMC) seinen Sitz. Wenn die EU ein immer engerer Zusammenschluss von Staaten ist, wenn sie irgendwann nicht nur die ökonomische, sondern auch die politische Union erreichen will, dann muss sie sich auch um politische Phänomene kümmern, die transnational sind. Daher die Einrichtung des EUMC, zunächst allerdings eher als Reaktion auf die weit verbreitete Feindseligkeit gegenüber Immigranten und Asylanten in den Ländern der EU als auf einen manifesten Antisemitismus größeren Ausmaßes.

Dieses offizielle Beobachtungszentrum der EU beauftragte Mitte 2002 das „Zentrum für Antisemitismusforschung" in Berlin mit der Erstellung eines Berichts über „Erscheinungen des Antisemitismus in der Europäischen Union – erstes Halbjahr 2002". Der Bericht der beiden vom EUMC beauftragten Autoren Werner Bergmann und Juliane Wetzel lag Ende Februar 2003 auf Englisch vor, wurde aber zunächst nicht veröffentlicht, angeblich wegen methodischer und sonstiger Mängel, in Wahrheit jedoch, weil man im Verwaltungsrat des EUMC mit den Schlussfolgerungen bezüglich der Täter und ihrer Zuordnung nicht einverstanden war.

Methodisch war der Bericht so aufgebaut, dass in den damals 15 EU-Staaten die so genannten „National Focus Points" um Material, Statistiken und Zeugenaussagen gebeten wurden. Die Focus Points sind in der Regel NGOs, die sich mit entsprechenden Themen befassen und ein mehr oder weniger systematisches Monitoring betreiben. Dazu kommen die lokalen Polizei- und Justizbehörden, die jedoch keineswegs alle systematische Statistiken in Sachen antisemitischer Vorfälle erstellen (oder erstellten, denn inzwischen hat sich das einigermaßen geändert). Der Bericht von Bergmann/Wetzel umfasste rund 100 Seiten.

Auf der Basis dieser Unterlagen und gestützt durch die eigene, reichliche Erfahrung kamen die Experten des Berliner Zentrums für Antisemitismus zu folgendem „Synthesis Report", der von den beiden führenden Mitarbeitern des Zentrums Werner Bergmann und Juliane Wetzel verfasst wurde:

„Die Berichte und unsere eigenen Untersuchungen zeigen, dass im Frühjahr 2002 viele EU-Mitgliedsstaaten eine Welle von antisemitischen Vorfällen erlebten. Sie standen im Zusammenhang mit der öffentlichen Diskussion über die Trennlinie zwischen legitimer Kritik an der Politik der Regierung Israels und antisemitischer Argumentation. Diese Welle des Antisemitismus startete mit der ‚Al-Aqsa-Intifada' im Oktober 2000 und wurde durch den Konflikt im Mittleren Osten und die Angriffe auf das World Trade Center und das Pentagon am 11. September 2001 angetrieben, die eine heftige Debatte über die Ursachen des Terrorismus auslöste, der vom radikalen Islam ausgeht.

Während der ersten Hälfte 2002 erreichte der Anstieg des Antisemitismus einen Höhepunkt in der Periode zwischen Ende März und Mitte Mai, parallel zur Eskalation im Konflikt im Mittleren Osten, wobei Faktoren, die üblicherweise die Frequenz von antisemitischen Vorfällen in den verschiedenen Ländern dominieren, wie etwa den Grad an Mobilisierung, den extremistische, weit rechts stehende Parteien und Gruppen erreichen können, keine entscheidende Rolle gespielt haben.

In den Monaten, die auf die Monitoring-Periode folgten, schwächte sich die manchmal hitzige Diskussion über den Konflikt im Mittleren Osten in der öffentlichen Sphäre und in den Medien ab und die Anzahl der Vorfälle ging zurück. In manchen Staaten wie Belgien, Frankreich und Schweden vermehrten sich antisemitische Vorfälle wie gewaltsame Angriffe und Drohanrufe im September und Oktober wieder, aber nicht so stark wie in der Beobachtungsperiode. Antisemitische Flugblätter, *hate mail* und Telefonanrufe wurden aus Deutschland und dem Vereinigten Königreich berichtet.

Dies führt zu der Schlussfolgerung, dass der Anstieg an antisemitischen Attacken in diesem Fall von den Vorgängen im Mittleren Osten ausgelöst wurde, ein außenpolitischer Vorgang, der auf individuelle Mitgliedsstaaten unterschiedliche Auswirkungen hatte."

Der Bericht stellte also einen klaren Zusammenhang zwischen der Situation im Nahen Osten und dem Anschwellen der antisemitischen Vorfälle in (EU-)Europa her. Bergmann/Wetzel wiesen auch ausdrücklich auf die Schwierigkeiten hin, einen „exakten quantitativen Vergleich" zwischen den einzelnen Mitgliedsstaaten zu ziehen, weil in den einzelnen Ländern antisemitische Vorfälle unterschiedlich klassifiziert würden, es manchmal schwierig sei, zwischen Kritik an der israelischen Regierungspolitik und Antisemitismus zu unterscheiden; und es generell „Verschiedenheiten in der systematischen Sammlung von Information über antisemitische Vorfälle in den EU-Mitgliedsstaaten" gäbe. Aber es müsse unterstrichen werden, dass einige Länder (wie Deutschland, Frankreich, die Niederlande und das Vereinigte Königreich) ein sehr effektives System der Beobachtung und Datensammlung haben, was anderswo nicht der Fall sei. In Staaten wie Irland, Luxemburg, Portugal und Finnland, wo nur kleine jüdische Gemeinden leben und es selten zu Zwischenfällen kommt, sei auch im Beobachtungszeitraum nichts Auffälliges zu vermerken gewesen.

Wobei man etwa aus österreichischer Erfahrung hinzufügen kann, dass die Polizeibehörden gerne eindeutig antisemitische oder fremdenfeindliche Vorfälle als „nicht politisch motiviert" bezeichnen, was ihnen dann gelegentlich, aber nur sehr gelegentlich vor Gericht widerlegt wird.

Dennoch kann man ziemlich gut abschätzen, in welchen Ländern die Bedrohung ernstlich manifest wird und wo es bei einer unterschwelligen Aggression bleibt: „Frankreich, Belgien, die Niederlande erlebten ziemlich ernste antisemitische Übergriffe, wie zahlreiche körperliche Angriffe und Beschimpfungen gegen Juden und Vandalismus von jüdischen Einrichtungen (Synagogen, Geschäfte, Friedhöfe). Weniger antisemitische Attacken wurden aus Dänemark und Schweden berichtet … Italien zeigte eine gewisse Ähnlichkeit mit Deutschland; obwohl keine physischen Attacken evident waren, gab es Drohanrufe, beleidigende Briefe, Slogans und Graffiti. Aus Österreich wurden keine körperlichen Angriffe berichtet; auch wenige verbale Drohungen und Beleidigungen. Antisemitische Stereotypen in Verbindung mit Israel waren im Wesentlichen in rechtsgerichteten Zeitungen und unter weit rechts stehenden Gruppen zu finden."

Pro-Palästinensische oder globalisierungskritische Demonstrationen wurden nicht selten antisemitisch unterwandert: „Im öffentlichen Raum in Spanien, Frankreich, Italien und Schweden vereinigten sich Teile der politischen Linken und arabisch-muslimische Gruppen, um pro-palästinensische Demonstrationen abzuhalten. Während diese Demonstrationen nicht inhärent antisemitisch sind, konnte man auf manchen von ihnen antisemitische Slogans hören und auf Plakaten sehen; einige Demonstrationen führten zu Angriffen auf Juden oder jüdische Institutionen. In den Niederlanden benutzen pro-palästinensische Demonstranten marokkanischer Herkunft antisemitische Slogans und Symbole. In Deutschland und etwas weniger in Österreich war der politische Diskurs dominiert von einer Debatte über die Verbindung zwischen der israelischen Politik im Mittleren Osten und Antisemitismus, eine Debatte, in der auch die kulturellen und politischen Eliten involviert waren."


## „Entweder Rechtsextreme oder junge Muslime meist arabischer Herkunft"

Die entscheidende Frage war selbstverständlich: wer sind die Täter? Die Studie von Bergmann und Wetzel führt zwar an, es sei „für viele antisemitische Zwischenfälle, vor allem für gewalttätige und strafbare Taten typisch, dass die Täter versuchen, anonym zu bleiben. Daher konnten in vielen Fällen die Täter nicht identifiziert werden, sodass eine Zuordnung zu einem politischen oder ideologischen Lager offen bleiben muss".

Aber erfahrene Beobachter wie die beiden deutschen Experten haben keine allzu großen Schwierigkeiten, die wesentlichsten Tätergruppen herauszuarbeiten: „Nichtsdestoweniger kann von den identifizierten oder mit einiger Sicherheit identifizierbaren Tätern geschlossen werden, dass die antisemitischen Vorfälle im Beobachtungszeitraum vor allem entweder von Rechtsextremisten oder jungen Muslimen meist arabischer Herkunft begangen wurden, die selbst oft potentielle Opfer von Ausgrenzung und Rassismus sind; aber auch, dass antisemitische Aussagen von pro-palästinensischen Gruppen kamen (siehe Länderbericht Italien), ebenso wie von Politikern (Deutschland, Griechenland, Finnland und Österreich) und Bürgern aus dem politischen *mainstream* (Deutschland ebenso wie andere Länder)."

An dieser Passage, die jedem plausibel erscheint, der auch nur die Zeitungsberichte über die antisemitischen Vorfälle gelesen hat, entzündete sich eine politische Kontroverse mit den eigenen Auftraggebern vom EUMC. Zunächst sei aber weiter aus dem Bericht zitiert, der die folgenden Formen antisemitischer Aktivitäten beschreibt:

„Entweihung von Synagogen, Friedhöfen, Hakenkreuz-Graffiti, drohende und beleidigende Briefe ebenso wie die Leugnung des Holocaust, vor allem im Internet. Das sind Aktivitäten, die vor allem der äußersten Rechten zuzuordnen sind. Körperliche Attacken auf Juden und die Entweihung und Zerstörung von Synagogen waren Akte, die in der Beobachtungszeit oft von jungen muslimischen Tätern begangen wurden (nach dem Verhör von 42 Verdächtigen – jungen Einwanderern aus Nordafrika und dem Maghreb – kam die französische Polizei zu dem Schluss, es handle sich dabei überwiegend um ‚Delinquenten ohne Ideologie, die von einer diffusen Feindschaft gegenüber Israel motiviert sind'). Viele dieser Attacken geschahen entweder während oder nach pro-palästinensischen Demonstrationen, die auch von radikalen Islamisten benutzt wurden, um Beschimpfungen auszusprechen. Zusätzlich waren radikale islamistische Kreise verantwortlich für die Platzierung von antisemitischer Propaganda im Internet und den arabischsprachigen Medien."

In der extremen linken Szene wurden antisemitische Bemerkungen vor allem im Kontext von pro-palästinensischen Versammlungen und Anti-Globalisierungs-Treffen gefunden (eines der zahlreichen Beispiele ist ein Flugblatt des deutschen Zweigs der Anti-Globalisierungs-Organisation „Attac", das für eine Anti-Bush-Demonstration am 21. Mai 2002 in Berlin entworfen wurde: das wohlbekannte Gesicht von „Uncle Sam" zeigt eine „typisch jüdische Nase" (Flugblatt unter http://attac-netzwerk-bush.de). Bergmann/Wetzel arbeiteten dann die Verbindung zwischen Anti-Israelismus, Antisemitismus und Anti-Amerikanismus heraus: „Oft erzeugte das eine Kombination von antizionistischen und antiamerikanischen Meinungen, die ein wichtiges Element in der Entstehung von antisemitischen Stimmungen in Europa bilden. Israel, gesehen als kapitalistische, imperialistische Macht, die ‚zionistische Lobby' und die USA werden als Verursacher des Bösen im Mittel-Ost-Konflikt gesehen, die auch eine negative Auswirkung auf globale Angelegenheiten haben."

Der Bericht kommt denn auch zu einem Schluss, der die Kriterien für das Vorhandensein und die Identifizierung eines so genannten „Neuen Antisemitismus" enthält:

„Die Konvergenz dieser Motive diente sowohl Kritikern des Kolonialismus wie der Globalisierung auf der extremen Linken wie den traditionellen antisemitischen Rechtsextremen ebenso wie Teilen der radikalen Islamisten in einigen europäischen Ländern."

Schließlich halten Bergmann und Wetzel noch fest: „In der hitzigen öffentlichen Debatte über israelische Politik und der Grenze zwischen Kritik an Israel und Antisemitismus werden auch Personen, die nicht politisch aktiv sind oder die nicht zu einem der oben erwähnten ideologischen Lager gehören motiviert, ihre latenten antisemitischen Einstellungen zu äußern (meist in Form von Anrufen und beleidigenden Briefen). Meinungsumfragen belegen, dass in einigen europäischen Ländern ein großer Prozentsatz der Bevölkerung antisemitische Einstellungen und Ansichten beherbergt, diese aber für gewöhnlich latent bleiben."

Oder einfacher formuliert: Es gibt ziemlich viele verborgene, verschämte, verdrängte antisemitische Einstellungen auch unter gebildeten Leuten. Auch unter der Mittelschicht. Auch unter wohlanständigen Bürgerlichen. Der Nahostkonflikt bringt das zum Ausbruch.

## Ein Bericht wird zurückgehalten, ein zweiter in Auftrag gegeben

Der Bericht von Bergmann/Wetzel bot jedoch nach Meinung vieler mit der Materie befasster Beobachter, auch in den Medien, ein einigermaßen realistisches Bild. Dennoch entschloss sich das EUMC, den im Oktober 2003 fertig gestellten Bericht nicht zu veröffentlichen. Als Begründung dafür gab die Direktorin des EUMC in Wien, Beate Winkler, an, der Zeitraum der Untersuchung sei zu kurz gewesen und die produzierten Daten „nicht ausreichend".

Stattdessen gab das EUMC einen zweiten Bericht zum selben Thema in Auftrag, der am 31. März 2004 von Beate Winkler unter dem Titel „Manifestations of Antisemitism in the EU 2002–2003" dem Europäischen Parlament in Straßburg vorgestellt wurde. Die neue Studie basierte im Wesentlichen auf denselben Datenquellen – allerdings über einen größeren Zeitraum. Sammlungsstellen waren wieder die „National Focal Points" (NFP) in den 15 Mitgliedsstaaten, die ebenso zum „Racism and Xenophobia Network" (RAXEN) der EUMC gehören. Es handelt sich dabei im Wesentlichen um dieselben NGOs und andere Institutionen, die in diesem Themenkreis tätig sind. Der neue Bericht ist 344 Seiten stark (und ist auf der Website des EUMC – www.eumc.eu.int. – abrufbar, allerdings nicht zur Gänze, sondern in Form des „Executive Summary" und der einzelnen Länderberichte; für dieses Buch stand der gesamte gedruckte Bericht zur Verfügung).

Beate Winkler strich gleich zu Beginn ihrer Rede in Straßburg heraus, „dass es sich bei diesen Berichten um substanzielle und einzigartige Forschungsarbeiten handelt. Noch nie zuvor wurde das Thema Antisemitismus in Europa in einer solchen Bandbreite abgedeckt". Damit sollte einerseits gezeigt werden, „dass die Europäische Union dieses Thema sehr ernst nimmt", andererseits wollte Winkler damit die empirische Fundierung des neuen Berichts betonen, ohne den

„alten" zu erwähnen.: „Zum ersten Mal in der Geschichte der Europäischen Union wurden Daten zu Antisemitismus systematisch, d. h.
auf der Grundlage einheitlicher Leitlinien, in allen 15 Mitgliedsstaaten der EU erfasst und von unabhängigen Wissenschaftlern ausgewertet." Es gab überdies einen zusätzlichen Bericht („Perceptions of
antisemitism in the European Union. Voices from Members of the
European Jewish Communities"), der im Kern auf längeren Gesprächen mit prominenten Mitgliedern der jüdischen Gemeinden über
ihre Einschätzung des Problems beruht.

Der zweite Bericht versucht nicht, die Tatsache des gehäuften Auf-
tretens antisemitischer Vorfälle zu leugnen oder zu verschleiern. Frau
Winkler sagte: „Die EUMC kommt zu dem Schluss, dass es ein Problem gibt, das angegangen werden muss, dass jedoch eine wirksame
Problemlösung nur durch ein gemeinsames Vorgehen der EU und
ihrer Mitgliedsstaaten möglich ist." Und weiter: „Zunächst einmal
steht außer Zweifel, dass Europa mit dem Problem des Antisemitismus kämpft; in einigen Teilen der EU waren Erscheinungsformen des
Antisemitismus in den vergangenen zwei bis drei Jahren häufiger zu
beobachten. In einigen Ländern hat die Häufigkeit antisemitischer
Vorfälle in den vergangenen zwei bis drei Jahren zugenommen.
Darauf lassen die Statistiken in Belgien, Deutschland, Frankreich,
den Niederlanden und dem Vereinigten Königreich schließen. Je
nach Land treten diese Erscheinungsformen unterschiedlich oft und
massiv auf, dennoch geben sie vielen der 1,5 Millionen Juden in
Europa hinreichend Anlass zur Besorgnis. Die Vorfälle reichen von
Wandschmierereien und Vandalismus über Beleidigungen auf der
Straße und Hassreden im Internet bis hin zu massiven tätlichen
Angriffen und Brandstiftung." In einigen Ländern seien antisemitische Übergriffe, z. B. in Form von Gewalt, Brandstiftung oder Beleidigungen auf der Straße, häufiger zu verzeichnen gewesen. Einige
Behörden scheinen hierin jedoch kein Problem zu sehen, da keine
offiziellen Daten über diese Entwicklung vorliegen. In einigen Fällen
erfassen nur die NFP, nicht aber die staatlichen Behörden antisemitische Übergriffe. In Griechenland, Italien, Österreich und Spanien sei
„das Paradoxon zu beobachten, dass antisemitisch motivierte Gewalttaten zwar so gut wie gar nicht vorkommen, unter der allgemeinen

Bevölkerung antisemitische Äußerungen im Alltag jedoch recht verbreitet sind".

## „Die größte Gruppe scheint aus rechtsextremen jungen weißen Europäern zu bestehen"

All das deckt sich mehr oder weniger mit den Angaben im ersten Bericht von Bergmann/Wetzel. Was aber die Identität der Täter oder Tätergruppen vor allem bei gewaltsamen Übergriffen und Beschimpfungen auf offener Straße betrifft, so fand im zweiten Bericht der EUMC eine subtile, aber außerordentlich signifikante Verschiebung statt:

„Auch die Identität der Täter antisemitischer Handlungen war für uns ein wichtiges Thema", sagte Beate Winkler vor dem Europäischen Parlament. „Obwohl auch hier allgemein gültige Aussagen schwierig zu treffen sind, scheint die größte Gruppe aus jungen weißen Europäern zu bestehen, die gesellschaftlich ausgegrenzt und oft von rechtsextremistischen Gruppierungen beeinflusst sind. In einigen Ländern wurden antisemitische Straftaten auch häufig von jungen Personen nordafrikanischer, muslimischer Herkunft verübt. Antisemitische rechtsextremistische Gruppierungen spielten auch weiterhin eine große Rolle bei der Meinungsbildung."

Der zweite EUMC-Bericht bemüht sich dann, der Struktur der Tätergruppen in den einzelnen Ländern auf die Spur zu kommen, was Gewalttaten betrifft. Für Deutschland gäbe es Daten von den offiziellen Polizeistatistiken, ebenso von soziologischen Studien, die einen qualitativen Einblick in den Hintergrund und die Motivation der Täter liefern. Jedoch seien bisher keine spezifischen Studien über antisemitische Rechtsbrecher durchgeführt worden. Basierend auf Ergebnissen von einigen empirischen Studien über xenophobische Rechtsbrecher wurde ein Täterprofil in Deutschland erstellt:

„Die Mehrzahl der Rechtsbrecher ist männlich und zwischen 15 und 24 Jahren alt. Zusätzlich ist ihr Bildungsstand geringer als der von vergleichbaren Altersgruppen innerhalb der Allgemeinbevölkerung. Die Mehrheit der Verdächtigen oder Täter sind nicht Ersttäter, sondern sind bereits für politische oder andere Taten registriert. Was die Verbindung von Tätern mit organisierten rechtsextremen Gruppierungen betrifft, so sind rund 50 Prozent der Rechtsbrecher in Westdeutschland, aber nur 10 Prozent in Ostdeutschland als Skinheads registriert. Es kann daher geschlossen werden, dass viele Täter, besonders in den ‚neuen deutschen Bundesländern' nicht mit organisierten rechtsextremen Gruppen verbunden sind, sondern eher mit informellen oder spontanen ‚peer-groups'. Während zwei Drittel der ostdeutschen Täter mit antisemitischen Statements übereinstimmen, zeigen die westdeutschen Täter zu 100 Prozent antisemitische Haltungen." Nach Angaben der NFP (National Focus Points) gäbe es Hinweise, dass einige „antisemitische Zwischenfälle von Tätern mit einem Hintergrund als Einwanderer, besonders Muslime, begangen werden".

Der Bericht räumt ein, dass „im Zuge des Ansteigens der antisemitischen Zwischenfälle in Europa während der letzten Jahre es eine Veränderung in der öffentlichen Betrachtungsweise des ‚typischen' Antisemiten gegeben hat, nämlich von einem rechtsextremen Skinhead zu frustrierten jungen Muslimen. Presseberichte wiederholen die Annahmen, dass der Großteil der antisemitischen Attacken in Europa von jungen Männern mit einem Einwanderer- und Muslimhintergrund begangen wird". Jedoch: „Doch die Berichte der nationalen Fokuspoints suggerieren ein komplexeres Bild."

In einigen Ländern – z. B. in Frankreich und in Dänemark – würden die NFPs den Schluss ziehen, dass es tatsächlich Beweise für eine Verlagerung von extremrechten Tätern hin zu jungen muslimischen Männern gibt. In Frankreich stellt die Menschenrechtskommission fest, dass der Prozentsatz antisemitischer Gewalt seitens der extremen Rechten im Jahr 2002 nur 9 Prozent betrug (gegenüber 14 Prozent in 2001 und 68 Prozent in 1994). Die Kommission schließt daraus, dass das Wiederaufleben des Antisemitismus der Verschlechterung des israelisch-palästinensischen Konflikts zugeschrieben werden kann, vor allem im Frühjahr 2002, korrespondierend mit der Offensive der israelischen Armee in der Westbank und der Rückkehr der Selbstmordattentate nach Israel. Antisemitische Akte werden von der französischen Kommission Jugendlichen aus Wohngebieten zugeschrieben, die auf den Konflikt sensitiv reagieren, vor allem Jugendlichen nordafrikanischer Abkunft. In Dänemark waren die Täter traditionell unter Gruppen wie etwa den „rassischen Revolutionären" zu finden. Jedoch beschreiben Opfer von antisemitischen Akten nur für die Jahre 2001/2002 die Haupttäter als „junge Männer mit arabisch/palästinensisch-muslimischem Hintergrund".

Es sei allerdings möglich, führt der zweite EUMC-Report weiter aus, „dass die vorhandenen Statistiken in die andere Richtung weisen. In den Niederlanden berichten die NFPs, dass die geringe Zahl der Täter aus ethnischen Minoritäten, die sich ‚rassistischer Gewalt' schuldig gemacht haben, einigermaßen überrascht. Der NFP zeigt auf, dass, obwohl in einigen Fällen die Täter aus islamischen Kreisen stammten, die Idee, dass es sich bei den antisemitischen Tätern hauptsächlich um junge Marokkaner handelt, von den offiziellen niederländischen Statistiken nicht gestützt wird. Die Statistiken zeigen, dass in 80 Prozent der Fälle die Täter ‚weiß' waren." In Großbritannien zeigten zwar die verfügbaren Daten, „dass eine wachsende Anzahl von Zwischenfällen im britischen Königreich von Muslimen oder Palästinensern verübt wurden". Insgesamt sei aber die Datenbasis zu schlecht, um zu haltbaren Schlüssen zu kommen.

Schließlich, was Österreich betrifft: „In Österreich gibt es keine systematische Sammlung von Daten. Der lokale NFP zitiert ein sehr weit gefasstes Urteil des Forums gegen Antisemitismus, wonach die meisten der Angriffe von Links- und Rechtsextremisten begangen wurden, ebenso wie von der islamischen Szene. Entgegen dieser Einschätzung weist die Information aus Regierungsquellen darauf hin, dass die Täter hauptsächlich von Skinhead-Gruppen stammen."

## Subtiler Streit um die Tätergruppen

Wurden die Taten nun „vor allem entweder von Rechtsextremisten oder jungen Muslimen meist arabischer Herkunft" begangen, wie der erste EUMC-Bericht vom Bergmann/Wetzel in sozusagen gleichmäßiger Verteilung sagt, oder „scheint die größte Gruppe aus jungen weißen Europäern zu bestehen, die … oft von rechtsextremistischen

Gruppierungen beeinflusst sind", wie der zweite EUMC-Bericht suggeriert?

Es gibt Grund zu der Annahme, dass der Anteil der jungen Muslime an den Gewalttaten und Bedrohungen größer war oder zumindest stärker wuchs als der „weißer Rechtsextremer" – vor allem im Licht der Entwicklung seither, wo vor allem in Frankreich, aber auch in Belgien die Zahl der Vorfälle nach einem leichten Rückgang im Jahr 2003 im ersten Halbjahr 2004 wieder stark angestiegen ist. Man kann von einer „europäischen Intifada" sprechen. Selbst wenn sich die Tätergruppen „junge Muslime" und „junge weiße Rechtsextreme" in etwa die Waage halten, wie der erste EUMC-Bericht suggeriert, so muss man einfach – ohne in „Islamophobie" zu verfallen – festhalten, dass es sich hier um ein neues und sich rasch ausbreitendes Phänomen handelt. Mit den jungen europäischen Muslimen trat eine neue, leicht zu mobilisierende und ziemlich aktive Tätergruppe auf (wir sprechen hier sowohl von Gewalttaten wie von Schmähungen und Drohungen), die noch vor wenigen Jahren nicht sichtbar gewesen waren. Eine neue Tätergruppe, mit der sich die Juden Europas konfrontiert sehen – das ist eine neue Qualität, selbst wenn die Quantität (noch) geringer sein sollte als die anderer Tätergruppen.

So musste der Eindruck entstehen, dass das EUMC und implizit damit auch die EU-Kommission diese neue Qualität nicht ernst genug nehmen bzw. vielleicht sogar herunterzuspielen versuchen. Beide wurden denn auch von verschiedenen jüdischen Organisationen, darunter dem „World Jewish Congress" (WJC) beschuldigt, aus Rücksicht auf islamische Empfindlichkeiten den ersten Bericht unterschlagen und den zweiten entschärft zu haben – was Beate Winkler selbstverständlich heftig bestreitet. Tatsächlich tauchten aber in verschiedenen Zeitungen Hinweise auf, dass aus dem Verwaltungsrat des EUMC interveniert worden sei.

Im Gegenzug dazu machte Werner Bergmann geltend, dass die Aufgabenstellung und die Daten ja gerade vom EUMC kämen: nämlich von jenen „National Focal Points" (Non-Governmental Organizations – NGOs –, Forschungsinstituten und Antirassismus-Initiativen), mit denen das EUMC auch sonst zusammenarbeitet und von denen es seine Daten bezieht.

Inzwischen hatte auch die internationale Presse Wind von der Sache bekommen. Die „Financial Times" brachte am 16. November 2003 einen Bericht über die „Verschlusssache Antisemitismus-Bericht". Daraufhin stellten der „World Jewish Congress" (www.wjc.org) und der grüne Europaabgeordnete Daniel Cohn-Bendit (www.cohn-bendit.de – englische Ausgabe unter „Issues-Europe") den Bericht auf ihre jeweiligen Websites. Das EUMC folgte notgedrungen diesem Beispiel und stellte das etwa 100 Seiten umfassende Konvolut ins Netz, allerdings mit einem „Disclaimer", einer Distanzierung, in der der Studie mangelnde Wissenschaftlichkeit und Datenbasis sowie unlautere Generalisierungen und falsche Vergleiche unterstellt wurden.

## Übergroße politische Korrektheit gegenüber den Muslimen?

Darauf antwortete Wolfgang Benz, der Leiter des Berliner Instituts, mit einer scharfen Replik, in der er die Motive des EUMC zerpflückte: Dieses bemühe sich seit Jahren „mit Recht, die Diskriminierung aufzuzeigen, unter denen diese jungen Nordafrikaner selbst leiden", und „da es einen wesentlichen Teil seiner Arbeit der Entwicklung von Strategien gegen Islamophobie widmet, sieht es seine Initiativen nun gefährdet". Unbequem scheine auch „die Benennung von antisemitischen Tendenzen in einigen linken Gruppierungen bzw. im Umfeld der Globalisierungsgegner zu sein, die die Grenze zwischen einer durchaus legitimen Kritik an der israelischen Politik hin zu einer Instrumentalisierung von antisemitischen Stereotypen im Kampf gegen eine ‚imperialistische, kapitalistische Besatzungsmacht' überschreiten. Sie benutzen den Vergleich mit dem nationalsozialistischen Genozid, um Israel zu diffamieren bzw. machen die jüdische Bevölkerung in anderen Ländern verantwortlich für die Politik Israels im Nahostkonflikt. Solche antisemitischen Stereotypen waren etwa bei pro-palästinensischen Demonstrationen in einigen EU-Ländern evident. Diese Vorurteile sind im übrigen auch bis in die Mitte der Gesellschaft hinein verbreitet". Wolfgang Benz hält allerdings fest, dass „ungeachtet dieser Entwicklungen, die nicht erst 2002 offenkundig wurden, sondern in manchen Ländern bereits während des Sechs-Tage-Krieges 1967 zu beobachten waren, in einer Reihe von EU-Ländern, so auch in Deutschland, weiterhin überwiegend rechtsextreme Gruppierungen und Einzelpersonen verantwortlich für gewalttätige antisemitische Übergriffe sind". Mitautor Werner Bergmann sagte, die Studie sei wegen „übergroßer politischer Korrektheit" zurückgehalten worden.

Die Vorsitzenden von zwei der größten islamischen Interessenverbänden in Deutschland, Nadeem Elyas und Ali Kizilkaya, hätten überdies die Studie als Anregung zu einer intensiven Diskussion über das Thema Antisemitismus unter Muslimen begrüßt: Elyas etwa, der dem Zentralrat der Muslime in Deutschland (ZMD) vorsteht, räume ein, dass antijüdisches Gedankengut in arabisch-islamischen Kreisen „latent schon immer präsent war". Der ZMD vertritt etwa 500 Moscheegemeinden und hat 19 Mitgliedsorganisationen – auch mehrere mit arabischem Hintergrund, die der Nahostkonflikt besonders berührt. Kritik an der Politik von Israels Regierung müsse erlaubt sein, sagt Elyas, aber nicht pauschalisierende Vorwürfe gegen „die Juden".

Wie sind die beiden Berichte sachlich einzustufen? Vom sozusagen statistischen Gehalt her, was das Ausmaß antisemitischer Vorfälle betrifft, sind sie nahezu ident. Ein wichtiger Unterschied besteht darin, dass der erste Bericht nur eine relativ kurze Zeitspanne während der ersten Hälfte des Jahres 2002 umfasst, in der aber die Spitze der antisemitischen Ausschreitungen im Gefolge des israelischen Einmarsches in die palästinensische Ortschaft Jenin „hineinfällt". Die Studie von Bergmann/Wetzel ist genau, umsichtig, scheut sich nicht vor konkreten Zuschreibungen der Täterschaft, verfällt aber auch nicht in Alarmismus. In vorsichtigen, aber eindeutigen Formulierungen wird auf die Ähnlichkeiten, aber auch die Vernetzung von radikal-islamischen, traditionell rechtsextremen und antizionistischen Linken hingewiesen – und damit der Kern des Phänomens herausgearbeitet.

Der zweite Bericht ist umfassender, denn sein Berichtszeitraum reicht bis Ende 2003. Er enthält im Grunde keine anderen Fakten, glänzt ebenfalls mit scharfsinnigen Überlegungen zur Natur des Antisemitismus und beantwortet sogar die Frage, ob es denn einen neuen Antisemitismus gibt, vorsichtig bejahend: Neu in der Form und Gestalt, nicht neu in der Verwendung alter Stereotypen. Zu diesen Themenfeldern wird auch aus beiden Berichten für dieses Buch zitiert.

Eine gewisse politische Rücksichtnahme ist aus der Tatsache, dass der erste Bericht des EUMC nicht veröffentlicht und ein zweiter in Auftrag gegeben wurde, sicherlich herauszulesen. Der Entschluss, den ersten Bericht nicht zu veröffentlichen, mag wahrscheinlich dem Motiv entspringen, das der Vize-Präsident des „World Jewish Congress", Elam Steinberg, vermutet: „Ich denke, die EU ist nicht bereit, sich mit dem heiklen Problem des Antisemitismus unter Moslems auseinanderzusetzen, die in Europa die größte Minderheit bilden." Wenn es so war, dann hat diese Übervorsicht jedenfalls nichts genutzt, denn der erste Bericht wurde in der europäischen Presse breit diskutiert.

In der „Zeit" hieß es dazu, der neue Bericht bemühe sich sehr darum, „diese unbestreitbare Entwicklung zu entdramatisieren. Unübersehbar ist die verbale Gratwanderung zwischen der Nennung der objektiven Fakten und der permanenten Anstrengung, bloß keine Gefühle Unschuldiger (der muslimischen Gemeinden) zu verletzen."

Ob im Lichte der Ereignisse seither die Aussage noch haltbar ist, die Täter wären großteils weiße Rechtsextremisten und nicht muslimische Jugendliche, ist sehr die Frage. In der Kernaussage, nämlich dass es zu einem beunruhigenden Anstieg antisemitischer Vorfälle in einigen wichtigen europäischen Ländern gekommen ist, ergibt sich kein Unterschied in den beiden Berichten.

Die Kurzfassung des zweiten Berichts, wie er von Direktorin Winkler dem europäischen Parlament vorgelegt wurde, zeigt nach ihren Worten „deutlich, dass es in mehreren Mitgliedsstaaten zu einem beträchtlichen Anstieg antisemitisch motivierter Vorfälle gekommen ist".

Der Berichtszeitraum reicht allerdings nur bis Ende 2003. In der ersten Hälfte des Jahres 2004 stiegen, namentlich in Frankreich, die antisemitischen Straftaten und Schmähungen noch einmal stark an, was auch etwas damit zu tun haben mag, dass die Behörden nun viel genauer und aufmerksamer die Dinge registrierten.

## Der „transportable Islam"

Viele Beobachter führten die Welle islamisch-arabischer Täter auf die Flut von Hass-Predigten, vor allem religiösen, aber auch weltlichen zurück, die aus den Heimatländern der Immigranten über Satelliten-TV, über Kassetten mit Predigten islamischer Geistlicher, durch Pamphlete oder über das Internet nach Europa in das entsprechende Milieu gelangten. „Der Islam ist transportabel geworden", schreibt Fouad Ajami, ein gebürtiger Libanese, der an der Johns Hopkins School of Advanced International Studies" lehrt. „Muslime auf der Flucht vor dem Flächenbrand in ihren Heimatländern haben ihn mitgebracht. Menschen flohen in die ‚bilad al-kufr', die Länder des Unglaubens, und gerade dort hat eine neue Gattung von Islamisten ihren Glauben radikalisiert."

Ajami analysiert, dass „für die Entstehung des neuen Radikalismus das Satellitenfernsehen ausschlaggebend war. Es erreicht Araber und Muslime, egal, wo sie auch sind. Und die neuen Prediger bedienen sich der Satellitenkanäle mit Vorliebe. Aus der Sicherheit der europäischen Städte heraus füllen sie den Äther mit aggressiven Vibrationen: Sie agitieren gegen Assimilation; sie warnen davor, weiblichen Prüfern an der Universität die Hand zu schütteln, ‚Ungläubige' an deren religiösen Feiertagen zu grüßen oder in Armee und Polizei des Ankunftslandes zu dienen. ‚Ein Muslim hat keine Nationalität außer seinem Glauben', schrieb der ägyptische Autor Sayyid Qutb, jener intellektuelle Vordenker des radikalen Islamismus, der 1966 vom Regime des Dschamal (Gamal) Abdel Nasser umgebracht wurde."

Der in Paris lebende österreichische Journalist Danny Leder machte in der „Süddeutschen" auf ein Büchlein mit dem Titel „Les territoires perdus de la République" – die verlorenen Territorien der Republik – aufmerksam, das auch Präsident Chirac in seiner harten Haltung zu den islamistischen Aktivitäten beeinflusst habe. Lehrer schilderten darin, wie jüdische Schüler, aber auch jüdische Lehrer von ihren mehrheitlich moslemischen Klassen bedrängt wurden, wie der Unterricht über den Holocaust und die Dreyfus-Affäre manchmal in Tumulte mündete. Aber auch wie Lehrerinnen zunehmend von moslemischen Schülern schikaniert wurden, wie der Unterricht über die Philosophie der europäischen Aufklärung unter dem Vorwurf „atheistischer Propaganda" boykottiert wurde.

Die Grundthese der Autoren lautet, „dass die Abwehr der islamistisch geprägten Judenfeindschaft zur Nagelprobe für die Standfestigkeit der Republik werde. Diese Lesart machten sich auch einige wenige, aber rührige Frauenrechtlerinnen aus moslemischen Familien zu eigen. Ihre Argumentation: Fundamentalistische Aktivisten erzeugten durch die Propagierung des islamischen Kopftuchs einen unwiderstehlichen Gruppendruck. Dadurch wären all jene Mädchen, die kein Kopftuch trugen, in Vororte-Siedlungen als sexuelles Freiwild gezeichnet" („Süddeutsche" vom 17. August 2004).

Die französische Regierung entschloss sich daher zu einer bewussten Politik der „Null-Toleranz" gegenüber den antisemitischen Übergriffen: „Ein Angriff auf jüdische Bürger ist ein Angriff auf die Republik Frankreich", erklärte Präsident Jacques Chirac. Innenminister Sarkozy verfügte eine besonders intensive polizeiliche Verfolgung solcher Vergehen. Dennoch schwelte der Hass offensichtlich weiter und flackert immer wieder auf.

Aber auch in Antwerpen, der belgischen Hafenstadt mit einem traditionell hohen Anteil an jüdischer Bevölkerung (20.000), aber auch mit einem wachsenden Anteil muslimischer Immigranten (rund 30.000), sahen sich im Juli 2004 die Behörden genötigt, wegen gehäufter Vorfälle in den betroffenen Vierteln für mehr Polizeipräsenz zu sorgen und sich Maßnahmen gegen die wachsende Publikation von antijüdischer Propaganda zu überlegen. In Antwerpen war es seit 2000 zu einer deutlichen Zunahme antisemitischer Gewalttaten gekommen. 2002 und 2003 wurden je 30 Fälle registriert, in der ersten Jahreshälfte 2004 allein 60.

Vor allem die französische, aber auch die gesamte europäische Öffentlichkeit war nun hochsensibilisiert. So kam es, dass in einem scheinbar besonders krassen Fall Mitte Juli 2004 nicht nur die französischen Politiker, sondern auch die (west)europäischen Medien vehement reagierten. Eine junge Französin hatte behauptet, in einem Pariser Vorortezug von sechs arabischen Jugendlichen mit Messern bedroht und mit Hakenkreuzen beschmiert worden zu sein, weil man sie fälschlich für eine Jüdin hielt. Der Kinderwagen mit ihrem Baby sei umgeworfen worden. Der angebliche Angriff ereignete sich praktisch zeitgleich mit der Entscheidung des Internationalen Gerichtshofs in Den Haag, den so genannten „Sperrzaun" der israelischen Regierung gegen die Palästinenser für völkerrechtswidrig zu erklären. Die Affäre wurde zu einer hochpolitischen Staatsaktion, der französische Präsident Chirac äußerte sich entsetzt über diesen „furchtbaren Angriff" und forderte eine „besonders strenge Bestrafung" der Täter.

Bald jedoch stellte sich heraus, dass es sich um eine psychisch labile Person handelte, die den ganzen Vorfall erfunden hatte. Noch dramatischer der Effekt, als sich im August 2004 herausstellte, dass ein Brandanschlag in einer Pariser jüdischen Sozialeinrichtung, der als der seit Jahren schlimmste antisemitische Anschlag in Frankreich gewertet wurde, offenbar die Tat eines geistig verwirrten, wegen seines auffälligen Verhaltens entlassenen jüdischen Wachmanns in dieser Suppenküche war.

Die Verlegenheit war groß, allerdings nicht so groß, dass man über diesen einem Fall das Gesamtbild hätte ignorieren können. Und das war eindeutig: wie die französischen Sicherheitsbehörden meldeten, gab es allein im ersten Halbjahr 2004 510 antisemitische Attacken und Bedrohungen, fast so viel wie im ganzen Jahr 2003, nämlich 593. Chirac erklärte zum Nationalfeiertag am 14. Juli, er bedauere es nicht, für ein vermeintliches Opfer von Judenhass Partei ergriffen zu haben. Die jüdischen Bürger müssten spüren, dass der Staat keinen Antisemitismus zulasse.

Durch einen erfundenen Zwischenfall wurde dieser Realität jedoch nicht der Boden entzogen. Der israelische Ministerpräsident Ariel Sharon nutzte kurz darauf die französische Situation sogar zu einem Aufruf, alle 600.000 französische Juden – die größte Gemeinde innerhalb Europas – auf äußerst provokative Weise zum Verlassen des Landes aufzufordern. Bei einer Veranstaltung für amerikanische

Unterstützergruppen in Jerusalem sprach Sharon von „dem wildesten Anti-Semitismus" in Frankreich, allerdings dabei der französischen Regierung bescheinigt, gegen Judenfeindlichkeit vorzugehen. Trotzdem: „Wenn ich unseren Brüdern in Frankreich einen Rat geben muss, werde ich ihnen eins sagen: Zieht nach Israel, sobald wie möglich", sagte Sharon. „Das sage ich Juden auf der ganzen Welt, aber dort (in Frankreich) ist es ein Muss und sie müssen sofort umziehen." Sharon sprach von den zehn Prozent muslimischen Einwohnern Frankreichs als „Grundlage einer neuen Form von Antisemitismus".

Ein Sprecher Sharons versuchte später zu kalmieren und betonte dessen Lob für die Anstrengungen der französischen Regierung im Kampf gegen die Judenfeindlichkeit. Diese gehe darauf zurück, dass es eine große Zahl von Moslems in Frankreich gebe, die Israel gegenüber feindlich eingestellt seien. „Er sagt nicht, dass sie (die Juden) wegen des Anti-Semitismus fliehen sollen, sondern dass dieser mit ein Faktor (für die Auswanderung) sein sollte", sagte der Sprecher. Aber selbstverständlich meint Sharon das so, wie er es gesagt hat. Er fordert in regelmäßigen Abständen die Juden der Welt auf, nach Israel zu übersiedeln, weil sie nur dort sicher seien. Mindestens so wichtig für Sharon sind jedoch demographische und politisch-strategische Überlegungen: nach allen Berechnungen auch israelischer Bevölkerungswissenschaftler werden im Gebiet des „historischen Palästina", also zwischen Jordan und Mittelmeer, die Einwohner arabischer Abstammung entweder schon 2010, spätestens aber 2020 die Einwohner jüdischer Abstammung an Zahl übertroffen haben. Wenn Sharon, wie er es zweifellos vorhat, die Palästinenser im Westjordanland und auch in Gaza in irgendeiner Form unter israelischer Kontrolle halten will und wenn man die eine Million Palästinenser israelischer Staatsbürgerschaft einrechnet, dann sind die Juden in diesem Gebiet, das den Staat Israel und die besetzten Territorien umfasst, sehr bald in der Minderheit. Sharon rechnet, dass er mindestens eine Million jüdischer Einwanderer braucht, um das zu verhindern.

Aber Ariel Sharon hatte einen schweren Konflikt nicht nur mit der französischen Regierung, sondern auch mit führenden Vertretern des französischen Judentums herbeigeführt. Ein Sprecher des Großrabbiners von Frankreich, Joseph Sitruk, wies die Aussagen Sharons zurück; der Auswanderungsappell sei unbegründet und gegenstandslos. Vom Exekutivbüro des jüdischen Zentralrates CRIF kam der Vorwurf, Sharon würde „in nicht hinzunehmender Weise Öl ins Feuer gießen". CRIF-Ehrenpräsident Theo Klein erklärte, Sharon sollte es der jüdischen Gemeinschaft Frankreichs überlassen, sich um ihre Probleme zu kümmern. Klein, eine der prominentesten jüdischen Persönlichkeiten Frankreichs, hatte Sharon schon bei früheren Anlässen des Missbrauchs des Antisemitismus-Vorwurfs beschuldigt. Der Präsident der französischen Nationalversammlung, Jean-Louis Debré, dessen Familie jüdischer Abstammung ist, erklärte, Sharons Aussagen würden nicht der Realität entsprechen und seien „Ausdruck einer Feindseligkeit gegenüber unserem Land". Den Rassismus bekämpfe man nicht, indem man „das Terrain verlässt".

Europa hat in den letzten Jahrzehnten Millionen muslimischer Immigranten aufgenommen, deren zweite und zum Teil schon dritte Generation in einer Situation lebt, wo die Integration in die Gesellschaft des Einwanderungslandes offensichtlich nicht funktioniert hat und muslimische „Parallelgesellschaften" innerhalb der jeweiligen Länder entstanden sind, die wiederum eine starke Anfälligkeit für radikale Kräfte zeigen. In Frankreich, Belgien, den Niederlanden und Italien sind es die Immigranten aus Nordafrika, in Großbritannien die aus Pakistan und Indien, in Deutschland und Österreich hauptsächlich jene aus der Türkei. Es ist einerseits nur eine Minderheit unter diesen Immigranten, die große Anschläge plant (wie den vereitelten auf den Weihnachtsmarkt in Straßburg und den leider überaus erfolgreichen auf den Madrider Bahnhof oder auf die Istanbuler Synagogen); andererseits hat sich ganz zweifellos in einigen europäischen Ländern vor allem unter jungen Muslimen ein Alltags-Antisemitismus etabliert, der vielleicht noch mehr beunruhigen sollte als die Taten kleiner Extremistengruppen, weil er eine breite Grundstimmung darstellt.

# Die „europäische Intifada",
# ein neues Kapitel in der Geschichte des Antisemitismus

Diese jungen Leute sind selbst diskriminiert, benachteiligt, in hohem Maße arbeitslos, in trostlose Vorstädte gepfercht, in denen die Gewalt sozusagen ein integraler Bestandteil des täglichen Lebens ist (übrigens auch Gewalt gegen junge Frauen, die sich weigern, den Schleier zu tragen und die ein „westliches" Leben führen wollen). Eine gewisse „Ausgrenzung" muslimischer Jugendlicher ist eine Tatsache, nicht nur in Frankreich, sondern in ganz Europa. Frankreich hat jedoch zugleich die größte Anzahl von muslimischen (rund fünf Millionen) wie von jüdischen Einwohnern (rund 600.000). Wobei allerdings mit dem Herausgeber der „Zeit", Josef Joffe, die Frage zu stellen ist, ob der Antisemitismus dadurch „besser" wird, dass die Täter arm und chancenlos sind („Die Zeit", 26. Februar 2004 – „Ein Dämon kehrt zurück. Sechzig Jahre nach Hitler: Europa und der Neue Antisemitismus").

Der Widerstand der Palästinenser gegen die israelische Besatzungsmacht, der sich in fürchterlichen Selbstmord-Anschlägen in Jerusalem oder Tel Aviv äußert, greift über auf die Städte Europas, meist in weniger furchtbarer Form, aber doch als klar antisemitisch motivierte Übergriffe.

Ulrich Beck stellt eine innere Verbindung her zwischen der Welle der Übergriffe vor allem in Frankreich und dem Anschlag auf zwei Istanbuler Synagogen mit fast hundert Toten, verübt durch eine kurdisch-türkische Islamisten-Gruppe: „Warum ein neues Kapitel in der Geschichte des Antisemitismus aufgeschlagen wird, was dieses so bedrohlich macht, und in welchem Sinne es als Ausdrucksform der Globalisierung gelesen werden muss – all dies bricht grell an den Terror-Attentaten einer ‚türkischen Intifada' und einer ‚französischen Intifada' hervor. Der historisch-nationale Kontext ist jeweils ein völlig anderer, aber die Botschaft der Wahnsinnstaten ist dieselbe, nämlich die Entgrenzung der Intifada: Was die israelische Armee in Palästina tut, hat Terror-Attentate gegen Juden überall zur Folge ... Entgrenzung der Intifada meint: Das Außen ist innen; der ‚äußere' israelisch-palästinensische Konflikt bricht im ‚Inneren' auf und bedroht den

nationalen Kompromiss des Ausgleichs von Juden und Nicht-Juden"
(Ulrich Beck: „Globalisierte Emotionen – der neue europäische Antisemitismus", „Süddeutsche" vom 27. November 2003).

Die „Intifada" – „der Aufstand" – hat also Europa erreicht – oder
hat Europa abermals erreicht, wenn man die Terroranschläge der siebziger und achtziger Jahre gegen europäische Ziele als „erste Welle"
zählt (Münchner Olympiade 1972, Entführung des Lufthansa-Airli-
ners „Landshut" 1979, Handgranaten-Anschlag auf die Wiener Synagoge 1983, Überfall mit Handgranaten und Maschinenpistolen auf
die Abflughalle des Flughafens Wien-Schwechat, Ermordung des
Wiener Stadtrats und Vorsitzenden der österreichisch-israelischen
Gesellschaft Heinz Nittel). Diese Terrorakte waren allerdings kalkulierte Einzeltaten, durchgeführt von verschiedenen Fraktionen innerhalb der PLO. Die Terroristen reisten in die Zielländer an, sie lebten
nicht dort, nicht einmal temporär.

Der von den Palästinensern geprägte Begriff „Intifada" bedeutet
etwas anderes, nämlich einen mehr oder weniger spontanen Volksauf-
stand, getragen von Jugendlichen. Die „erste Intifada" in den späten
achtziger Jahren hatte nur Steine als Waffen, die zweite, die im Jahr
2000 losbrach, verstand sich wieder als spontane Erhebung, diesmal
allerdings mit Feuerwaffen – und mit den Selbstmordanschlägen, die
hauptsächlich den religiösen Terrorgruppen wie „Hamas" und „Islamischer Dschihad", aber auch eher säkulären Organisationen wie den
„Al Aksa"-Brigaden zugeordnet sind.

Wir erleben im Moment eine „Intifada in Europa", weitaus weniger blutig als die in den besetzten Gebieten, aber von den Betroffenen
als sehr bedrohlich empfunden. Und nicht nur von den Betroffenen,
sondern von der gesamten aufgescheuchten Öffentlichkeit Europas,
die sich allmählich einer neuen Realität bewusst wird – nämlich des
Entstehens einer muslimisch geprägten „Zweitgesellschaft" innerhalb
der eigenen traditionellen Umgebung.

# 52 Millionen Muslime in Gesamteuropa

Das deutsche „Zentralinstitut Islam-Archiv" geht nach einer Meldung der „Austria Presseagentur" vom Februar 2004 davon aus, dass in Europa derzeit 52 Millionen Muslime leben. Diese enorme Zahl kommt allerdings dadurch zustande, dass die russischen Muslime – rund 25 Millionen – sowie die Muslime in der europäischen Türkei (rund sechs Millionen) einbezogen wurden.

Nun kann man darüber streiten, ob etwa Südrussland und der Nordkaukasus oder Territorien wie Baschkortostan im Südural, wo sehr viele Muslime nicht-russischer Nationalität leben, im engeren Sinn zu „Europa" zählen. Möglicherweise hat das „Zentralinstitut Islamarchiv", eine Institution der muslimischen Verbände in Deutschland, auch die Zahl der Muslime in Europa bewusst hochrechnen wollen. Im Denken der meisten Europäer außerhalb Russlands werden diese Gebiete wohl nicht zum „eigentlichen" Europa zählen. Aber man kann diese benachbarte Weltgegend auch wieder nicht einfach ausblenden, denn dort tobt ein fürchterlicher Krieg zwischen der russischen Zentralmacht und muslimischen Terroristen, der uns einerseits emotional berührt, wenn man nur an die Hunderten getöteten Kinder und Erwachsenen bei der Geiselnahme Anfang September 2004 in der nordossetischen Stadt Beslan denkt; und der aber auch nach Westen ausgreifen könnte.

Davon abgesehen steht jedenfalls fest, dass in einigen EU-Staaten der Islam bereits die „zweitstärkste" Religionsgemeinschaft ist. Nach Berechnungen des „Zentralinstitut Islam-Archiv" wächst der Islam im „christlichen Europa" jährlich um etwa 6,5 Prozent. Auf Gesamteuropa gerechnet wäre er bei anhaltendem Trend in zehn Jahren mit 87 Millionen Anhängern die „zweitstärkste" religiöse Kraft nach dem Katholizismus.

In Westeuropa ist Frankreich sowohl das Land mit der größten Anzahl als auch dem höchsten Bevölkerungsanteil: Die etwa 5 Millionen Muslime, die zum größten Teil ursprünglich aus ehemaligen nordafrikanischen Kolonien kommen, machen 8,5 Prozent aus. Ein Großteil davon besitzt auch die französische Staatsbürgerschaft. Die Anzahl der Muslime in Deutschland gibt das „Zentralinstitut Islam-

Archiv" mit 3,2 Millionen an, was zirka 3,9 Prozent der Gesamtbevölkerung entspricht. 780.000 der 3,2 Millionen sind deutsche Staatsangehörige. Zwei Millionen sind Türken, 220.000 Ex-Jugoslawen, 200.000 haben den Pass eines arabischen Staates.

In Österreich haben von den rund 339.000 Moslems, die laut Volkszählung 2001 hier leben, zirka 96.000 die österreichische Staatsbürgerschaft. Die Übrigen sind überwiegend Türken. Danach folgen – in dieser Reihenfolge – Bosnier, Serben, Mazedonier und Iraner. Unter den Personen aus dem arabischen Raum dominieren die Ägypter.

Mehr als ein Drittel der Moslems in Österreich lebt in Wien. Dort beträgt ihr Anteil 7,8 Prozent. Laut „Zentralinstitut Islam-Archiv" ist anzunehmen, dass Österreich nach Frankreich mit 4,2 Prozent den zweithöchsten Anteil an muslimischen Einwohnern in der EU hat. 1971 betrug der Wert noch 0,3 Prozent. Etwas mehr als 95.000 der Muslime in Österreich sind auch hier geboren. Laut Angaben der „Islamischen Glaubensgemeinschaft in Österreich" sind 32 Prozent aller Ausländer Moslems.

In den Nachbarländern Österreichs, die am 1. Mai 2004 der EU beigetreten sind, ist der Islam nicht so stark verbreitet. Für Slowenien schwanken die Angaben zwischen einem und 2, 4 Prozent der Gesamtbevölkerung. Von den 10,2 Millionen Ungarn sind nur etwa 40.000 Moslems, von den 10,3 Millionen Tschechen etwa 20.000.

In der Schweiz machen die 300.000 Moslems 4,1 Prozent der Gesamtbevölkerung aus. Rund 3,5 Prozent der Briten (zwei Millionen) und auch der Belgier (350.000) sind Moslems. Für die Niederlande nimmt man drei Prozent an. In Italien und Spanien übersteigt der Anteil der islamischen Bevölkerung nach den Zahlen des Islam-Instituts nicht 1,7 Prozent. In den skandinavischen Staaten, in Irland, Portugal und Polen fällt er noch geringer aus.

Nach Auskunft des Zentralinstituts hat in den EU-Staaten Frankreich, Luxemburg, Belgien, Österreich, aber auch in Italien, Spanien und Portugal der Islam den Protestantismus als traditionell zweitstärkste Religionsgemeinschaft nach der römisch-katholischen Kirche abgelöst.

Im EU-Land Griechenland, wo etwa 120.000 Moslems leben,

sowie in Bulgarien (1 Million), Mazedonien (750.000) und Serbien (1,5 Millionen) rangiert der Islam an zweiter Stelle hinter der Orthodoxie. Eine islamische Bevölkerungsmehrheit gibt es in Albanien, Bosnien-Herzegowina und der Türkei. Mit dem Beitritt der Türkei würde EU-Europa um etwa 80 Millionen Muslime mehr haben.

Tatsache ist, dass ein beträchtlicher Teil der Muslime in Europa in einer abgegrenzten, ziemlich eng definierten Parallelgesellschaft lebt, die sich deutlich von der schwach- oder nichtreligiösen, in ihren Lebensformen oft mehr als libertinen Mehrheitsgesellschaft unterscheidet. Patchwork-Familien, Homosexuellen-„Ehen", „anything goes"-Tendenzen einerseits, „arrangierte" Zwangsehen mit jugendlichen Bräuten aus dem tiefsten Anatolien oder Marokko, patriarchalische Clan-Systeme andererseits. Man muss kein radikaler Islamist sein, um hier schwerste Entfremdungserlebnisse zu haben. Das Problem ist, dass die Radikalen scheinbar in der Lage sind, auf diesen Kulturschock eine Antwort zu geben: die Vertiefung in die eigenen tradierten Werte, die Flucht in eine Lebenswelt des beinahe totalitären Islam, die zwar Bewegungsfreiheit raubt, aber gleichzeitig Halt gibt und die Sicherheit der Gruppenzugehörigkeit vermittelt. Und die radikalen Muslimführer in Europa sehen laut Fuad Ajami überhaupt keinen Grund, sich vor der säkularen Gesellschaft und ihren Institutionen für irgendetwas zu rechtfertigen: „Was bedeutet der französische Laizismus für die ‚weichen' Islamisten in Frankreich und ihre militanteren Anführer? Nichts anderes als das Regelwerk einer lasterhaften Gesellschaft, die den Kindern des Islams und ganz besonders dessen jungen Frauen ihre Ungläubigenkultur aufzwingen will. Welche Loyalität ist man Frankreich überhaupt schuldig?"

## „Die Importeure der Intifada sind eine kleine Minderheit, aber sie verbünden sich mit anderen Antisemiten"

Man muss diese neuen Fakten des gesellschaftlichen Zusammenlebens in Europa bewusst machen, ohne gleichzeitig in „Islamophobie" zu verfallen. Zehn Prozent der Franzosen mit muslimischen Vorfahren bedeuteten „nicht zehn Prozent brennender Islamisten, die sich mit den menschlichen Bomben der Hamas solidarisch fühlten", schrieb der weltbekannte französische Philosoph André Glucksmann. „Die Prediger und die Schläger, die gerne die Intifada importieren und Jagd auf Juden machen möchten, bilden eine verschwindend kleine Minderheit unter diesen berüchtigten zehn Prozent, was durchaus beruhigend ist, aber sie verbünden sich mit anderen antisemitischen Strömungen, und das ist beunruhigend."

Glucksmann wies darauf hin, dass auch „ein linker Antisemitismus an den französischen, europäischen und amerikanischen Universitäten" grassiere. „In antizionistischem Gewand erhebt er den Palästinenser zu einer emblematischen Figur, die an die Stelle des Proletariers von einst getreten ist: als Sprachrohr aller Bedrängten der Erde und als Speerspitze im Kampf gegen Imperialismus, Kapitalismus und Globalisierung. Für die Rebellen dieser Denkart ist Arafat gleich Che Guevara. Und Sharon gleich Hitler. Daher die schwindende Legitimation eines Staates, der sich von einem Nazi führen lässt. So wird das Existenzrecht Israels von vielen Hochschullehrern, militanten Umweltschützern und Globalisierungsgegnern in Frage gestellt oder einfach von Altmarxisten und Revolutionären, deren Revolution ausbleibt."

Tatsächlich wurden bei einer großen pro-palästinensischen Demonstration in Berlin Mitte April 2002 folgende Transparente mitgeführt: „Stoppt Sharons Endlösung" oder „Lasst keinen zweiten Holocaust zu" oder „Zionisten sind die wahren Rassisten" und „Sharon ist ein Mörder und Faschist".

Schließlich gäbe es, so Glucksmann, noch den klassischer Antisemitismus, der sich in Frankreich „seit Vichy, Pétain und der Kollaboration (1940–1945) verschämt in Schweigen gehüllt hatte", nun aber wieder „heimtückisch sein Haupt erhebe", vor allem in Kreisen des alten und konservativen Frankreich" („FAZ"). Wobei man hinzufügen könnte, ebenso in alten, konservativen und rechtspopulistischen Kreisen Deutschlands und Österreichs.

Und Osteuropas: auch dort ist ein Wiederauftauchen uralter antisemitischer Verschwörungstheorien und Klischees aus der europäischen „Geistesgeschichte" zu registrieren: In Budapest brannte im Januar 2004 bei einer Kundgebung, die der angeblichen Christenverfolgung in Ungarn galt, die israelische Fahne. Die Zahl der Drohungen, telefonische und andere, stieg dramatisch an. Der ungarische Schriftsteller und Nobelpreisträger Imre Kertész („Roman eines Schicksalslosen") sagte bei der Eröffnung der neugestalteten „Wehrmachtsausstellung" in Hamburg: „Es scheint, als würden Sprache und Redeweise der kollektiven Diskriminierung, die vor Auschwitz existierten und zu Auschwitz führten, ohne jede Schwierigkeit wiederkehren und sich als benutzbar erweisen."

In tschechischen Buchgeschäften tauchte im April 2004 eine Übersetzung des bereits 1923 erschienenen Pamphlets „Bolschewismus von Moses bis Lenin" des einstigen Chefredakteurs der NS-Zeitung „Völkischer Beobachter" namens Dietrich Eckart auf. Herausgeber war ein wenig bekannter Historiker, der sich mit dem Argument verteidigte, die in dem Buch enthaltenen Behauptungen über Juden könnten wahr sein – „bis auf ein paar Übertreibungen" wie etwa die rituellen Morde.


## „Alltags-Antisemitismus", ein Entgiftungsprozess mit hohen toxischen Rückständen

Überdies belegen zahlreiche Umfragen, dass trotz eines Langzeit-Trends zu Verbesserungen immer noch ein hoher Prozentsatz der europäischen Bevölkerung antisemitische Gefühle in unterschiedlicher, aber nicht zu ignorierender Intensität hegt. Jeder wache Bürger kann den „Alltags-Antisemitismus", den der deutsche Antisemitismusforscher Wolfgang Benz als das eigentliche Problem bloßlegt, in seiner persönlichen Umgebung registrieren – oft unverhüllt und ungeniert. Wer sich näher mit dem Thema beschäftigt, stößt bald auf eine beachtliche Anzahl von antisemitischen Schriften, Websites und sonstigen Publikationen, die ein dem Normalbürger verborgenes, dafür aber umso virulenteres Leben führen.

Im November 2003 veröffentlichte die deutsche Illustrierte „Stern" eine Umfrage des FORSA-Instituts über Haltungen der Deutschen gegenüber Juden. Die Ergebnisse wurden mit den Daten einer ähnlichen Umfrage verglichen, die 1998 durchgeführt worden war. Demnach hatten 2003 rund 23 Prozent „latent antisemitische Tendenzen", 1998 waren es 20 Prozent gewesen.

61 Prozent stimmten mit der Aussage überein, dass fast 60 Jahre nach Kriegsende nicht so viel über die Verfolgung der Juden geredet werden und ein Schlussstrich unter die Vergangenheit gezogen werden solle. 1998 waren 63 Prozent dieser Ansicht gewesen.

Die Zustimmung zu der Aussage, dass „Juden zuviel Einfluss in der Welt haben", stieg von 21 Prozent (1998) auf 28 Prozent. Die Anzahl derer, die der Meinung waren, die Juden versuchten, aus der Vergangenheit einen Vorteil zu schlagen und würden Deutschland bezahlen lassen, sank zwar – aber von 41 auf immerhin noch 36 Prozent.

Fast zur gleichen Zeit führte das „Emnid"-Institut eine ähnliche Umfrage für die Tageszeitung „Die Welt" durch. Dabei zeigten sich einerseits ermutigende Erlebnisse: Nur zwei Prozent sagten, sie hätten nicht gern Juden zu Nachbarn. 85 Prozent sagten, sie hätten damit überhaupt kein Problem. Aber immerhin 24 Prozent stimmten dem Satz zu: „Die Juden haben jetzt, genauso wie in der Vergangenheit, zu viel Einfluss auf die Ereignisse in der Welt."

Auf die generelle Frage, wie denn nach Ansicht der Befragten die Deutschen insgesamt zu den Juden stünden, zeigte sich, dass 79 Prozent der Überzeugung sind, es herrsche eine positive Einstellung. Nur ein Prozent glaubt, dass die meisten Deutschen eine negative Einstellung gegenüber den Juden hätten. Da solche Fragestellungen immer auch einen Hinweis auf die Einstellung der Antwortenden geben, kann man hier Wolfgang Benz folgen, der sich „positiv überrascht" zeigte: „In der Antisemitismusforschung geht man von drei bis fünf Prozent so genannter ‚Unbelehrbarer' aus, die auch nur schwer erziehbar sind und sich von ihrer Meinung nicht abbringen lassen. Erfreut bin ich über den guten Wert der unter 30-Jährigen. Das sind die Früchte der demokratischen Bildungsanstrengung und ein Indikator für meine These, dass der Antisemitismus über die Generationen hinweg betrachtet spürbar nachlässt. Ich gebe aber zu bedenken, dass solche positiven Werte jeden Tag neu erkämpft werden müssen. Die Umfrage zeigt, dass sich das Bewusstsein der Deutschen gegenüber ihren jüdischen Bürgern doch nachweislich normalisiert hat."

Allerdings bleiben sozusagen innerhalb dieses „Heilprozesses" noch starke toxische Rückstände von antisemitischen Mythen im kollektiven Bewusstsein:

Dass Juden weltweit zuviel Einfluss haben, meinen 25 Prozent der Deutschen, 67 glauben das nicht, neun Prozent machen dazu keine Angabe. Das größte Vertrauen genießen die jüdischen Mitbürger innerhalb der Altersgruppe der 14- bis 29-Jährigen. Doch dieses Zutrauen schwindet, umso älter die Deutschen sind. In der Gruppe der 30- bis 49-Jährigen liegt der Wert bei 68 Prozent, bei den 50-Jährigen und Älteren nur noch bei 59 Prozent.

Wolfgang Benz hält das denn doch für „alarmierende Zahlen". Denn „jeder vierte Deutsche glaubt an solche konfusen Weltverschwörungstheorien, die die Juden mal als Wegbereiter des Kapitalismus, mal als Wegbereiter des Kommunismus sehen. Zwar überraschen mich diese Werte nicht, umso entschiedener kann an dieser Stelle wieder nur an die Bundesregierung und die politischen Parteien appelliert werden, alle Anstrengungen zu fördern, damit solche Irrwege wie sie die Verschwörungsfantasien darstellen, als Welterklärungen verschwinden."

Und dann spielt das Problem „Israel" bzw. die israelische Besatzungspolitik eine gewaltige Rolle:

Die Mehrheit der Deutschen (65 Prozent) sieht in der „Politik Israels in den besetzten Gebieten" den Grund dafür, warum Deutsche an jüdischen Mitbürgern Anstoß nehmen.

Auffällig sind die Unterschiede zwischen den Generationen. Sagen 71 Prozent der 30- bis 49-Jährigen, die Politik Israels begründe den schlechten Ruf der jüdischen Bürger, teilen diese Auffassung nur 48 Prozent bei den 14- bis 29-Jährigen. Die Kritik an Israel wegen der Behandlung der Palästinenser ist ein Phänomen der jüngeren Generation.

Dazu sagt Wolfgang Benz gegenüber der „Welt": „Jede Kritik an der Politik Israels ist erlaubt, wenn sie dieselben Regeln beachtet, die eine Kritik an der amerikanischen, finnischen oder neuseeländischen Politik berücksichtigen müsste. Ich warne aber gleichzeitig davor, dass Antisemiten Israel nur allzu oft als Ventil für ihre Sache missbrauchen."

Schließlich stellte die „Emnid"-Erhebung noch die Frage: „Glauben Sie, die folgenden Gruppen haben zu viel Einfluss in unserer Gesellschaft, zu wenig Einfluss oder ist der Einfluss gerade richtig?"

Den größten Einfluss in der Gesellschaft sprachen die Deutschen den Großunternehmen (60 Prozent) und den Medien (60 Prozent) zu. Es folgen auf Platz drei die Amerikaner (53 Prozent) und dann die Banken (51 Prozent). Den Gewerkschaften misst gerade einmal jeder dritte Deutsche (35 Prozent) einen wichtigen Stellenwert zu. Die Kirchen liegen mit 21 Prozent abgeschlagen auf dem vorletzten, die Vertretung der Juden in Deutschland mit 20 Prozent auf dem letzten Platz.

Interessantes Ergebnis: Die Altersgruppe der 14- bis 29-Jährigen ist zu 37 Prozent der Meinung, dass die Vertretung der Juden „zu wenig Einfluss" habe. Wolfgang Benz weist darauf hin, dass der Wert der Vertretung der Juden in Deutschland mit 20 Prozent „ausgesprochen gering" sei. Das habe – gerechnet vom Zweiten Weltkrieg bis heute – in früheren Jahren ganz anders ausgesehen. Noch in den siebziger Jahren wurde der Einfluss der Juden als gesellschaftliche Gruppe wesentlich stärker eingeschätzt als heute. Das sei der Beleg für seine These, dass bestimmte antisemitische Stereotypen aussterben: „Das verdeutlicht sehr schön der Blick auf die Unterschiede innerhalb der Generationen. Je älter die Deutschen, desto größer der Wert. Bei den 14- bis 29-Jährigen sehen nur sechs Prozent den Einfluss der Vertretung der Juden in Deutschland als zu groß an, bei den 30- bis 49-Jährigen sind es 18 Prozent und bei den 50-Jährigen und Älteren 28 Prozent" („Die Welt" vom 10. November 2003).

Fazit: In Deutschland hat sich innerhalb der letzten drei Jahrzehnte eine deutliche Verbesserung ergeben, was eine generelle Feindseligkeit gegenüber Juden betrifft, vor allem unter der jüngeren Generation. Dennoch existieren aber in wichtigen Einzelbereichen – etwa bei der Frage, ob die Juden zu viel Macht haben oder ob die Wiedergutmachungsleistungen zu hoch wären (52 Prozent) – noch starke Ressentiments mit antisemitischer Färbung.

Zu ähnlichen Ergebnissen kam übrigens im April 2004 dann eine Umfrage in zehn europäischen Ländern, die im Auftrag der „Anti-Defamation League" (ADL) durchgeführt wurde. Insgesamt war die Tendenz antisemitischer Einstellungen leicht rückläufig (verglichen mit einer Befragung zwei Jahre früher), nur in Großbritannien wurde ein Anstieg ermittelt.

An der Spitze liegt Deutschland mit antisemitischen Tendenzen bei 36 Prozent der Befragten. Im Vergleich zu einer ähnlichen Befragung zwei Jahre davor bedeutet dies einen Rückgang um einen Prozentpunkt.

Zu Antisemitismus trage die Auffassung bei, dass Juden Israel loyaler gegenüber stünden als gegenüber ihrem Heimatland, auch wenn die Zustimmung zu diesem Vorwurf in neun der zehn Umfrage-Ländern zurückgegangen sei. Nur in Großbritannien war sie angestiegen.

In Italien bejahten 57 Prozent der Befragten (2002: 58 Prozent) diese These als „wahrscheinlich wahr", in Deutschland 50 (55), in Österreich 46 (54), in der Schweiz 46 (49), in Belgien 46 Prozent (49), in den Niederlanden 44 (48) und in Dänemark 37 Prozent (45).

Für die Behauptung, Juden kümmerten sich nur um Juden, gab es in Deutschland mit 30 Prozent Zustimmung („wahrscheinlich wahr") einen deutlich höheren Wert als vor zwei Jahren (24). In Österreich (29) und in den Niederlanden (15) blieb der Prozentsatz unverändert, während er in den anderen Ländern zurückging: in Italien 24 Prozent (30), Belgien 20 (25), der Schweiz 30 (34) und Dänemark 14 Prozent (16).

Aus den Antworten auf die verschiedenen Fragen wurde eine Art Antisemitismus-Index für jedes Land erstellt. Für Belgien ergab die Umfrage starke antisemitischen Tendenzen bei 35 Prozent der Befragten (2002: 39 Prozent). Auch in Frankreich (25/35 Prozent), Spanien (24/34) und Italien (15/23) ergab sich ein Rückgang des Antisemitismus. Für die Schweiz lag der Wert bei 17 Prozent (22), für Österreich bei 17 Prozent (19), für Dänemark bei 16 Prozent (21) und für die Niederlande bei 9 Prozent (7). Nur in Großbritannien wurde ein markanter Anstieg von 18 auf 24 Prozent ermittelt.

ADL-Chef Abraham H. Foxman führte den leichten Rückgang in den meisten Ländern darauf zurück, dass Politiker und Regierungen sich jetzt dem Problem des Antisemitismus gestellt hätten. Dies sei noch vor zwei Jahren nicht der Fall gewesen, als es eine Welle antisemitischer Ausschreitungen gegeben habe. Aktives Handeln könne Antisemitismus und negative Einstellungen zu Juden verringern.

## Wer will keine Juden als Nachbarn?
## Zwei Prozent der Deutschen, 18 Prozent der Österreicher

Nach der ADL-Umfrage lag Österreich 2004 mit antisemitischer Einstellung unter 17 Prozent noch gut im Vergleich zu Deutschland, Frankreich, Belgien, Großbritannien und Spanien, übrigens Länder mit relativ hohem Anteil an muslimischer Bevölkerung – und einer kritischen Einstellung gegenüber der israelischen Besatzungspolitik.

Aber auch hier zeigt sich, dass bei bestimmten Themenfeldern noch ganz massive antisemitische Vorurteile in relativ großen Teilen der „Volksseele" schlummern. Die letzten (veröffentlichten) Umfragen gehen allerdings auf das Jahr 2001 zurück. Im Mai dieses Jahres veröffentlichte die „Sozialwissenschaftliche Studiengesellschaft" (SWS) eine vom „Soziologie-Papst" Ernst Gehmacher durchgeführte Umfrage, wonach 25 Prozent der Österreicher der Meinung sind, die Juden wären am Antisemitismus „nicht ganz unschuldig" (bei den Wählern der Haider-Partei FPÖ waren sogar 91 Prozent dieser Meinung).

Immerhin noch 13 Prozent waren der Ansicht, es wäre „besser, keine Juden im Land zu haben". Auf dieselbe Frage hatten im Jahr 1991 noch 24 Prozent bejahend reagiert. Auch hier sind die Werte unter den FPÖ-Wählern besonders hoch, nämlich 51 Prozent, was sogar eine Steigerung gegenüber 1991 (46 Prozent) darstellt.

Heinz Kienzl, ein früherer hoher Funktionär der österreichischen Sozialdemokratie, heute „Schirmherr" der SWS, interpretierte die Umfrage so, dass der Antisemitismus zurückgegangen sei, weil eben nur noch 13 statt 24 Prozent der Meinung wären, die Juden sollten besser das Land verlassen oder dazu gezwungen werden. Abgesehen davon, dass 13 Prozent immer noch sehr beträchtlich sind und dass fast die Hälfte der Wähler der Regierungspartei FPÖ keine Juden in Österreich will, erscheint diese Interpretation zwar richtig – die massiven Antisemiten sind binnen zehn Jahren von 24 auf 13 Prozent zurückgegangen (wohl auch, weil „alte" Antisemiten wegsterben) – aber doch nicht besonders erfreulich.

Tatsächlich zeigen auch andere Untersuchungen bedenklich hohe Werte, was bestimmte antisemitische „Schlüsselfragen" betrifft. Eine

Studie, die der Innsbrucker Politologe Günther Rathner unter Zuhilfenahme der so genannten „California-Faschismus-Skala" durchführte und im November 2001 veröffentlichte, zeigte, dass jeder fünfte Österreicher (14 Prozent) stark antisemitisch ist. Das passt zusammen mit der SWS-Umfrage (13 Prozent wollten lieber keine Juden im Land haben), aber auch mit einer von Gallup für das „American Jewish Committee" (AJC) durchgeführten und im Juni 2001 veröffentlichten Umfrage, wonach 45 Prozent der Aussage zustimmten: „Die Juden nutzen die Erinnerung an den Holocaust für ihre eigenen Absichten aus." 1991 hatten „nur" 32 Prozent so geantwortet. Der starke Anstieg kam offensichtlich durch die Debatte über das im Januar dieses Jahres abgeschlossene „Restitutionspaket" der Bundesregierung zustande.

Immerhin sprachen sich aber 73 Prozent für die Behandlung des Holocaust im Schulunterricht aus (wobei der Wert in anderen Ländern höher liege, sagte ein Vertreter des AJC). Aber: volle 13 Prozent gestanden offen ein, dass sie negative Gefühle gegenüber Juden hegten.

Die „Lackmus-Test-Frage", ob man etwas gegen Juden als Nachbarn habe, beantworteten immerhin noch 18 Prozent (!) mit „ja" (1991 waren es volle 31 Prozent). Zur Erinnerung: In Deutschland hatten 2003 nur zwei Prozent ein Problem mit jüdischen Nachbarn.

Der große Gemeinplatz des Antisemitismus, Juden hätten zuviel Einfluss in der Welt, fand 2001 bei 40 (!) Prozent der Österreicher Zustimmung (2003 glaubten das 25 Prozent der Deutschen). Der Wert blieb übrigens seit 1991 praktisch konstant (37 Prozent). 19 Prozent sagten, die Juden hätten zu großen Einfluss in der österreichischen Gesellschaft. Immerhin ein Rückgang: 1991 waren es noch 28 Prozent.

Einen zusätzlichen, vielleicht sogar aufschlussreicheren Einblick in die Haltung der Österreicher zu antisemitischen Erscheinungen lässt eine Umfrage zu, die das Magazin „Format" im März 2001 zu antisemitischen Anspielungen des auch europaweit bekannten Rechtspopulisten Jörg Haider über den Präsidenten der israelitischen Kultusgemeinde, Ariel Muzicant, vor einem johlenden Bierzelt-Publikum machte. Haiders Schmähung, die den Vornamen Muzicants

(„Ariel"), der auch ein Waschmittel bezeichnet, mit „Dreck" in Verbindung brachte, wurde laut der Umfrage des OGM-Instituts von immerhin 25 Prozent als „nicht antisemitisch" erachtet (24 Prozent sagte, sie sei das sehr wohl gewesen, und 39 Prozent hielten sie immerhin für „beleidigend und geschmacklos").

## Der Rechtspopulismus
## gibt alten Vorurteilen ein neues Styling

Damit ist ein weiteres wichtiges Phänomen eines neuen Antisemitismus angesprochen: Im deutschsprachigen Raum spielten rechtspopulistische Politiker in den letzten Jahren offen mit antisemitischen Assoziationen – gestraft und ungestraft. In Österreich hatte Haider schon 2001, nachdem seine Partei an die Regierung gelangt war, plötzlich klar antisemitische Anspielungen im (Wiener) Wahlkampf verwendet.

In der Bundesrepublik Deutschland versuchte 2002 der FDP-Vizevorsitzende Jürgen Möllemann unter ausdrücklichem Bezug auf Haiders Vorbild, mit einigen kalkulierten „Tabubrüchen" über Juden und den Staat Israel seine Partei in eine rechtspopulistische Bewegung mit besserem Wahlerfolg umzuwandeln.

Der CDU-Abgeordnete Martin Hohmann hielt zum deutschen Nationalfeiertag 2003 eine Rede, in der er mit einer ausgeklügelten „Argumentation" den Eindruck erweckte, man könne „die Juden" auch als „Tätervolk" bezeichnen.

In allen drei Fällen (die im Kapitel über „modernen Antisemitismus" sprachlich und politisch eingehend analysiert werden) handelte es sich um bewusste Vorstöße in die Tabuzone des Antisemitismus, sozusagen explorierend, ob sich das und wie viel davon sich in politische Erfolge umwandeln lasse. Die dabei verwendete Technik war ein klassisches Beispiel für den so genannten „sekundären Antisemitismus" nach 1945 (ebenfalls im erwähnten Kapitel analysiert). Neu – und beunruhigend – daran war, dass diese deutschen und österreichischen Politiker, von denen Haider und Möllemann jeweils bundesweit und auch darüber hinaus zumindest politisch Interessierten ein

Begriff sind, offensichtlich die Zeit gekommen sahen, historische Rücksichten fallen zu lassen und auf der antisemitischen Klaviatur zu spielen.

Ist diese Dramatik angemessen? Wie besorgt müssen die Juden in Europa wirklich sein? Oder handelt es sich hier um übertriebene Alarmrufe, die sogar irgendeiner Instrumentalisierung dienen sollen?

Tatsächlich meint etwa Anthony Lerman, der frühere Direktor des Jewish Policy Research in London, zur aktuellen Diskussion, der Anstieg des Antisemitismus in Europa werde überbewertet, und zwar aus einer Mischung von Verfolgungswahn und dem Wunsch, Israel vor Kritik zu schützen. Europas Juden hätten niemals eine solche Freiheit und solchen Wohlstand genossen. Er wies auch darauf hin, dass die Juden im kommunistischen Europa bis 1989 wesentlich schweren Verfolgungen ausgesetzt gewesen seien als heute: eine kaum verschleierte antisemitische Kampagne in Polen 1968 resultierte in der Massenvertreibung von etwa 15.000 polnischen Bürgern jüdischer Abstammung, was „die größte antijüdische Aktion im Europa der Nachkriegszeit" gewesen sei.

Die kommunistischen Schauprozesse in der Tschechoslowakei während der frühen fünfziger Jahre wiesen einen deutlich antisemitischen Unterton auf; Stalin plante in der ersten Nachkriegszeit eine Judenverfolgung, die mit der Erfindung einer „Verschwörung" von (meist jüdischen) Ärzten begann und die nur wegen seines Todes im Jahr 1953 keine größeren Ausmaße annahm.

Was aber Anthony Lerman und auch andere dabei übersehen oder unterschätzen, ist die Tatsache, dass diese Verbrechen an Juden sozusagen unter zweifach unvergleichlichen Verhältnissen stattfanden: einerseits die „unaufgeklärte", durch den Krieg brutalisierte und vom katholischen Antijudaismus geprägte Landbevölkerung Polens; andererseits die Bedingungen des totalitären Kommunismus, in dem Menschen- oder Bürgerrechte ohnehin nichts galten, sowie Stalins Paranoia, die sich gegen alles und jeden richtete, die Triebfeder für regelmäßige „Säuberungen" war, die sich nun eben gegen die Juden richtete (wobei der Georgier Stalin mit Sicherheit ebenfalls eine antisemitische Grundstruktur hatte).

Das alles lässt sich aber nicht mit den Voraussetzungen vergleichen, unter denen ein verstärkter Antisemitismus heute auftritt: Die Europäer, auch die Osteuropäer, leben unter demokratischen Verhältnissen. In Westeuropa ist die liberale Demokratie und eine „zivilisierte" politische Kultur stärker ausgeprägt, weil sie länger Zeit hatte, sich zu entfalten. Aber auch die neuen EU-Mitglieder bzw. die Beitrittskandidaten haben den Totalitarismus und den quasi asiatischen Despotismus, der etwa in Rumänien unter Ceauscescu herrschte, nun schon vor rund 15 Jahren abgeworfen. Gerade in Osteuropa existiert, wie noch zu zeigen sein wird, ein ziemlich starker, ziemlich „selbstverständlicher" Antisemitismus, aber er trifft dort theoretisch und praktisch auf Strukturen, die sich der Demokratie und den Menschenrechten verpflichtet fühlen oder verpflichtet fühlen sollten, schon um die Aufnahmekriterien in die EU zu erfüllen. Den Nationalstaaten übergeordnete Organisationen wie eben die EU oder auch die OSZE wachen (nun verstärkt) darüber, dass bei den neuen Mitgliedern und den Kandidaten die entsprechenden Normen eingehalten werden.

Das ist der entscheidende Punkt. Die antisemitische Welle, die in den letzten Jahren über (West-)Europa hinwegschwappte, fand nicht unter antidemokratischen oder vordemokratischen Bedingungen, sondern in einem Umfeld stabiler demokratischer Verhältnisse statt. Das demokratische, friedliche, politisch (weitgehend) aufgeklärte, in beträchtlichem allgemeinen Wohlstand lebende Europa sah sich plötzlich mit einem erschreckendem Phänomen konfrontiert, dessen Wiederauftauchen es eigentlich für unmöglich gehalten hatte. Zwar wusste man aus diversen Umfragen und sporadisch auftauchenden politischen Affären, dass es nicht nur am rechten Rand des politischen Spektrums, sondern sozusagen auch in der Mitte der Gesellschaft hartnäckige antisemitische Stereotypen und Einstellungen gab, aber der geballte Ausbruch erschütterte zumindest die sensibleren Beobachter.

## Warum uns das etwas angeht: „Eine Demokratie, die den Antisemitismus akzeptiert, stellt sich selbst in Frage"

Selbst wenn man in Betracht zieht, dass eine Reihe anderer Minderheiten Opfer von Übergriffen sind, so kommt man von der historischen Dimension des Antisemitismus nicht los: der Holocaust oder die Shoa oder „Endlösung" (letzteres der Jargon der Täter), haben eine fundamentale Bedeutung nicht nur für die psychische Befindlichkeit der Juden in Europa und anderswo, sondern für die Wertmaßstäbe jedes Staates, jeder Gesellschaft, jeder Vereinigung freier Bürger überhaupt.

Wieder ist es Joschka Fischer, der den Kern der Sache trifft: „Eine deutsche Demokratie, die den Antisemitismus akzeptiert, stellt sich selbst in Frage. Eine Europäische Union ist nur möglich, wenn sie Minderheiten schützt. Das geht an den Kern der Grundwerte des neuen Europa."

Ein Europa, das sich wieder ernsthaft über Antisemitismus Sorgen machen muss, hat einen strukturellen Defekt. Wie wir mit dem Antisemitismus umgehen, ist die Nagelprobe der liberalen Demokratie, der so genannten „westlichen Werte": Rechtsstaat, Menschen- und Bürgerrechte, Schutz der Minderheiten, Einhaltung eines Mindeststandards in der politischen Kultur, Pluralismus der Meinungen und der Lebensformen.

Antisemitismus ist beileibe nicht die einzige Form von Hass und Diskriminierung. Aber wenn der Antisemitismus erlaubt ist, dann sind auch alle anderen Formen des Hasses und der Diskriminierung erlaubt. Wenn Antisemitismus erlaubt ist, das heißt, wenn er von der Gesellschaft geleugnet, bagatellisiert und gegen seine Manifestationen nichts oder zu wenig unternommen wird – dann ist eine Grenze des zivilisierten Zusammenlebens und der moralischen Verantwortung unterschritten, mit unausweichlichen Folgen für die Gesellschaft: Brutalisierung, Zerstörung der politischen Kultur, Unterminierung von Rechtssicherheit und Demokratie.

Die Europäische Union ist das Produkt des Willens, es nie wieder zwischen den Staaten Westeuropas, vor allem Deutschlands und Frankreichs zu hasserfüllten Auseinandersetzungen oder gar zu Krieg kommen zu lassen. Die „Ost"-Erweiterung der EU, feierlich besiegelt am 1. Mai 2004, ist die logische Fortsetzung dieses Gedankengangs: indem man die meisten ehemals kommunistischen Staaten in die Zone der Demokratie und des Wohlstandes hereinholt, wird das übergreifende Konzept der Union erst wirklich vervollständigt. In einer solchen Zone der Demokratie, des Friedens und des Wohlstandes hätte man vielleicht vermutet, dass das „alte Gift im neuen Europa" (der niederländische Schriftsteller Leon de Winter) nicht mehr wirksam sei.

Alles bisher Gesagte bezog sich allerdings auf das sozusagen offizielle Europa, auf die Regierungen, die Politik im allgemeinen, auf Verantwortungsträger. Die öffentliche Meinung ist eine andere Sache, ob sie nun laut geäußert wird oder – was gerade bei diesem Thema häufig ist – meist als innere Einstellung verdeckt bleibt, die sich allerdings manchmal plötzlich im kleinen Kreis oder im Schutze eines anonymen Kollektivs manifestiert. Und hier zeigte sich plötzlich eine neue, unerfreuliche Einschätzung Israels durch die europäischen Bürger.

## „Israel als größte Gefahr für den Weltfrieden" – Der Schock der Eurobarometer-Umfrage

Die EU-Kommission gibt im Laufe eines Jahres viele Meinungsumfragen über viele Themen in Auftrag, meist, um die Einstellungen der EU-Bürger zur EU selbst in Erfahrung zu bringen. Die Umfragen laufen unter dem Titel „Eurobarometer". Im Oktober 2003 wurde eine Eurobarometer-Umfrage unter den Bürgern der damals noch 15 Mitgliedsstaaten veröffentlicht, deren Thema „Irak und Friede in der Welt" lautete. Eine der letzten Fragen befasste sich aber damit, wen die Europäer wohl als größte Gefährdung des Weltfriedens ansehen würden. Das Ergebnis war ein Schock:

7.500 EU-Bürgern war folgende Frage gestellt worden: „Sagen Sie bitte für jedes der folgenden Länder, ob es ihrer Ansicht nach eine Bedrohung für den Frieden in der Welt darstellt oder nicht". Die Befragten hatten die Wahl zwischen 15 Möglichkeiten, darunter

Israel, Iran, Nordkorea, USA, Irak, Russland, Libyen, Syrien und Afghanistan.

Die Mehrheit der EU-Bürger sah in Israel die größte Gefahr für den Weltfrieden. 59 Prozent erklärten, Israel bedrohe von allen Staaten am stärksten den Frieden auf der Welt. An zweiter Stelle folgen der Iran, Nordkorea – und die USA, die jeweils von 53 Prozent genannt wurden.

In Österreich wurden Israel und Nordkorea gleichauf an erster Stelle der potenziell bedrohlichen Staaten genannt. Jeweils 69 Prozent der Österreicher erachteten beide Länder als größte Gefahr für den Frieden. Die USA werden von 63 Prozent der Österreicher als Bedrohung eingestuft, der Iran dagegen nur von 49 Prozent. In Deutschland erachteten volle 65 Prozent Israel als Gefahr für den Weltfrieden. Immerhin stuften die Deutschen und Österreich auch Nordkorea ebenfalls zu 65 bzw. 69 Prozent als gefährlich ein. Auch der Iran kam auf eine Nennung von immerhin 57 Prozent in Deutschland, in Österreich nur auf 49 Prozent.

Israel wurde am stärksten in den Niederlanden (74 Prozent) als Bedrohung des Weltfriedens gesehen, die USA am deutlichsten in Griechenland (88 Prozent). Italien ist das einzige Land, in dem die Meinung zu Israel klar geteilt ist: 48 Prozent sehen das Land als Gefahr für den Weltfrieden, 46 Prozent erklärten das Gegenteil. In den USA sehen 43 Prozent der Italiener eine Bedrohung.

Bemerkenswert war auch, dass europaweit alle islamischen Länder (Iran 53 Prozent, Irak 52 Prozent, Afghanistan 50 Prozent, Pakistan 48 Prozent, Syrien 37 Prozent, Libyen 36 Prozent, Saudi-Arabien 36 Prozent) für weniger friedensgefährdend gehalten wurden als Israel. Sogenannte „Schurkenstaaten" wie Nordkorea, eine spätstalinistische Diktatur, die heftigst an der Produktion von Atomwaffen arbeitet, wurden fast gleich gefährlich eingeschätzt wie Israel. Pakistan, das zugegeben hat, atomares Wissen an Nordkorea und Libyen geliefert zu haben und dessen eigene Nuklearwaffen im Falle eines fundamentalistisch-islamischen Umsturzes in die Hände von zu allem entschlossenen Fanatikern fallen könnten, wurde sogar nur von unter 50 Prozent der Europäer für friedensgefährdend gehalten.

Interessanterweise waren eher die Europäer mit höherem Bildungsstandard – volle zwei Drittel – von Israels Gefährlichkeit überzeugt als weniger Gebildete.

Die EU-Kommission reagierte überaus peinlich berührt. Ein Sprecher der Kommission betonte am Montag, die EU-Kommission mache ihre Politik nicht auf Grundlage von Umfragen. Auch dürfe man einem einzelnen Umfrageergebnis nicht übertriebene Bedeutung zumessen (die Kommission hatte diesen Teil der Umfrage ursprünglich sogar zurückgehalten, doch die spanische Zeitung „El Pais" enthüllte die Antworten zu Israel). In Zukunft müssten „bessere Verfahrensweisen" gewählt werden. In nächster Zukunft werde die EU-Kommission diese Frage nicht mehr wiederholen. Für die Art der Fragestellung sei jedoch niemand innerhalb der EU-Kommission verantwortlich. „Wir wollen die Ergebnisse dieser Befragung nicht interpretieren", sagte ein Kommissionssprecher. Nach einem Treffen mit Vertretern der amerikanischen Bürgerrechtsorganisation „Anti-Defamation League" (ADL) in New York habe Kommissionspräsident Romano Prodi aber betont, dass die Umfrage nicht die Politik und Position der Brüsseler Behörde wiedergebe. Antisemitismus müsse verurteilt werden, wenn dies in Europa tatsächlich ein Problem sei. Die EU werde ein Seminar zum Thema Antisemitismus veranstalten.

Die Abhaltung des Seminars war kurzfristig gefährdet, weil die bekannt kämpferische Organisation „World Jewish Congress" (WJC) und ihre europäische Unterabteilung „European Jewish Congress" (EJC) so massiv intervenierten, dass Prodi sogar für kurze Zeit die Kontakte abbrach und das Seminar absagen wollte. Da beide Seiten das Gefühl hatten, zu weit gegangen zu sein, kam es dann doch dazu. Dessen wichtige Funktion war die einer ersten großen Bestandsaufnahme, einer Schaffung eines öffentlichen Bewusstseins:

Die Proteste flogen trotzdem rasch und dicht. Das Simon-Wiesenthal-Zentrum in Los Angeles kritisierte die Ergebnisse der Umfrage heftig. Sie zeige, dass der „Antisemitismus in Europa tiefer verwurzelt" sei als zu jeder anderen Zeit nach dem Zweiten Weltkrieg. Sollten sich die Ergebnisse bewahrheiten, müsse die EU vom Friedensprozess im Nahen Osten ausgeschlossen werden. Der israelische Minister für die „Diaspora", also für die außerhalb Israels lebenden Juden, Natan Sharansky, sagte, die Umfrage zeige, dass hinter der

„politischen" Kritik an Israel nichts andere liege, als „reiner Antisemitismus". Der israelische Außenminister verneinte hingegen, dass die Umfrage den europäischen Antisemitismus beweise. Sie sei aber in einer unverantwortlichen Art und Weise durchgeführt worden und verzerre die Realität.

War das Ergebnis der Umfrage wirklich antisemitisch? Man kann die Antworten auch so interpretieren, dass der Nahost-Konflikt an sich, nicht aber Israel speziell in der Meinung der großen Mehrheit der Europäer eben den gefährlichsten Konfliktherd darstellt. Möglicherweise war es auch so gemeint – sowohl von den Entwerfern der Meinungsumfrage wie von den (meisten) der Befragten. Bei einer anderen Fragestellung (etwa: „Welchen Konfliktherd in der Welt halten Sie für den gefährlichsten") wäre das Ergebnis daher auch eindeutiger und weniger umstritten gewesen. Weil aber das Gefahrenpotential ausdrücklich einzelnen Ländern zugeordnet wurde, konnten vermutlich viele der Befragten gar nicht anders antworten.


## „Israel hat den Öffentlichkeitskrieg verloren"

Trotzdem ist die Hervorhebung Israels durch 60 Prozent der EU-Bürger und durch zwei Drittel der Österreicher und Deutschen nicht leicht wegzuargumentieren. Trotz der unsauberen Fragestellung spürt man in den Antworten ein gewisses Ressentiment. Israel wird vielleicht nur als Teil der Bedrohung durch den Nahost-Konflikt insgesamt gesehen, aber doch als Bedrohung.

Jedenfalls: Israel wird in der Mehrheitsmeinung der Europäer wieder negativ herausgehoben. Der Vorwurf, der alte Antisemitismus lebe wieder auf, stand sofort im Raum.

In einem bitteren Beitrag in der „Zeit" vom 11. Dezember 2003 schrieb der international bekannte niederländisch-jüdische Schriftsteller Leon de Winter: „Seit 1982 wütet ein massiver Öffentlichkeitskrieg, in dem sich das positive Bild, das Europäer überwiegend von Israel hatten – und das vermutlich von jeher forciert und künstlich war –, allmählich in das aufgelöst hat, das heute vorherrscht: Israel, das ist ein explosives Gemisch aus jüdischer Aggressivität, jüdischer

Arroganz, jüdischer moralischer Erpressung und jüdischem Finassieren. Die nach dem Zweiten Weltkrieg durch strenge gesellschaftliche Tabus unterdrückten Stereotype sind nach 50 Jahren springlebendig wieder aufgetaucht (nachdem sie in der arabisch-islamischen Welt jahrzehntelang sorgsam gezüchtet wurden). Die amerikanische Außenpolitik wird aufgrund der Präsenz von als Juden identifizierbaren Politikern wie Richard Perle und Paul Wolfowitz sowohl in populären Komplott-Theorien als auch in seriösen Medien als Ausfluss israelischer, also jüdischer, Interessen bezeichnet. In der Wahrnehmung vieler Europäer verschwimmen die Grenzen zwischen den konservativen Gruppierungen in der amerikanischen und in der israelischen Gesellschaft; in ihren Augen bringen die Interessen hegemonialer Juden wie Sharon und radikaler Christen wie Bush den Weltfrieden ins Wanken."

Mit dem Ergebnis der Meinungsumfrage – auch wenn diese technisch nicht gut war – hat sich nach Meinung von de Winter „der schönste Traum Osama bin Ladens erfüllt: „Er hat den Westen entzweit, und die Europäer lasten nun in bester antisemitischer Tradition Israel, dem Land der Juden, die größten Übel in der Welt an. Um zu überleben, hat Israel seit 1948 vier bittere Kriege mit der arabischen Welt führen müssen. Doch sein schwerster Krieg scheint der gegenwärtige Öffentlichkeitskrieg zu sein. Und die Umfrage zeigt, dass Israel diesen Krieg verloren hat."

Die Eurobarometer-Umfrage zeigt zumindest eines: die Unterstützung, ja Bewunderung für Israel, die in Europa jahre- und jahrzehntelang Mehrheitsmeinung war, kann nicht mehr als selbstverständlich betrachtet werden, sondern ist wohl ebenfalls mehrheitlich einem tiefen Unbehagen über das Verhalten der Regierung Sharon und der Israelis generell gewichen.

# 3. Kapitel
## Israel verstehen
### *Grenzen der Solidarität, Grenzen der Kritik*

Israel hat nicht den Öffentlichkeitskrieg verloren, wie Leon de Winter meint, aber es verlor in den letzten Jahren in Europa dramatisch an Sympathien. Das Verhalten der Regierung Sharon bot nicht nur den Neuen Antisemiten einen Vorwand, ihre unterdrückten Ressentiments auszuleben und die Gelegenheit zur Selbstentschuldigung zu ergreifen („Die Israelis sind auch nicht besser …"), sondern es stieß auch die generelle Öffentlichkeit mehr und mehr ab. Dennoch kann man trotz des Ergebnisses der Eurobarometer-Umfrage davon ausgehen, dass eine Mehrheit in Europa Verständnis für Israels Kampf um ein Leben in Frieden und Sicherheit hat.

Es gibt allerdings wichtige Teilbereiche der öffentlichen Meinung, wo nicht so sicher vorausgesetzt werden kann, dass dieses Verständnis existiert – wer etwa die Postings in den verschiedenen Online-Foren der deutschsprachigen Zeitungen oder unabhängigen Diskussionsforen studiert, kann sich des Eindrucks nicht erwehren, dass die junge, gebildetere Elite Israel als einen aggressiven, ungerechten Unterdrückerstaat sieht, der mit brutalen Mitteln eine koloniale Herrschaft über die Palästinenser aufrechterhält. Das ist (meist) nicht Antisemitismus, sondern eine Identifikation mit dem Schwächeren, genährt von tausend Fernsehbildern, in denen israelische schwere Panzer drohend in den Trümmern einer palästinensischen Häuserzeile vor ein paar steinewerfenden israelischen Jugendlichen herummanövrieren und oft das Feuer eröffnen.

Selbstverständlich existieren auch die Bilder von den ausgebrannten Autobussen in Israel, den herumliegenden verstümmelten Toten und Schwerverletzten, oft genug auch Kinder – das Werk palästinensischer Selbstmordattentäter. Oft genug bekommt man noch das Video oder Standbild eines gehirngewaschenen Attentäters – immer häufiger einer Attentäterin dazugeliefert, die mit umgeschnalltem Sprenggürtel, dem Koran in der einen und der Kalaschnikow in der anderen Hand die Botschaft ihres Wahnsinns herunterleiern, bevor sie sich auf die letzte Reise begeben.

Es ist nicht so, dass diese Bilder und das dahinterstehende politische Faktum einer grauenhaften Bereitschaft zum Töten Unschuldiger nicht registriert und entsprechend innerlich verurteilt würden – aber der Terror ist das eine, ein (Straßen-)Kampf gegen eine weit überlegene Besatzungsmacht ist das andere. Ohne den Terror als „legitime Waffe der Schwachen" zu akzeptieren, wird den Palästinensern ein Widerstandsrecht zugebilligt.

Die Grenzen des Verstehens für die israelische Situation sind bereits sehr eng gezogen. Das hat etwas mit dem Verhalten des israelischen Machtapparats zu tun, aber auch mit dem Schwinden der jahrzehntelangen Empathie mit Israels Gefühl der existentiellen Bedrohung. Man kann auch bei der älteren Generation von einer „Entzauberung" Israels sprechen. Die Begeisterung für die Pioniere, die eine Wüste zum Blühen gebracht hatten (neuere Untersuchungen behaupten, das Land sei bei weitem nicht so wüst und leer gewesen) und eine neue Gesellschaft aufbauten, ist weitgehend geschwunden. Die jüngeren können mit diesem Gründer-Pathos überhaupt nichts anfangen – sie sehen nur, dass unablässig neue Siedlungen inmitten der Palästinenser errichtet wurden.

Das relativiert auch den Glauben an das Vorhandensein einer existentiellen Bedrohung des Staates Israel. Als die israelische Luftwaffe 1983 in einer brillanten Aktion den irakischen Atomreaktor zerstörte, mit dem Saddam Hussein seine Nuklearwaffen-Pläne verwirklichen wollte, wurde das in Europa als ein Akt berechtigter, vorbeugender Notwehr akzeptiert. Falls Israel einen ähnlichen Schlag gegen die nuklearen Kapazitäten des Iran führen wollte, die nicht nur von den USA, sondern auch von der EU und der internationalen Atombehörde IAEO als bedenklich genug betrachtet wurde, wäre ein ähnliches Verständnis sehr fraglich.

## „Nur Israel verleiht uns Juden Sicherheit als Juden"

Das Gefühl für die Grundsituation Israels ist überwiegend verloren gegangen. Die existentielle Bedrohung wird nicht mehr so ernst genommen. Europäer und Israelis erleben eine andere Realität. Wahrscheinlich muss man, wenn man Israel wieder besser verstehen will, sich an die vorherrschende Sichtweise nicht nur der Israelis, sondern der meisten Juden überhaupt erinnern: „Nur Israel verleiht uns Juden Sicherheit als Juden."

Das Zitat stammt von Michael Wolffsohn, 1947 als Sohn von Emigranten in Tel Aviv geboren, seit 1981 Professor für Neuere Geschichte an der Universität der Bundeswehr in München, „ein deutschjüdischer Patriot, der trotzdem Zionist im Sinne fester Israel-Verbundenheit war und es in jüngster Zeit noch mehr wurde". Wolffsohn definiert in einem Rückgriff auf Theodor Herzl, den Begründer des Zionismus, das Selbstverständnis eines „Großteils der jüdischen Gemeinschaft außerhalb und innerhalb Israels": „Ohne jüdisches Land kein jüdisches Volk, kein jüdisches Überleben, weil ohne jüdisches Land jüdisches Blut ungehindert, unbehindert, ungesühnt und ungestraft vergossen wird. Nur als Volk und mit Land für unser Volk können wir als Juden überleben, in Israel und in der Diaspora" („FAZ", 25. Juni 2004).

Der „Neue Antisemitismus" hakt hier ein und sagt: „Na, bitte, das ist der Beweis für eine doppelte Loyalität der Juden außerhalb Israels. Im Endeffekt ist Israel doch ihr wahrer Staat, und wenn es darauf ankommt, ist er wichtiger als ihr Leben bei uns." Deutsche oder österreichische Juden ärgern sich, wenn sie auf „euren" Sharon angesprochen werden, aber ist nicht doch ein wenig Wahres dran? Die Antwort darauf ist: Wahrscheinlich, aber *so what?* Der Vorwurf der doppelten Loyalität verliert im modernen Europa rapid an Sinn: sind deutsche oder österreichische Staatsbürger türkischer, ex-jugoslawischer, russischer, arabischer, indischer, pakistanischer, chinesischer, koreanischer, philippinischer usw. Herkunft, die hier leben und arbeiten, womöglich hier geboren sind, aber den Kontakt zur alten Heimat nicht abreißen lassen, „illoyale" Subjekte? Oder sind die – zugegeben relativ wenigen – Österreicher, Deutschen usw., die sich auch als

Europäer fühlen, innerhalb der EU arbeiten oder zahlreiche Reisen unternehmen, schlechte Österreicher, Deutsche usw.? Die Bindung an Israel hat natürlich etwas vom Charakter einer Rückversicherung und in einigen Fällen ist der emotionale Zusammenhalt vielleicht stärker als mit dem jeweiligen „Mittelpunkt der Lebensinteressen" in Europa. Aber sie bleiben deswegen trotzdem österreichische, deutsche usw. Juden, trotz oft weniger erfreulicher Umstände, wie etwa dem Aufkommen eines Neuen Antisemitismus. Und das, obwohl die offizielle israelische Regierungspolitik Israel als Verkörperung des „jüdischen Kollektivs" darstellt und, wie zuletzt Ariel Sharon im Fall der französischen Juden, sie zur Auswanderung gerade wegen des Neuen Antisemitismus überreden will. Mit wenig Erfolg.

Der Neue Antisemitismus versucht aber, diesen Schutzraum, den jüdischen Staat, zu delegitimieren, indem er ihn als ein „imperialistisches", „undemokratisches", „faschistisches" Gewaltgebilde darstellt, das mit „Nazi-Methoden" wie „Völkermord" über ein anderes Volk herrscht und im übrigen auch gerne ein Großreich errichten möchte.

Derlei ist im Kern nicht nur eine politische Polemik wie andere auch, sondern es versucht, die moralischen und faktischen Grundlagen Israels zu unterminieren. Ein Staat, der sich so verhält, hat kein Recht auf Existenz. Wir erinnern uns: „Der Neue Antisemitismus überträgt die alte Tradition der Dämonisierung der Juden auf den Staat Israel." Das war die Formel, auf die die Antisemitismusforscher vom Berliner Zentralinstitut den Begriff gebracht haben. Die Dämonisierung der Juden war aber historisch immer die Vorstufe zu ihrer gewaltsamen Verfolgung, weil man sich ja von diesem gefährlichen Element in der eigenen Mitte befreien musste. Die Analogie zum Staat Israel ist zulässig. Israel als Ort der Selbstvergewisserung und Sicherheit für die jüdische Gemeinschaft überall auf der Welt kann nicht in Frage gestellt werden. Und wenn doch, dann haben wir es mit Antisemitismus zu tun. Aber wie sich Israel als dieser Ort der Sicherheit gestaltet, wie es seine tatsächlichen oder vermeintlichen Interessen wahrt – das ist zu Recht Gegenstand einer täglichen, heftigen Auseinandersetzung, am heftigsten in Israel selbst.

# Kritik auf der Basis der Garantie von Israels Existenzrecht

„Selbstverständlich muss man Israel kritisieren", sagt Joschka Fischer, „aber es muss auf der Grundlage geschehen, dass Israels Existenzrecht nicht in Frage gestellt wird. Und dass der einzelne Bürger Israels ohne Angst vor Terror und Gewalt ein normales Leben führen kann. Wenn das gegeben ist, dann findet man in Israel die kritikfreudigste Demokratie."

Die fundamentale Aussage muss immer bleiben, dass Israel ein Recht auf Existenz als Schutzraum für die Juden hat – für das „verfolgte Volk" schlechthin.

Wolffsohn weist auf ein anderes Problem hin: selbst die gutwilligen Europäer, die Deutschen vor allem, würden grundsätzlich die Notwendigkeit von Gewalt zur Verteidigung Israels nicht mehr anerkennen: „,Die Deutschen', jawohl, die meisten Deutschen, also ,die' Deutschen, sagen nach dem Holocaust auch ,Nie wieder!'. Doch sie meinen: ,Nie wieder Täter!'. Deshalb lehnen sie Gewalt als Mittel der Politik kategorisch ab. Das ist ebenso verständlich wie sympathisch und bringt sie uns näher. Meinen sie, hoffen sie. Das Gegenteil ist der Fall. Wie die Deutschen aus ihrer Geschichte lernten, nie wieder Täter sein und Gewalt anwenden zu wollen, so haben wir Juden gelernt, dass wir Gewalt anwenden müssen, um nicht und nie wieder Opfer zu sein. Wieder, doch unter ganz anderen Vorzeichen, verstehen ,die Deutschen' unsere jüdische Welt nicht mehr – und wir nicht die Welt der Deutschen. Für den politischen Zweck unseres Überlebens, in Notwehr, befürworten wir die Androhung und notfalls, notfalls, notfalls die Anwendung von Gewalt, also auch Krieg. Und die Gewalt des Terrors beantworten wir mit Gegengewalt, was wir für legitim halten; legitim, also „gerechtfertigt" beziehungsweise ,vertretbar' oder ,befürwortbar'."

Was legitim oder vertretbar sei, müsse nicht unbedingt machbar oder gar erlaubt sein – und schon gar nicht legal, fügt Wolffsohn hinzu. Aber die Mehrheitsmeinung, der „neu-jüdische Konsens", halte eben „notfalls, notfalls, notfalls" Gewaltanwendung und Krieg als Gegengewalt zum Terror für gerechtfertigt.

Die Frage ist allerdings, welche Art der Gewaltanwendung zu welchem Zweck. Der Weltautor Mario Vargas Llosa zitierte Albert Camus, um die Frage der Verhältnismäßigkeit von Gewalt zu illustrieren: „Nicht der Zweck heiligt die Mittel, sondern die Mittel heiligen den Zweck". Die Verteidigung der israelischen Bevölkerung gegen palästinensische Terroristen, die blindwütige Attacken gegen die Zivilbevölkerung durchführen, sei „ein völlig legitimes Ziel", schreibt Vargas Llosa anlässlich des israelischen Vorgehens im südlichen Gaza-Streifen rund um die Ortschaft Rafah. Aber: „Wenn sich eine Regierung, wie die von Ariel Sharon, für berechtigt hält, dieses Ziel durch den Einsatz von Luft-Boden-Raketen gegen eine unbewaffnete Bevölkerung zu erreichen und dabei Kinder, Frauen und alte Menschen umbringt, wenn sie präventiv mordet und die Häuser von Freunden, Familien oder Nachbarn von wirklichen oder vermeintlichen Terroristen in die Luft sprengt, dann ist diese Regierung zu einer terroristischen geworden und hat jedes Recht verloren, eine moralische Überlegenheit einzufordern gegenüber den Fanatikern, die das Ende des Staates Israel mit Blut und Feuer herbeiführen wollen" (Mario Vargas Llosa: „Was Abu Ghraib mit Gaza verbindet" – „Süddeutsche Zeitung", 4. Juni 2004).

Einen Autor vom Rang eines Vargas Llosa, der sich immer wieder als Verteidiger der Freiheit und der Menschenwürde bewährt hat, korrigiert man nicht so einfach. Aber „terroristisch" ist für das Vorgehen der israelischen Armee in letzter Analyse der falsche Begriff. „Exzessive Gewaltanwendung", „Verrohung durch Gewöhnung", „Brutales Vorgehen gegen die Falschen", das wären Begriffe, die die trost- und heillose Situation besser bezeichnen.

Während der israelischen Militäraktion in Rafah (Gaza-Streifen) im Sommer 2004 feuerte die israelische Armee mit Panzergranaten und/oder Hubschrauberraketen in eine Menge von Demonstranten, an deren Rändern sich angeblich oder tatsächlich bewaffnete palästinensische Kämpfer befanden. Kurz zuvor war berichtet worden, dass andere palästinensische Kämpfer die Leichen einiger israelischer Soldaten, die in einen Hinterhalt geraten waren, geschändet, konkret mit den Köpfen Fußball gespielt hatten.

Die Militäraktion in Rafah fand jedoch unter äußerst fragwürdigen Voraussetzungen statt. Angeblich ging es um die Unterbindung des Waffenschmuggels aus Ägypten durch Tunnel unter Häusern an der Grenze. Dazu wurden zahlreiche Häuser demoliert. Kritiker behaupteten, Sharon habe den Vorstoß nur angeordnet, um mit einer Machtdemonstration die Evakuierung von einigen tausend jüdischen Siedlern inmitten von 1,4 Millionen Palästinensern zu verschleiern.

## Terroristen und „Terroristen"

Der Unterschied besteht im Vorsatz. Ein so genannter „Schahid" – ein von der Hamas oder vom „Islamischen Dschihad" oder den „Al-Aqsa-Brigaden" abgerichteter Jüngling mit seinem schraubengespickten Sprenggürtel, dem ein Leben nach dem Tode im Paradies versprochen wurde (den aber genauso gut ein echter Opferwille motivieren kann), will jüdische Kinder töten. Sonst würde er sich nicht vor Kindergärten oder im Schulbus sprengen. Jeder palästinensische Terrorist geht mit diesem Vorsatz an sein Werk.

„Es ist klar, dass heutzutage die Palästinenser die Gedemütigten und Bedrohten sind, und kein ideologischer Grund könnte uns von unserem Mitgefühl für sie ablenken. Kein Zweifel, Israel ist Angreifer und Unterdrücker", schrieb der jüdische Autor Edgar Morin in „Le Monde". Aber: „Der antiisraelische Terrorismus, der zunehmend antijüdisch geworden ist, stellt jedoch den größten Angriff dar, den man auf die jüdische Identität abzielen kann: Juden zu töten, ohne Unterscheidung, Männer, Frauen, Kinder, in allen Juden Freiwild zu sehen, das abgeschlachtet gehört, eine zu tötende Ratte, das ist die Schande, die Wunde, die ungeheuerlichste Beleidigung (Verletzung) für die gesamte jüdische Menschheit (das gesamte jüdische Volk). Synagogen zu zerstören, Gräber zu schänden, bedeutet das zu entweihen, was heilig ist, es bedeutet, Juden als unwert (Abfall) anzusehen. Gewiss, ein schrecklicher Hass hat sich in Palästina und in der islamischen Welt gegen die Juden entwickelt. Aber dieser Hass, wenn er auf den Tod aller Juden abzielt, zieht eine schreckliche Bedrohung nach sich. Der aufbrandende Antijudaismus stellt die Weichen für ein neues Unheil für das jüdische Volk. So werden, durch einen nicht minder teuflischen Mechanismus, die Angreifer und Unterdrücker selbst zu Angegriffenen, werden wiederum zu Erniedrigten."

Der Vorsatz zu töten, gleichgültig wen, unter welchen Umständen, als Teil einer terroristischen Mentalität, kann der israelischen Armee als Ganzes in letzter Konsequenz nicht unterstellt werden. Der israelische Soldat, der in eine Gruppe von steinewerfenden Jugendlichen feuert und einen Achtjährigen in die Brust trifft, hat vielleicht genau gezielt, vielleicht nicht. Aber die israelische Armee besteht nicht generell aus Kindermördern. Sie ist keine terroristische Organisation, im Unterschied zu „Hamas" oder „Islamischer Dschihad" oder den „Al-Aqsa-Brigaden".

Allerdings muss man auch unterscheiden zwischen dem palästinensischen Terrorismus, den heimtückischen Anschlägen auf Zivilisten – und dem bewaffneten Widerstand. Palästinensische Kämpfer stellen sich dem israelischen Militär auch in offenen Kämpfen.

Die israelischen Sicherheitsstreitkräfte geraten jedoch oft gefährlich nahe an ein inakzeptables, rechtswidriges, mit Notwehr gegen den Terrorismus nicht mehr zu rechtfertigendes Verhalten. Amos Oz, der weltbekannte israelische Schriftsteller und Friedensaktivist (der, wie nicht wenige andere israelische Friedensaktivisten, in seiner Jugend ein ausgezeichneter Soldat war), schrieb im September 2001, als die „gezielten Tötungen" palästinensischer Terroristenführer begannen, im „Time Magazine": „Mit schwerem Herzen rechtfertige ich die Tötung von palästinischen Kämpfern, in Uniform oder nicht, aber von niemandem sonst. Der Ausdruck ‚Assassination' (gezielte Ermordung durch einen Anschlag) ist sehr irreführend. Unbewaffnete Zivilisten zu töten, ist ‚Assassination'; kämpfende Palästinenser oder aktive Terroristen zu töten, ist Selbstverteidigung, und ich rechtfertige das."


## An der Grenze der moralischen Erträglichkeit

Doch in der israelisch-palästinensischen Realität ist die Unterscheidung nicht so leicht. Der Hubschrauber-Schütze, der eine Rakete auf das Auto eines georteten palästinensischen Terroristen abfeuert, versucht wohl so präzis wie möglich zu treffen, aber er nimmt in den engen Straßen von Gaza oder Ramallah den Tod von Zivilisten, auch von Kindern in Kauf. Das macht die Politik der gezielten Tötung von Terroristenführern der Regierung Sharon nicht terroristisch, aber sie ist an der Grenze der moralischen Erträglichkeit – auch und gerade für zahlreiche Israelis, die die „Selbstvergiftung" durch die exzessive Gewalt beklagen. Und man kann nicht behaupten, dass sich Israel in den letzten Jahren intensiv bemüht hätte, eine Brutalisierung der eigenen Soldaten zu verhindern oder zu ahnden, wenn es dazu gekommen ist.

Die Methode präventiver Tötung zur Abwehr des Terrors – bis hin zur Tötung des geistigen Führers der „Hamas", Scheich Yassin – hat eine praktische und eine moralische Seite. Auf der praktischen muss man fragen, ob die „Enthauptung" der Terrororganisationen zu einer Minderung oder einem Aufhören des Terrors führt. Langfristig wohl nicht. Die neuere Geschichte kennt sehr wenig Beispiele, wo hartes militärisches Vorgehen eine nationale Befreiungsbewegung, die sich terroristischer Mittel bedient, nachhaltig besiegt hätte. Und, das muss festgehalten werden, in Palästina gibt es eine, allerdings in mehrere Flügel von unterschiedlicher Radikalität aufgespaltene, nationale Befreiungsbewegung.

Moralisch-rechtlich liegt die Sache vermeintlich klar. Israel anerkennt die „Allgemeine Erklärung der Menschenrechte", in der es heißt: „Niemand darf willkürlich getötet werden." Das bedeutet theoretisch, israelische Spezialkommandos hätten Scheich Yassin oder den Sprecher der „Hamas", Abdel Aziz Rantissi, der im April 2004 getötet wurde, festnehmen oder eher entführen müssen, um ihn vor Gericht zu bringen. Das wäre nicht ganz unmöglich, aber ziemlich schwierig. Daher die gezielten Tötungen. Sie finden in einer moralisch-rechtlichen Grauzone statt – in einem Krieg ist es auch erlaubt, feindliche Führer zu töten. Der Kampf zwischen Israelis und Palästinensern befindet sich unterhalb der Schwelle eines konventionellen Krieges, aber ein Kleinkrieg ist es mit Sicherheit. Auch in einem konventionellen Krieg gibt es viele zivile Opfer, aber eine Demokratie und ein Rechtsstaat muss versuchen, die Verhältnismäßigkeit zu wahren. Wer eine Bombe in ein Wohngebiet wirft, um dort

– vielleicht – Terroristenführer zu treffen, aber gleichzeitig mit Sicherheit auch unschuldige Zivilisten tötet, untergräbt auf Dauer seine eigene moralische Position, ob es nun die Israelis in Gaza oder die Amerikaner in Falludscha sind.

Scheich Yassin und Rantissi waren nicht unschuldig. Sie haben beide Terrorkampagnen gestartet und wieder abflauen lassen, wenn es ihnen opportun schien. Terror gegen alle Israelis war für sie ein legitimes Mittel, was sie immer wieder öffentlich bestätigten. Der Terror führt einen radikalen und totalen Krieg gegen die Demokratien, ohne Rücksichten, ohne Skrupel, mit bewusster Zielrichtung gegen Unschuldige (der Terror kennt keine Unschuldigen). Können die Demokratien einen ebenso totalen Krieg gegen den Terror führen? Auf Dauer nicht. Nicht wenn sie ihre moralische Substanz und ihr Wesen als rechtsstaatliche Demokratien behalten wollen.

## „Israel rennt ins Verderben", sagen die Geheimdienstchefs

Damit soll allerdings nicht gesagt werden, dass Israel einen totalen, also total rücksichts- und rechtlosen Kampf gegen den Terror führt. Aber selbst unter berufsmäßigen Hardlinern wachsen die Zweifel, ob der gegenwärtige Kurs nicht kontraproduktiv und selbstzerstörerisch ist. Im Oktober 2003 nannte der israelische Generalstabschef Mosche Jaalon das harte Vorgehen in den Palästinensergebieten „eine Katastrophe". Die Abriegelung der Palästinensergebiete und die Ausgangssperren würden nur den Hass der Palästinenser steigern und den Zulauf zu Terrororganisationen verstärken. Kurz darauf, 2003, erklärten vier frühere Chefs des israelischen Inlandsgeheimdienstes Schin Beth, dass Israel einer Katastrophe entgegeneile: Wenn „wir fortfahren, mit dem Schwert zu leben, werden wir im Morast untergehen und uns selbst zerstören". Schon jetzt gehe Israel sicheren Schritts in eine Richtung, wo „dieses Land keine Demokratie mehr sein wird und auch nicht mehr die Heimat der jüdischen Nation".

Die Regierung lege sich auf einen reinen Verteidigungskampf ohne Perspektive und Initiative fest, kritisierten die vier früheren Geheimdienstchefs. Einer von ihnen, Ami Ayalon, hat inzwischen mit dem palästinensischen Intellektuellen und Direktor der Al-Quds-Universität in Jerusalem, Seri Nusseibeh, ein Konzept eines Ausgleichs ausgearbeitet. Diese Initiative ergänzt sich mit den so genannten „Genfer Vereinbarungen", einem symbolischen Friedensvertrag, den der israelische Oslo-Mitbegründer Jossi Beilin und Abed Rabbo, ein Vertrauter des palästinensischen Präsidenten Arafat, entwarfen.

Israelische Geheimdienstchefs sind keine „softies". In ihrer aktiven Zeit haben einige von ihnen „präventive Erschießungen" von Terrorverdächtigen sowie Militäraktionen mit Panzern angeordnet. Doch die tägliche Erfahrung der endlosen Gewaltspirale hat sie zu der Überzeugung gebracht, dass der gegenwärtige Kurs des reinen Niederhaltens der Palästinenser keine Perspektive hat.

Ayalon sagte: „Wir verhalten uns heute in Judäa und Samaria vielfach unmoralisch. Mit der Zeit entwickelt sich daraus die Frage, wo wir auf diese Weise in zwanzig oder dreißig Jahren sind." Judäa und Samaria sind die alten biblischen Bezeichnungen für das Westjordanland. Sie werden auch von der expansionistischen Rechten verwendet, um einen Anspruch auf das jetzt mehrheitlich von Palästinensern besiedelte Land zu dokumentieren.

Ungefähr gleichzeitig erklärten 27 Luftwaffenpiloten, sie würden keine Raketen mehr auf dicht besiedelte Palästinensergebiete abfeuern. Mehrere hundert Soldaten hatten schon vorher den Dienst in den Gebieten verweigert und waren dafür zum Teil ins Gefängnis gegangen. 13 Mitglieder einer Eliteeinheit, teils im Offiziersrang, verweigerten ebenfalls den Dienst, mit der Begründung, sie seien in Sorge um Israels Zukunft als demokratischer, zionistischer und jüdischer Staat: „Wir werden nicht helfen, Millionen Palästinensern ihre Menschenrechte vorzuenthalten. Wir werden nicht Schutzschild für die Siedlungskampagne sein." Andere Soldaten stellten nach Ende ihrer Dienstzeit eine kleine Ausstellung zusammen, in der gezeigt wurde, wie Palästinenser vor allem an den Kontrollpunkten schikaniert würden. Die israelische Armee kündigte daraufhin einen verbindlichen Verhaltenskodex für Soldaten an den Straßensperren an.

Die israelische Zivilgesellschaft funktioniert also noch – aber solange die Terroranschläge andauern, setzt die Mehrheit auf den hardliner Sharon und seine Methoden. Aber für europäische Beobachter kann das Verhalten der mutigen „Widerständler" innerhalb der israelischen Armee und Zivilgesellschaft ein Maßstab der Beurteilung sein.

Sharon weiß natürlich, dass die gezielte Tötung der Terroristenführer zunächst wieder dazu führt, dass bei Gegenschlägen unschuldige Israelis sterben. Aber er glaubt, diesen Tötungskreislauf einmal unterbrechen zu können, die Terroristen und den bewaffneten Widerstand einmal endgültig niederringen zu können.

Die Politik der Regierung Sharon ist nicht „terroristisch" (übrigens ein Lieblings-„Argument" des Neuen Antisemitismus). Aber sie ist die Politik eines sehr harten Besatzungsregimes – noch dazu eines, dessen Ende nicht abzusehen ist. Sie setzt darauf, dass der Status quo – Aufrechterhaltung des Besatzungsregimes – auf unabsehbare Zeit fortgesetzt werden kann. Sie setzt auf Niederhalten der palästinensischen Bevölkerung, auf die Erzeugung eines Gefühls der Resignation bei den Menschen, auf ein Sichdreinfügen in ein langes Besatzungsregime. Die Palästinenser sollen den Gedanken aufgeben, sich jemals befreien zu können. In seiner 1990 auf Englisch erschienenen Autobiographie „Warrior" (Krieger) schrieb Sharon: „Es ging darum, die Araber in eine Psychologie der Niederlage zu zwingen, sie so heftig zu schlagen, dass in ihnen die Überzeugung wuchs, dass sie niemals gewinnen können."

## Sharon: „Die Zeit ist nicht gegen uns"

Während Kritiker innerhalb und außerhalb Israels davon ausgehen, dass Israel die Zeit davonläuft, ist Sharon überzeugt, dass die Zeit auf „unserer Seite" ist. Im April 2001 gab er der liberalen israelischen Qualitätszeitung „Haaretz" und dem französischen „Le Figaro" ein gemeinsames Interview, in dem er offen seine langfristige Strategie darlegte. Es sei „kein Zufall, dass die Siedlungen dort sind, wo sie sind. Es ist notwendig, die Sicherheitszonen auf der Westbank und im Osten zu halten, die Straßen zwischen ihnen und natürlich auch die Grundwasserreserven zu kontrollieren, von dem ein Drittel unseres Wassers kommt."

Deutlicher kann man es gar nicht sagen: Israel wird höchstens unbedeutende Siedlungen im Westjordanland auflösen, die militärische Herrschaft muss aufrecht bleiben, und die Wasserressourcen müssen Israel zeitlich unbegrenzt zur Verfügung stehen. Israel werde sich das leisten können, weil die gesamte arabische Welt schwächer werde, Israel aber stärker: „In 10 bis 15 Jahren wird der Preis des Öls gefallen sein und die arabischen Länder werden in einer Krise sein, während Israel gestärkt wird. Es wird eine Million neuer jüdischer Einwanderer geben, die Wüste Negev wird entwickelt werden und die israelische Erziehung wird in Richtung zionistischer Prinzipien reformiert werden. Israel wird ein Land mit einer blühenden Wirtschaft sein und die arabische Welt im Niedergang. Die Zeit ist nicht gegen uns."

Der damals 72-jährige Sharon verfolgte praktisch seit seinem Regierungsantritt eine langfristige Strategie, die auf eine Verhinderung eines palästinensischen Staates hinausläuft.

Mitte September 2004 verkündete er, er fühle sich nicht mehr an die „Road Map" der internationalen Gemeinschaft gebunden, die die Gründung eines palästinensischen Staates bis 2005 vorsah. Mit dem Abzug der Siedler aus dem Gaza-Streifen ebenfalls im Jahr 2005 und der Aufgabe von vier kleinen Siedlungen im Westjordanland sowie der Fertigstellung des Sperrwalls sei sozusagen die einseitige Abtrennung von den Palästinensern vollzogen. Danach werde für „lange Zeit nichts mehr passieren".

Sharon glaubt, dass er – und Israel – wegen zwei entscheidender Maßnahmen unbegrenzt durchhalten kann: Der „Sicherheitszaun" oder „die Mauer", die Israel von den Palästinensern abschotten soll; und der Rückzug der Siedler aus dem Gaza-Streifen.

Der Sperrwall soll etwa 700 km lang werden und das Westjordanland von Israel abschotten, damit keine Terroristen mehr auf israelisches Gebiet vordringen können. Die Idee dazu hatte ursprünglich der Labour-Premier Ehud Barak. Die Regierung Sharon stürzte sich aber massiv auf die Umsetzung. Etwas mehr als ein Viertel des Zaunes ist schon fertig. Er besteht überwiegend aus Stacheldraht mit Infrarotkameras und Abhöranlagen. Auf einem Teil der Strecke, vor allem in der Gegend von Jerusalem, besteht er jedoch aus acht Meter hohen

Betonelementen. An mehreren Stellen greift der Wall tief ins palästinensisches Gebiet aus, um israelische Siedlungen einzubeziehen. Einerseits wurde für den Bau palästinensisches Land enteignet, andererseits werden durch den Verlauf der „Finger" des Zauns palästinensische Dörfer von ihren Feldern abgeschnitten. Bauern, Schulkinder, Menschen auf dem Weg ins Spital oder zum Einkaufen müssen riesige Umwege in Kauf nehmen und sind an den Durchlässen des Zauns Schikanen des israelischen Militärs ausgesetzt.

Die oppositionelle israelische Journalistin Amira Hass schrieb ironisch: „Man braucht große analytische Fähigkeiten, um vorauszusehen, dass die Käfighaltung Tausender Menschen hinter Eisentoren, vor denen man 19-jährige Soldaten postiert – die die Tore zwei- bis dreimal täglich öffnen, falls sie Lust dazu haben –, zu verheerenden Folgen führt für Leute in Schul- und Universitätsausbildung, für Krebskranke und Menschen mit kranken Nieren, deren medizinische Behandlung sabotiert wird sowie für die getrennten Familien. Und nur äußerst phantasiebegabten Menschen war es möglich, auf die Idee zu kommen, dass es sehr schwer sein würde für die 260.000 Menschen in den 81 verschiedenen, durch den Zaun geschaffenen Enklaven, ‚die Substanz eines normalen Lebens' aufrechtzuerhalten. Einundachtzig Enklaven – die die Menschen abtrennen von ihren Nachbardörfern, von den Städten der Provinz, vom Rest der Westbank, die sie einsperren hinter Stacheldrahtzäunen mit Wachttürmen, Gräben, Doppelzäunen und in ein militär-bürokratisches Erlaubnis-System, das das Verlassen und die Rückkehr in die Enklave regelt; betroffen sind Müllmänner, Ärzte, Lehrer, Familienangehörige."

Der Zaun würde bei völliger Fertigstellung auch an der Ostseite des Westjordanlandes, aber nicht direkt an der Grenze zu Jordanien verlaufen und somit folgende Situation schaffen: Das Westjordanland als Siedlungsgebiet der Palästinenser wird an allen Seiten an den Rändern angeknabbert. Der Zaun umschließt ein noch einmal geschrumpftes Palästinensergebiet, indem sich die größeren Städte wie Nablus, Jericho, Bethlehem und Hebron befinden. Innerhalb dieser Einschließung existieren aber weiterhin zahlreiche größere und kleinere israelische Siedlungen. Über das Ganze ist eine israelische Sicherheitspräsenz gestülpt. Sharons „Palästinenserstaat", wenn er ihn denn je als „Staat" zulassen würde, bestünde aus unzusammenhängenden Kantonen. So sieht die Zukunft für die 1,7 Millionen Palästinenser im Westjordanland aus.

Palästinensische und israelische Kritiker behaupten überdies, dass durch den Verlauf des Zauns neuerlich palästinensisches Land annektiert würde. Der von den Palästinensern angerufene Internationale Gerichtshof in Den Haag verkündete dazu im Juli 2004 in einem Gutachten, es handle sich noch nicht um eine „Landnahme", aber durch die Mauer würden Fakten geschaffen. Wenn sie bestehen bleibe, komme es im Laufe der Zeit zu einer faktischen Annexion. Jedenfalls verletze die Mauer „in ihrem gewählten Verlauf eine Reihe von Rechten der Palästinenser", und diese Verletzungen könnten „weder durch militärische Bedürfnisse, noch durch Erfordernisse der nationalen Sicherheit" gerechtfertigt werden. Vor allem das Recht auf Selbstbestimmung der Palästinenser werde verletzt.

Die Regierung Sharon verkündete, das Gutachten des Gerichtshofs, übrigens einer Einrichtung der UNO, nicht beachten zu wollen. Auch ein Urteil des israelischen Obersten Gerichtshofs, der entschieden hatte, die Palästinenser dürften durch den Verlauf des Zauns nicht „extrem" belastet werden, wurde zunächst ignoriert. Später hieß es, man werde den Verlauf in einigen Bereichen korrigieren (der israelische Generalstaatsanwalt hatte die Regierung gewarnt, sie müsste mit internationalen Sanktionen rechnen). Die großen Siedlungen an der Nord- und der Ostseite von Jerusalem und bei Bethlehem würden jedoch in den Zaun einbezogen, auch wenn dadurch arabische Dörfer zu Israel geschlagen würden. Damit käme es auch de facto zu einer weiteren Annexion palästinensischen Gebiets. „Wenn die Mauer dazu führt, um einseitig große Stücke der Westbank herauszuschneiden und israelische Siedlungen weit im Palästinensergebiet zu absorbieren, wird sie nur eine neue und längere Klagemauer", sagt der Israelische Politologe Yaron Ezrahi.

Der Zaun und die damit verbundene Apkapselung des Westjordanlandes wäre aber sozusagen erst Teil II der längerfristigen Sharon-Strategie. Teil I ist der Abzug der israelischen Siedler aus dem Gaza-Streifen, der bis 2005 vollendet sein soll.

In Gaza leben 1,4 Millionen Palästinenser in trostlosen Betonstädten. Die Arbeitslosigkeit ist gewaltig, die Jugendarbeitslosigkeit noch höher. Gaza ist eine Hochburg der Hamas. Es gehört laut Verteidigungsminister Schaul Mofaz nicht zum historischen Erbe Israels, und es war seiner Meinung nach ein Fehler gewesen, dort Siedler zuzulassen. 7.500 jüdische Siedler leben auf 35 Prozent des Gebiets von Gaza. Sharon will die Siedler dort „opfern" (mit üppigen Entschädigungszahlungen und dem Recht zur Ansiedlung auch im Westjordanland), um sich vom Vorwurf einer kolonialen Herrschaft wenigstens teilweise zu entlasten – und, so seine Kritiker, sich umso besser auf das Halten des Westjordanlandes konzentrieren zu können (allerdings würden auch die Grenzen von Gaza weiter von der israelischen Armee kontrolliert werden. Auch hier handelt es sich um eine Abkapselung).

Sharon unterstützte die Siedler, weil er in ihrem Eifertum die zionistische Pioniertradition seiner Eltern sah, die jetzt zu schwinden begonnen hatte. Doch jetzt fürchtete er, dass das Halten einer Enklave inmitten der Palästinenser zu kostspielig für Israel werden würde – in jeder Hinsicht, moralisch, finanziell und in Verlusten an israelischen Menschenleben.

Als Gegenleistung für den Gaza-Rückzugsplan bekam Sharon von US-Präsident Bush das Zugeständnis, dass Israel die großen Siedlungen auf der Westbank, vor allem die nahe dem israelischen Gebiet, behalten dürfe. Schon vorher hatten die USA die Opposition gegen den Sperrzaun aufgegeben. Etwas später gaben sie praktisch auch grünes Licht für einen weiteren Ausbau von sechs bereits existierenden Siedlungen, die auf dem Gebiet liegen, das nach einem Friedensvertrag an Israel fallen soll.

Aber die Siedler, Sharons ureigenste politische Klientel, wollten nicht. Israel, Anfang September 2004: 70.000 Menschen demonstrieren in Jerusalem gegen den Abzug aus dem Gaza-Streifen.

Wenige Stunden zuvor hatte Sharon den radikalen Siedlern vorgeworfen, sie würden einen Bürgerkrieg provozieren: „Ich würde sagen, dass manche Appelle direkt auf einen Bürgerkrieg hinauslaufen." Aber Siedlervertreter hatten schon am Tag zuvor einen Bürgerkrieg angekündigt, wenn die Räumungen gewaltsam durchgesetzt werden sollten.

Der israelische Justizminister Tommy Lapid sagte, er behalte sich vor, radikale Siedler in Vorbeugehaft zu nehmen. Avi Dichter, der Chef des israelischen Inlandsgeheimdienstes Shin Bet, hatte kurz zuvor einem Parlamentsausschuss mitgeteilt, dass einige Dutzend radikaler Siedler „den Tod von Sharon" wünschen und er größere Vollmachten verlangt, um gegen diese Gruppen vorgehen zu können: in den letzten Jahren hätten jüdische Terroristen einige Palästinenser ermordet und sogar in palästinensischen Schulen Bomben gezündet. Es gäbe auch Pläne, die Al-Aqsa-Moschee auf dem Tempelberg in Jerusalem zu sprengen, was einen Religionskrieg auslösen würde. Viele in Israel fühlten sich an die Situation vor fast zehn Jahren erinnert, als ein israelischer Rechtsradikaler den Premierminister Yitzhak Rabin ermordete.

Über all dem liegt eine grausame Ironie. Nun, da Sharon aus der Einsicht heraus, dass die Siedlungen in Gaza nur unter großen Opfern zu halten sind, sich von dort zurückziehen will – im Grunde eine „Frontbegradigung" –, folgten ihm die eigenen Anhänger auf der israelischen Rechten nicht. Sharon hat eine Urabstimmung unter den Likud-Mitgliedern verloren, er wollte trotzdem weitermachen – und nun drohen ihm die eigenen Verbündeten sogar mit „Bürgerkrieg". Der weit rechts stehende Sharon muss befürchten, von der noch extremeren Rechten ermordet zu werden, weil er ein vergleichsweise winziges Stück Land in den besetzten Gebieten aufgeben will.

Daraus muss ein Beobachter von außen den Schluss ziehen, dass die israelische Politik von einer extremistischen Minderheit beherrscht wird. Der rechte Sharon als Gefangener der Ultra-Rechten. Heißt das, die Rechtsradikalen haben de facto den Staat übernommen? Dass Israel keine Demokratie mehr ist? Heißt es, dass die große Mehrheit der israelischen Bürger diesen extremistischen Kurs zumindest duldet? Dass der Neue Antisemitismus Recht hätte, wenn er Israel als „faschistischen Staat" denunziert?

Faktum ist, dass eine große Mehrheit der Israelis den Abzug aus dem Gaza-Streifen begrüßt. Faktum ist weiter, dass die israelische Linke nach der Niederlage bei den letzten Wahlen lange Zeit keinen Boden unter den Füßen gefunden hat; Faktum ist aber auch, dass das so genannte „Friedenslager" nach der zweiten Intifada und der Serie von schrecklichen Anschlägen, die rund tausend Israelis innerhalb von vier Jahren das Leben kosteten, ebenfalls zerstreut und entmutigt war.

Faktum ist aber auch, dass eine knappe Mehrheit oder eine knappe Minderheit – das wechselt je nach dem Zeitpunkt der Umfragen – immer noch eine, irgendeine Lösung mit den Palästinensern akzeptieren würde, an deren Ende ein palästinensischer Staat steht. In Israel wäre grundsätzlich eine Mehrheit für eine Friedenslösung zu bekommen, trotz aller Enttäuschungen. Der entscheidende Punkt ist nur, dass die gewaltige Mehrheit der Israelis endlich Sicherheit wünscht – und die zu garantieren, traut sie dem harten und tatkräftigen Sharon eher zu als der israelischen Linken, die weder personell, noch konzeptionell überzeugend wirkt. Und Sharon muss die extremistischen Siedler und ihren Anhang irgendwie bei Laune halten. Ähnlich ist es mit den religiösen und sonstigen Ultras, die die Schlagzeilen beherrschen. Sie existieren, sie verpesten die politische Debatte mit ihren Extremismen, aber sie sind eine Minderheit. Allerdings eine im Moment sehr einflussreiche. Das leitet sich aus dem politischen Prozess in Israel ab.

In Israel können auf Grund des extremen Verhältniswahlrechts, das auch Splitterparteien ins Parlament einziehen lässt, nur Koalitionsregierungen regieren. Die Likud hat bei den letzten Wahlen nur etwa 30 Prozent der Stimmen erhalten, sie musste sich daher Partner aus der Schar der kleineren Parteien suchen, meist orthodoxe bis ultra-religiöse und ultra-nationalistische. Damit ist Sharons Bewegungsspielraum von vornherein stark eingeengt, selbst wenn es in der Alltagsrealität der israelischen Politik immer wieder gelingt, Parteien mit den verschiedensten Mitteln bei der Stange zu halten.

Der radikale Kern der Siedler macht wahrscheinlich nicht mehr als 25.000 Personen aus, aber es gelang ihnen, für die Abstimmung innerhalb der Likud-Partei genügend Stimmen zu mobilisieren. Und Sharon musste immer wieder Vertreter radikaler Parteien in die Regierung nehmen, wie etwa Benyamin Elon, von der „Nationalen Einheitspartei", der einem Journalisten der „New York Times" sagte, die Palästinenser sollten sich entweder an die israelische Herrschaft gewöhnen oder nach Jordanien gehen. Das sei der eigentliche Palästinenserstaat (Elon wurde wegen seines Widerstands gegen den Gaza-Abzug aus der Regierung entfernt).

## Die Extremisten auf beiden Seiten beherrschen die Schlagzeilen

Die Extremisten haben nicht den Staat Israel übernommen, aber stetig und alarmierend an Einfluss gewonnen. Der israelische Friedensaktivist Uri Avnery weist auch darauf hin, dass die Führer des national-religiösen Flügels – und insbesondere die Siedler – seit Jahren systematisch darum bemüht gewesen seien, die israelische Armee (IDF – Israeli Defence Forces) von innen heraus zu erobern: „Während der ersten Jahrzehnte der IDF hatten die Kibbuzmitglieder einen entscheidenden Einfluss auf das Armeekommando; aber heutzutage haben die Siedler und andere nationalistisch-religiösen Leute dies übernommen. Sie füllen die Ränge der unteren und mittleren Ränge des jüngeren Offizierskorps. Diese Entwicklung und die verstärkte Besatzung (der palästinensischen Gebiete) hat das Aussehen der IDF vollständig verändert. Sie ist jetzt eine andere Armee."

Ausdruck dieser Unterwanderung sei die Existenz von ganzen Einheiten, die in Wirklichkeit nicht ihren Offizieren, sondern ihren religiösen Führern unterstehen. Man habe diese Einheiten geschaffen, um Studenten jüdisch-religiöser Seminare zu ermöglichen, ihren Armeedienst abzuleisten, ohne ihre Studien zu unterbrechen: „In der Praxis sieht es aber so aus, dass sie eine Miliz von Rechtsradikalen – besonders der Siedler – darstellen. Praktisch seien sie ihren Rabbinern unterstellt, deren Position an die der politischen Kommissare der Roten Armee erinnern. Ein Fünftel der Soldaten in israelischen Kampfeinheiten ist entweder sehr religiös oder stammt aus Siedlerfamilien. Werden sie Befehle befolgen, die Siedler zu evakuieren? Manche Siedlergruppen halten zivilen Ungehorsam und sogar Befehlsverweigerung für ein legitimes Mittel, um die Preisgabe von ‚heiligem' Land zu verhindern."

Beinahe gleichzeitig mit der Auseinandersetzung um den Rückzug aus Gaza veröffentlichte eine Reihe von Rabbinern, die zu dieser

Gruppe gehören, ein religiöses Gutachten, wonach das jüdische Gesetz („Halacha") das Töten von unschuldigen palästinensischen Zivilisten erlaubt, wenn es hilft, jüdische Soldaten zu retten. Einer der beiden Oberrabbiner schloss sich später dieser Erklärung an.

Das konnte als Freibrief ausgelegt werden für das Vorgehen der israelischen Armee, bei dem eben Zivilisten in den Kugelhagel gerieten oder unter niedergewalzten Häusern begraben wurden oder für die „gezielten Tötungen" von Terroristenführern durch Raketenbeschuss vom Hubschrauber aus, alles Situationen, bei denen trotz des Einsatzes von „Präzisionswaffen" immer wieder Unschuldige getötet oder verwundet werden.

Schließlich erregte zur selben Zeit noch eine andere Erklärung Aufsehen, die von einigen Persönlichkeiten des öffentlichen Lebens, darunter ehemaligen Chefs des Büros des Ministerpräsidenten, unterzeichnet wurde. Demnach sei das Auflösen von Siedlungen im Gaza-Streifen ein „Verbrechen gegen die Menschlichkeit". Ihre Auflösung sei ein „Ausdruck von Tyrannei, Bosheit und Willkür". Offiziere und Soldaten werden aufgerufen, sich an dieser „ethnischen Säuberung" nicht zu beteiligen. In zusätzlichen Interviews wurde die geplante Vertreibung der Siedler als „Nazi-Akt" bezeichnet.

Nun weiß jeder politisch Interessierte, dass es sich hier um Begriffe von höchster historischer Brisanz handelt: „Crimes against humanity" kann „Verbrechen gegen die Menschheit" und gegen die „Menschlichkeit" heißen. Beides meint nicht verjährbare Großverbrechen wie etwa Völkermord. Die Urteile in den Kriegsverbrecher-Tribunalen in Nürnberg und Tokio nach dem Zweiten Weltkrieg fielen großteils nach diesem Tatbestand. Im deutschen Sprachraum hat sich die Version „Verbrechen gegen die Menschlichkeit" eingebürgert, obwohl der Begriff „gegen die Menschheit" die besonders schwere und allumfassende Bedeutung besser trifft. Die Verwendung solcher Vokabel für die Räumung von Siedlungen in einem Gebiet, das wie Gaza nicht einmal zum historischen „Eretz Israel" gehört, ist eine Perversität – vor allem wenn sie durch Juden geschieht, die Hauptopfer von „Verbrechen gegen die Menschheit bzw. Menschlichkeit" im 20. Jahrhundert waren.

## „Der Duft eines explodierenden Märtyrers"

Aber auch auf palästinensischer Seite haben die Extremisten enorm an Boden gewonnen, seit es keine Bewegung mehr in Richtung eines Verhandlungsfriedens gibt. „Arafat und seine PLO haben versagt", erklärte der Hamas-Führer Osama Hamdan gegenüber dem „Spiegel". „Wir haben jetzt nur eine Alternative: den Kampf gegen Israel mit allen Mitteln auszuweiten. Verhandlungen mit Sharon? Niemals". Und auf die Frage, ob er sich den Tag vorstellen könne, an dem ein Staat Palästina Seite an Seite mit dem Staat Israel lebt: „Niemals".

„In Israel beherrschen die Extremisten die Regierung, bei uns beherrschen sie die Straße", sagte Michael Tarazi, ein Vertreter der PLO zur „New York Times" im Sommer 2004. Selbstmordattentäter erhalten ein Staatsbegräbnis mit einer offiziellen Ehrengarde der palästinensischen Polizei, und der Kult des Todes wird bereits den Kindern gelehrt. Nachdem Bush Sharon freie Hand beim Ausbau der Siedlungen gegeben hatte, zeigte eine Umfrage unter den Palästinensern, dass die „Hamas" erstmals mehr Unterstützung erhielt als die PLO.

Die Hamas will den jüdischen durch einen islamische Staat ersetzen, in dem Juden und Christen leben können, sagt der Chef des Politbüros der Hamas, Khaleed Meshaal, in einem Interview mit dem „Standard" (10. Mai 2004). Wie viele und unter welchen Bedingungen sagt er nicht. Wenn Unschuldige bei den Selbstmordattentaten sterben, so ist das eben der Krieg: „Wir haben keine andere Waffe, als uns selbst in die Luft zu sprengen."

Vor seiner Tötung durch die Israelis gab der Hamas-Führer Abdel Aziz Rantissi dem amerikanischen Autor David Margolick ein Interview, in dem er die Bombenanschläge der „Märtyrer" als Antworten auf angebliche israelische Massaker rechtfertigte. „Wir tun dasselbe wie das, was die französische Resistance gegen die deutsche Besatzung tat." Demnach hätte also der französische Widerstand Selbstmordattentäter nach Deutschland geschickt, um dort Zivilisten in die Luft zu sprengen. Die Lösung des Konflikts bestand für Rantissi darin, dass fünf Millionen Juden das Land verlassen. Bis dahin würde der Dschihad andauern.

„Der Körper eines explodierenden Märtyrers hat den feinen Duft von Moschus", erklärte ein anderer Hamas-Funktionär in Gaza, der sich dabei auf einen angeblichen Koranvers bezog („New York Review of Books", 15. Juli 2004). Eine hysterisierende Rhetorik, die nur einen nationalreligiös überhöhten Opfermythos kennt. „Hamas und Islamischer Dschihad fördern nun aktiv eine Kultur des Todes, die auf einer Version der Koranlehre basiert, die Selbstmord, Märtyrertum, Massenmord und den Tod als höchste quasi-erotische Erfahrung feiert", schreibt der israelische Autor Amos Elon in derselben Ausgabe.

Arafat sitzt in seinem Hausarrest in Ramallah und zieht Fäden, um die Macht innerhalb der Palästinenserstruktur in der Hand zu behalten. Er kann Rivalen ausmanövrieren, den jeweiligen Premierminister zur Verzweiflung treiben und Interviews geben. Hier und da besucht ihn ein Vertreter der EU. Wenn Sharon davon ablenken will, dass der Terror noch immer nicht besiegt ist, droht er damit, „Arafat" demnächst zu entfernen. Ob das Deportation oder Ermordung heißt, wird offen gelassen.

Obwohl Arafat erst jüngst sagte, „Israel ist ein jüdischer Staat", ist keineswegs sicher, ob er und andere Palästinenserführer außerhalb der religiösen Radikalen nicht doch von einer völligen Vertreibung der Juden träumen. Auf etlichen Landkarten in Arafats Büroräumen schien Israel nicht auf. Als während der Camp-David-Verhandlungen die Rede auf den Tempelberg in Jerusalem kam, soll er gefragt haben: „Welcher Tempel"? Arabisch-islamische Religionsgelehrte versuchen die Geschichte Jerusalems umzuschreiben und das jüdische Erbe zu verwischen. Religiöse Fanatiker sind auf arabisch-palästinensischer Seite ebenso präsent wie auf israelischer.

Immer wieder tauchen meist schwer überprüfbare Zitate von palästinensischen Politikern auf, wonach das Eingehen auf internationale Friedenspläne nur eine taktische Maßnahme sei, ein Warten auf eine bessere Gelegenheit, um das ganze Land „vom Fluss (Jordan) bis zum Meer" zu befreien. Jassir Arafat soll so etwas 1994 in einer südafrikanischen Moschee gesagt haben, ja sogar der 2001 verstorbene Jerusalemer Politiker Faisal al-Husseini, der aktiv eine pragmatische Politik verfolgte.

Israel geht jedenfalls davon aus, dass eine Mehrheit der Palästinenser die Juden wieder vertreiben würde, wenn das nur möglich wäre. Das mag auch im Wesentlichen so sein. Andererseits ist eine Mehrheit der Palästinenser mit Sicherheit bereit, sich mit den Israelis zu arrangieren, wenn es nicht anders geht. Ob das allerdings auch für die palästinensischen Flüchtlinge gilt, ist die Frage. Das Thema des „Rückkehrrechts" dieser Flüchtlinge und ihrer Nachkommen ist zuletzt wieder in der palästinensischen Argumentation aufgetaucht. Eine Rückkehr wäre das Ende Israels als jüdischer Staat. Ob die Palästinenser das nur als taktischen Verhandlungshebel ins Spiel gebracht haben oder um damit vor jeder Friedenslösung eine unüberwindliche Barriere aufzubauen – aus Gründen, die noch erörtert werden –, ist einfach nicht zu sagen.

Die gemäßigte Mitte sowohl bei den Israelis als auch bei den Palästinensern ist nach den Enttäuschungen der letzten Jahre in Schweigen versunken, während die Extremisten mit Wort und Tat auftrumpfen. Die radikalen Israelis wollen ein „Eretz Israel" (Land Israel) vom Jordan bis zum Meer, die radikalen Palästinenser wollen ein „Palästina" vom Jordan bis zum Meer.

## Fast forward durch die Geschichte: Wer war wann im Heiligen Land?

Im Grunde ist es irrelevant, wer zuerst da war, wer wo siedelte und wem welcher Gott welches Stück Land versprochen hat. Eine Friedenslösung, wenn sie irgendwann einmal zustande kommen wird, und sei es aus Erschöpfung der Beteiligten, wird sich eher an den Realitäten von heute orientieren müssen als an historisch-religiös „begründeten" Geschichtsansprüchen. „Die Juden und Palästinenser haben jeder zu 100 Prozent Recht und zu 100 Prozent Unrecht", sagt der linke Politiker Jossi Beilin, der mit seinem palästinensischen Widerpart Rabbo 2002 einen virtuellen Friedensvertrag („Genfer Übereinkommen") ausgearbeitet und unterzeichnet hat.

Um aber die Komplexität des Problems zu veranschaulichen und um doch ein paar historische Hintergründe zu bieten, sei sozusagen im Schnelldurchlauf die biblische Erzählung und die tatsächliche geschichtliche Entwicklung rekapituliert. Sie ist eine mehrere tausend Jahre lange Geschichte der Landnahme durch ein paar Dutzend Völker und Reiche. Die physische – und damit auch die spirituelle Präsenz – der Juden in diesem Gebiet ist zwar eine durchgehende seit Jahrtausenden, aber sie war außerordentlichen Schwankungen unterworfen.

Der erwähnte Historiker Michael Wolffsohn hat in seinem Buch „Wem gehört das Heilige Land? Die Wurzeln des Streits zwischen Juden und Arabern" (Piper-Verlag, aktualisierte Auflage 2003) trocken festgehalten: „Nur die kürzeste Zeit ihrer Geschichte hatten die Juden im Heiligen Land einen eigenen Staat. Und nur die kürzeste Zeit ihrer Geschichte lebte ein Großteil der Juden im Heiligen Land."

Konkret entfallen auf rund 3500 Jahre jüdischer Geschichte nur rund 550 Jahre jüdischer Staatlichkeit: 400 Jahre von knapp 1000 v. Chr. bis knapp 600 v. Chr., dann wieder knapp 100 Jahre der Staat der Makkabäer (bis 63 v. Chr. die Römer kamen). Dann wieder fast 2000 Jahre Fremdherrschaft bis 1948, seither fast 60 Jahre der Staat Israel. Also seit frühgeschichtlichen Zeiten eine Abfolge von Fremdherrschaft, nur relativ kurz unterbrochen von eigener jüdischer Staatlichkeit. Für historisch nicht so Bewanderte und als Diskussionsgrundlage hier kurz ein „fast forward" durch die Geschichte:

Die Stammväter Abraham, Isaak und Jakob waren Nomaden, die aus Ur, dem heutigen Babylon zunächst ins Gebiet des heutigen Syrien zogen, dann südlich nach und durch den heutigen Libanon und das heutige Israel, dann nach Unterägypten und zurück nach Beersheba im heutigen Südisrael. Die Nachkommen emigrierten aber bereits nach Ägypten und kehrten dann erst später unter Moses und Josua zurück. Der Gott der Bibel macht den Juden dann unterschiedliche Versprechungen bezüglich der Größenordnung des Landes, bis er Moses, der sein Volk aus der ägyptischen Gefangenschaft bis zum Jordantal und dem Berg Nebo (im heutigen Jordanien) geführt hat, das verheißene Land zeigt.

Was dann folgt, ist eine gewaltsame Landnahme, denn das Land ist nicht unbesiedelt. Der im Buch Josua festgehaltene „Auftrag Gottes" an die „Kinder Israels" läuft auf eine ethnische Säuberung an den

Kanaanitern hinaus. Sie erfolgte um die Mitte des 13. Jahrhunderts vor Christus. Die Grenzen des Landes waren auch zu biblischen Zeiten nie genau festgelegt, sodass heute „ein israelischer Nationalist, der sich auf die Geschichte berufen will, willkürlich behaupten kann, wo die historischen [Grenzen] verliefen" (Avi Primor, Israels Ex-Botschafter in Deutschland).

Staatlichkeit erfolgte rund 1000 v. Chr. durch die Könige Saul und David. In der Mitte des 10. Jahrhunderts wurde das Reich Davids nach einer Rebellion einiger Stämme geteilt, und zwar in „Israel" und „Juda". Letzteres hatte zur Haupt-und Tempelstadt Jerusalem, in dem weiterhin ein Nachkomme des Herrscherhauses David vom Stamm Juda herrschte. Die abtrünnigen Stämme gründeten jedoch im Norden ein neues Königreich, das nach dem gemeinsamen Namen des Volkes „Israel" benannt wurde.

Der Gründer des heutigen Staates Israel, Ben Gurion, wählte dann den übergeordneten Namen „Israel" und nicht „Juda".

Im siebten Jahrhundert v. Chr. wurde das nördliche Königreich „Israel" von den Assyrern erobert, zerstört und die Bevölkerung verschleppt. Das südliche Juda konnte sich noch 200 Jahre halten, bis es 586 v. Chr. von Babylon unter Nebukadnezar erobert und die Bevölkerung „an die Wasser Babylons" verschleppt wurde. In beiden Fällen ist der Begriff „Völkermord" oder „teilweiser Völkermord" vermutlich nicht ganz falsch. Allerdings erlitten auch andere Völker dieses Schicksal.

Die nächste Erobererwelle war um einiges wohlwollender: die Perser unter König Kyros, die das babylonische Reich zerstört hatten, gestatteten ab 538 die Rückkehr und den Aufbau eines autonomen, aber nicht staatlichen Gemeinwesens.

Alexander der Große machte dem persischen Großreich den Garaus, seine Nachfolger teilten seine Eroberungen unter sich, und das jüdische Siedlungsgebiet fiel unter makedonisch-griechischen Einfluss, bis zur Mitte des zweiten Jahrhunderts v. Chr. Dann konnten sich für 100 Jahre die Makkabäer durchsetzen, die für etwa 100 Jahre einen eigenen Staat aufrechterhalten konnten. Der Aufstand der Makkabäer oder Hasmonäer war im Kern der des traditionellen strengen Judentums gegen hellenistische lockere Sitten. Damit war es nach dem Eintreffen der Römer unter dem Feldherrn Pompeius vorbei. Die Römer regierten mit Hilfe von Marionetten wie Herodes, gewährten prinzipiell Religionsfreiheit, machten aber mit verdächtigen charismatischen Religionsreformern wie Jesus kurzen Prozess, wobei sie sich der Zustimmung des jüdischen religiösen Establishments sicher sein konnten.

Die Juden waren allerdings außerordentlich unwillige Untertanen des römischen Weltreichs und versuchten in zwei furchtbar blutigen Aufständen, 66–70 n. Chr. und 131–135 n. Chr., die römische Herrschaft abzuschütteln, was jedes Mal in einer Katastrophe endete. Die jüdische Führungsschicht wurde deportiert und der Tempel in Jerusalem (der zweite, nach dem von den Babyloniern zerstörten Tempel Salomos) wurde abermals zerstört, auf den Ruinen ein römischer Tempel errichtet.

Der zweite Aufstand unter dem messianischen Rebellen Bar Kochba von 131–135 n. Chr. endete mit einer noch größeren Katastrophe. Die Zahl der getöteten Juden soll eine Million betragen haben, was wahrscheinlich übertrieben ist. Vor allem aber deportierten die Römer – Kaiser Hadrian – einen Großteil der Bevölkerung. Wenn man davon ausgeht, dass solche Vertreibungen immer mit einer hohen Zahl an zivilen Opfern einhergehen, kann man von einem weiteren Völkermord an den Juden sprechen. Jedenfalls wollten die Römer auch die Identität dieser widerspenstigen Juden auslöschen: Jerusalem wurde in „Aelia Capitolina" und das Land Israel in „Palästina" umbenannt. Die Bezeichnung leitet sich von dem zweiten Volk ab, das neben den Kanaanitern vor den Juden dort siedelte und ebenfalls von ihnen mehr oder minder ethnisch gesäubert wurde, den Philistern.

Die heutigen Palästinenser berufen sich übrigens teilweise auf diese Philister als ihre Vorfahren, was keine wissenschaftliche Basis hat.

Von diesem Zeitpunkt an lebten die Juden 1.800 Jahre hauptsächlich außerhalb ihrer ursprünglichen Heimat. Aber „anders als die meisten Völker der Antike, die nach ihren Wanderungen mit anderen Nationalitäten verschmolzen, blieben die Juden 2.000 Jahre lang innerhalb ihrer neuen Heimatländer eine separate Gemeinschaft mit ausgeprägter Identität. Das Bindeglied für die Erhaltung der eigenen Identität und Tradition ist die Religion" (Avi Primor in seinem Buch

„Terror als Vorwand" – Droste Verlag, 2004). Die jüdische Religion hatte im Unterschied zu den anderen monotheistischen Religionen wie dem Christentum und dem Islam nie einen Drang zu Weltmission, sondern verordnet sich selbst ein geschlossenes und verbindliches Lebensprogramm, das den Alltag im Detail regelt.

Das hat auch den Charakter des Staates Israel bestimmt, doch begann in den letzten Jahren die nicht-religiöse Mehrheit (etwa 75 Prozent bezeichnen sich als areligiös) gegen die Vorschriften, manche sagen „Tyrannei", der Rabbiner zu revoltieren. Mitglied der Regierungskoalition von Sharon war übrigens eine kleine Partei namens Shinui, deren Programm die Lockerung des religiösen Griffs auf das Leben der Israelis ist.

Doch die Einheit von Leben und Religion – manche würden das Fundamentalismus nennen – war über beinahe 200 Jahre die große Möglichkeit, ihre Identität auch in der Diaspora zu bewahren – gleichzeitig aber auch Vorwand für furchtbarste Verfolgungen des „fremden Volkes".

Zurück zur Siedlungsgeschichte: Die relativ wenigen Juden, die in ihrer Heimat verblieben waren, kamen ab dem Jahr 395 unter christliche Oberhoheit. Das Römische Reich wurde geteilt, das Heilige Land fiel an Ostrom (Byzanz) und das Christentum war Staatsreligion. Die Mutter des ersten christlichen Kaisers, Konstantin, die spätere heilige Helena, reiste nach Jerusalem und fand binnen kürzester Zeit die heiligen Stätten des Christentums: das heilige Grab, Golgatha (beide Orte sind in der heutigen Grabeskirche in Jerusalem keine 20 Meter voneinander entfernt) und in Bethlehem die Geburtsgrotte. Auf Golgatha wurden drei Kreuze gefunden und durch Kontakt mit einer Toten, die wiedererweckt wurde, das „wahre" Kreuz Christi entdeckt. Seither sind Millionen zu diesen heiligen Stätten der Christenheit gepilgert.

Die byzantinische Herrschaft wurde für ein kurzes Zwischenspiel durch die Perser beendet. Aber bereits 634 n. Chr., also sehr bald nach der „Hedschra", der Flucht Mohammeds und dem Beginn der islamischen Zeitrechnung wurde das Land von muslimischen Arabern erobert, die es auch nachhaltig besiedelten. Araber bildeten die Mehrheit der Bevölkerung. Auf dem Tempelberg in Jerusalem, dem ver-

bliebenen Fundament des zerstörten Tempels (die westliche Stütz-
mauer ist die so genannte „Klagemauer"), wurden zwei zentrale
Heiligtümer des Islam errichtet: Um 700 der so genannte Felsendom,
dessen goldene Kuppel alle Fotos von Jerusalem dominiert und etwa
20 Jahre später die Al-Aqsa-Moschee. Die Bedeutung von Jerusalem
für die Muslime ergibt sich daraus, dass der Prophet Mohammed in
einer Nachtreise dorthin versetzt wurde.

1099 erschienen die christlichen Kreuzritter vor Jerusalem, stürm-
ten die Stadt und richteten unter den Einwohnern, auch den Juden,
ein schauerliches Massaker an, wie es ihre Gewohnheit war. Die
nächsten beiden Jahrhunderte existierten im Heiligen Land Kreuz-
fahrerstaaten, ehe der Islam in Gestalt des (kurdischen) Feldherrn
Saladin die Macht der „Franken" so schwächte, dass sie sich zwar
noch rund 100 Jahre halten konnten, ehe es dann 1291 endgültig aus
war.

Ab 1517 übernahmen die Türken die Macht und behielten sie 400
Jahre lang – bis zum Zusammenbruch des Osmanischen Reiches im
Ersten Weltkrieg.

Nun begann wieder eine gewisse jüdische Einwanderung, aber die
Bevölkerungsmehrheit bestand aus arabischen Bauern. Auch die Zahl
der Juden stieg an (Flucht vor der Verfolgung im katholischen Spanien), aber auf nicht mehr als etwa 15.000 (bei einer Gesamtbevölkerung von 300.000).

Im 19. Jahrhundert begannen sich die Engländer, die Franzosen
und die Russen intensiver für das Heilige Land zu interessieren –
hauptsächlich aus kolonialistischen Gründen und um das bröckelnde
türkische Imperium zu beerben. Die Franzosen ernannten sich zur
Schutzmacht der katholischen Christen, Protestanten gab es kaum,
also boten sich die Juden als Schützlinge und Instrument der britischen Weltreichs-Ambitionen an.

Der berühmte Satz „Ein Land ohne Volk für ein Volk ohne Land"
stammt nicht etwa, wie oft fälschlich angenommen, vom Begründer
der zionistischen Idee, Theodor Herzl, sondern von Lord Shaftesbury, einem einflussreichen britischen Philantropen, der als erster
dem jüdischen Volk der Diaspora eine Heimstatt im alten Land bieten wollte (was die assimilierten britischen Juden, vor allem die wirt-

schaftlich erfolgreichen, dankend ablehnten). Shaftesbury war von seinem Bibelverständnis her motiviert und somit der erste christliche Zionist (ähnlich wie die unter der Regierung Bush ziemlich einflussreiche christliche Rechte in den USA, für die die Wiederkehr Christi durch die Schaffung eines Israel in den biblischen Grenzen beschleunigt wird – allerdings müssten sich die Israelis taufen lassen).

Ende des 19. Jahrhunderts wurde in Europa der Nationalismus zu einer mächtigen politischen Idee, in Deutschland und Österreich verfestigte sich der Antisemitismus zu einer starken politischen Bewegung, und im zaristischen Russland (das sich bis weit ins heutige Polen erstreckte) kam es regelmäßig zu wüsten Pogromen. Die zionistische (Zion = Jerusalem) Einwanderungsbewegung nach Palästina erhielt einen kräftigen Schub. Mit finanzieller Unterstützung hauptsächlich von Rothschild begannen die jüdischen Einwanderer, vornehmlich aus Russland, Land zu kaufen – meist von abwesenden arabisch-türkischen Landlords. Sie traten damit in Konkurrenz zu den kleinen arabischen Landpächtern vor Ort – die erste Station in der Auseinandersetzung zweier konkurrierender Völker um dasselbe Stück Land.

Den Türken waren die Vorgänge in Palästina ziemlich gleichgültig. Inzwischen vergrößerte sich die Zahl der zionistischen Immigranten stetig. Von 1882, dem ersten Jahr einer größeren Einwanderungsbewegung, bis zum Beginn des Ersten Weltkrieges 1914 erhöhte sich die Kopfzahl der Juden von 24.000 auf 85.0000. Die palästinensischen Araber wuchsen von 426.000 auf 600.000 (die Gesamtbevölkerung von 450.000 auf 685.000). Träumten die Einwanderer von einem eigenen Staat? Herzls Schlüsselwerk hieß „Der Judenstaat". Aber inmitten des immer noch gewaltigen Osmanischen Reiches, das sich über Syrien, den heutigen Irak, das heutige Jordanien und den Libanon sowie über die gesamte arabische Halbinsel erstreckte (aus Südosteuropa und Kreta exklusive der europäischen Türkei waren die Osmanen erst mit dem Balkankrieg 1912 hinausgeworfen worden), hätte jede ernstliche Unabhängigkeitsbestrebung nur in einer blutigen Niederschlagung enden können. Die jüdischen Siedler warteten ab – organisierten sich aber von Anfang an besser als die lokalen palästinensischen Araber.

Erst mit dem Beginn des Ersten Weltkrieges und dem damit verbundenen Umbruch in der gesamten Region erhielten die Entwicklungen ihre entscheidende Dynamik. Die Fundamente für die heutige Situation wurden nun wirklich gelegt.

Die Türkei beging den fatalen Fehler, 1915 an der Seite der Mittelmächte Deutschland und Österreich-Ungarn in den Krieg einzutreten. Damit bot sie sich den großen Kolonialmächten Frankreich und England, vor allem England zur Demontage und Verteilung an. Großbritannien hatte Ägypten und den Suezkanal zu schützen, die entscheidende Verbindung nach Indien. Palästina war daher zu erobern und zu besetzen. Gleichzeitig spannten die Briten die arabische Unabhängigkeitsbewegung für ihre Ziele ein. Der „Aufstand in der Wüste" („Lawrence von Arabien") war zwar militärisch drittrangig, aber die Araber sahen ihn als Vehikel für ihre Pläne: ein großarabisches Reich, das selbstverständlich auch Palästina enthalten hätte.

Die Briten ließen sie in diesem Glauben, sicherten sich aber zusätzlich ab, indem sie den Juden eine „nationale Heimstätte" in eben jenem Palästina versprachen. Keinen Staat, wohlgemerkt, sondern eben eine Art Zufluchtsort. 1917 übermittelte Außenminister Balfour dem Vertreter der „Zionistischen Föderation", Lord Rothschild, einen Brief, in dem die Regierung seiner Majestät erklärt, sie betrachte die Errichtung einer nationalen Heimstätte „mit Wohlwollen" und werde ihr Bestes tun, um dieses Ziel zu erreichen. Die Rechte nichtjüdischer Einwohner Palästinas dürften natürlich nicht geschmälert werden.

Damit hielt England den Arabern die Karotte eines panarabischen Reiches und den Juden die der weiteren Einwanderung und Ausbreitung in Palästina vor die Nase. Im Dezember 1917 marschierte der britische General Allenby in Jerusalem ein (er stieg beim Jaffa-Tor vom Pferd, weil er „als Pilger" kommen wollte; Jahre vorher hatte der deutsche Kaiser Wilhelm II. die Pforte erweitern lassen, weil er hoch zu Roß bleiben wollte).

Mit dem Ende des Krieges zerstoben die Träume der Araber. Keine gesamtarabische Unabhängigkeit: die Kolonialmächte teilten das Türkische Reich unter sich auf. Nur die Arabische Halbinsel wurde unabhängig – und von der Familie Saud übernommen. Um der Sache einen Namen zu geben, erhielten die Kolonialmächte die Gebiete vom neugeschaffenen Völkerbund als Mandat, eine Vormundschaft über die für nicht als reif erachtete Bevölkerung. Wobei das Mandat im Falle Palästinas ausdrücklich die Verwirklichung der „nationalen Heimstatt" für die Juden erwähnt.

## Der Kampf zweier Völker um ein Land

Allerdings begann in den zwanziger Jahren des 20. Jahrhunderts bereits der gewaltsame Widerstand der palästinensischen Araber gegen jüdische Einwanderer und die Einwanderung. Die Briten stiegen auf die Bremse. Die Zionisten schluckten das und arbeiteten im Stillen weiter an der Vorbereitung für die eigene Staatlichkeit. Die Araber revoltierten und träumten weiter von einem großen panarabischen Reich als Endziel. Damit begingen sie einen strategischen Fehler: sie richteten sich nach einem ebenso großartigen wie unrealistischen Ziel aus. Der illusorische Panarabismus band Kräfte, die die palästinensischen Araber besser in die innere Stärkung und Vorbereitung eines eigenen, kleineren, aber realistischen Gemeinwesens investiert hätten. Sie versäumten schon damals die Chance auf einen eigenen Staat „Palästina".

Der arabische Widerstand äußerte sich stattdessen unkoordiniert und brutal-chaotisch in Form mehrerer Pogrome gegen die Juden, das Schlimmste in Hebron 1929. Die britische Regierung setzte 1937 eine Kommission ein, um das Problem zu bewältigen – die empfahl die Teilung des Landes. Das wollte man denn doch nicht und außerdem nahte der Zweite Weltkrieg. Der bot den Arabern nun wieder eine Chance: die Briten bremsten – ausgerechnet zur Zeit schlimmster Verfolgung der Juden in Europa – die jüdische Einwanderung, um die Araber zu besänftigen. Die reagierten, in dem sie aufs falsche Pferd setzten, auf das nationalsozialistische Deutschland. Der Mufti von Jerusalem reiste sogar zu Hitler, um mit ihm die beste Methode zur Eliminierung der Juden zu besprechen.

Während eine „jüdische Brigade" in den Reihen der britischen Armee kämpfte, begannen zionistische Extremisten unter dem späteren Premier Menachem Begin bereits 1944, also noch vor Kriegsende, mit terroristischen Aktionen gegen die Briten. Parallel lief ein Kleinkrieg Araber–Juden–Briten. Da außerdem die Zeit des Antikolonialismus angebrochen war und die Engländer sogar Indien, das Juwel in der Krone, aufgaben, wollten sie nun auch das lästige Palästina loswerden. Vor allem auch deshalb, weil die Verhinderung der weiteren Einwanderung nach dem Holocaust und gegen die Empörung der Weltöffentlichkeit moralisch nicht aus- und durchzuhalten war. Die Briten gaben auf und legten das Problem im Schoß der neugegründeten UNO ab.

Die hatte wieder ein Patentrezept: Teilung. Im November 1947 segnete die Vollversammlung den Teilungsplan für Palästina ab. Die Juden, nun schon etwa 600.000, sollten 55 Prozent bekommen, die 1,3 Millionen palästinensischen Araber 45 Prozent. Für die Juden war allerdings hauptsächlich ein großes Stück Wüste (Negev) vorgesehen, darüber hinaus ein schmaler Küstenstreifen von höchstens 20 km Breite, etwa von Tel Aviv im Süden bis Haifa im Norden und rund um den See Genezareth. Den Arabern sollte Gaza, das heutige Westjordanland und zwei Enklaven an der Küste um Jaffa und Akko gehören. Jerusalem sollte international verwaltet werden.

Es wäre ein äußerst problematisches Gebilde geworden, aber es erhielt keine Chance auf Verwirklichung. Die Zionisten hatten dem Plan zugestimmt – nicht, weil sie ihn für so großartig hielten, sondern weil er erstmals einen eigenen, wenn auch aus zionistischer Sicht noch so unvollkommenen Staat bot. Den würde man akzeptieren, aufbauen und dann konnte man weitersehen.

Die Palästinenser begingen einen weiteren historischen Fehler. Sie lehnten die Teilung rundweg ab. In ihrer Sicht der Dinge gab es nicht den geringsten Grund, Gebiete, auf denen sie seit Jahrhunderten siedelten, plötzlich abzutreten und statt in einem arabischen Großreich nun in einem Fleckenteppich von Kleinstaat zu leben, noch dazu in unmittelbarer, verflochtener Nachbarschaft mit einem jüdischen Staat, der die bevölkerungspolitische und damit wirtschaftliche Dynamik für sich hatte.

Die palästinensischen Araber entschlossen sich – nicht zum letzten Mal – zur totalen Ablehnung. Mehr noch, sie begannen unmittelbar nach dem Beschluss der UN den bewaffneten Kampf. Ein paar tausend arabische Freiwillige aus den Nachbarländern und die Palästinenser begannen einen Freischärlerkrieg, der zunächst den Juden (vor allem in Jerusalem mit 100.000 jüdischen Einwohnern) stark zusetzte. Die jüdischen Kampfgruppen schlugen sofort zurück. Zunächst war es ein Kampf von bewaffneten Milizen auf beiden Seiten, mit unvermeidlichen negativen Folgen für die Zivilbevölkerung beider Parteien. Umgekehrt versuchten aber auch die arabischen Streitkräfte so viel Land wie möglich in die Hand zu bekommen und die Juden von dort zu vertreiben. Sie hatten nur sehr viel weniger Erfolg damit.

Der über 80-jährige israelische Friedensaktivist Uri Avnery, der in der „Haganah", der größten israelischen Kampfgruppe, diente, hat ein überaus dichtes und pointiertes Handbuch zusammengestellt, das „Wahrheit gegen Wahrheit" heißt und in dem versucht wird, die beiden völlig unterschiedlichen „Narrative" (nationale Erzählungen) der Israelis und der Palästinenser einander gegenüberzustellen und zu bewerten (www.uri-avnery.de – „101 neue Thesen"). Auch wenn man Avnerys Pazifismus nicht unbedingt teilt, so ist seine Darstellung doch ein brillanter Versuch, die „Tyrannei der Mythen", nämlich der Mythen auf beiden Seiten, darzustellen und dadurch möglicherweise auch aufzubrechen. „Das Verhalten von jeder der beiden Konfliktseiten wird durch ihr historisches Narrativ, die Art und Weise, wie sie die 120-jährige Geschichte des Konflikts wahrnehmen, bestimmt", schreibt Avnery. Die zionistische historische Version und die palästinensische Version widersprechen einander völlig – sowohl allgemein, als auch in fast jeder Einzelheit".

Seit Beginn des Konflikts bis zum heutigen Tag habe „die zionistische/israelische Führung in totaler Nichtbeachtung des palästinensischen Narrativ gehandelt. Selbst dann, wenn sie eine Lösung erreichen wollte, waren solche Bemühungen zum Misslingen verurteilt, weil die nationalen Aspirationen, Traumata, Ängste und Hoffnungen des palästinensischen Volkes ignoriert wurden. Etwas Ähnliches geschah auch auf der anderen Seite, auch wenn es keine Symmetrie zwischen beiden Seiten gibt. Die Schlichtung eines solch langen historischen Konflikts ist nur dann möglich, wenn jede Seite in der Lage ist, die psychisch-politische Welt der anderen Seite zu verstehen und bereit ist, mit der anderen Seite auf gleicher Augenhöhe – ebenbürtig – zu sprechen."

Dazu auch Primor: „Beide Seiten haben nicht die geringsten Bemühungen unternommen, etwas von der Kultur, Tradition und Geschichte des anderen zu verstehen. Beide Völker, Israelis und Palästinenser, lebten zusammen, aber Rücken an Rücken. Der Begriff ‚Haram Al-Sharif‘, wie die Moslems den Tempelberg nennen, ist den meisten Israelis überhaupt nicht bekannt. Und dessen religiöse Bedeutung schon gar nicht. Genausowenig verstehen die Palästinenser die Israelis. Sie lernen nichts über jüdische Geschichte, kennen das Alte Testament, die Grundgeschichte des israelischen Volkes nicht. Sie sind skeptisch, wenn sie die Erklärungen der Juden hören, dass die moslemischen Tempel in Jerusalem auf dem Boden des biblischen jüdischen Tempels stehen, sie sich somit auf dem heiligsten und historisch bedeutendsten Ort der jüdischen Geschichte befinden."

Unbestritten ist: Die Araber haben 1947/48 die Feindseligkeiten eröffnet. Unbestritten ist auch, dass sie die in Palästina errichtete zionistisch-jüdische Struktur „vernichten" wollten. Das hätte, im Falle des Erfolgs, das geheißen, was eine „ethnische Säuberung" immer heißt: direkte Ermordung von Tausenden, vielleicht Zehntausenden Menschen, Austreibung von Hunderttausenden, was stets auch mit weiteren Todesopfern verbunden ist. Was hätten die Araber mit Hunderttausenden Juden gemacht? Sie in Lager zusammengepfercht und dann in Richtung Sinai und Ägypten geschickt? Nicht ganz unwahrscheinlich (wenngleich die internationale Gemeinschaft da wohl eingegriffen hätte).

Es kam nicht so, weil sich die Israelis durchsetzten, auch gegen die Armeen der fünf arabischen Staaten Ägypten, Libanon, Syrien, Jordanien und Irak, dazu kleine saudische und jemenitische Kontingente, die ab 15. Mai, dem Tag der israelischen Unabhängigkeitserklärung durch Ben Gurion, versuchten, den arabischen Brüdern zu Hilfe zu kommen. Den Israelis gelang es, ein zusammenhängendes Gebiet für sich zu sichern, das größer war als ihr vorgesehener Anteil nach dem UN-Teilungsplan. Es hat im Wesentlichen die Form von Israel heute: der Norden, der Küstenstreifen und die Wüste Negev. Das Westjordanland blieb arabisch: Es bildete (und bildet) eine große Ausbuchtung, sodass an der schmalsten Stelle zwischen dem Westjordanland und dem Meer Israel nur 15 km breit ist. Jerusalem lag an der Waffenstillstandslinie („grüne Linie") und war geteilt.

## Die Staatsgründung mit Flucht und Vertreibung

Was vorher Palästina gewesen war, zerfiel nun in den Staat Israel, in das Westjordanland, das die Jordanier annektierten und den Gaza-Streifen, der unter ägyptische Verwaltung kam. Und was war mit den Juden und den Arabern geschehen, die vorher in Palästina gelebt hatten? Uri Avnery: „Fast keine Araber blieben in den von den Juden eroberten Gebieten und überhaupt keine Juden in den von Arabern eroberten Gebieten. Weil jedoch die von den Juden eroberten Teile sehr groß waren und die von den Arabern eroberten Teile nur sehr klein (wie der Etzion Block und das jüdische Stadtviertel in der Altstadt von Jerusalem), war das Ergebnis einseitig."

Soll heißen: rund 750.000 palästinensische Araber waren entweder geflüchtet oder vertrieben worden. Sie flohen entweder in arabische Nachbarstaaten, ins arabisch gebliebene Westjordanland oder in den Gaza-Streifen. Das war die „Nakba" (Katastrophe), das traumatische Erlebnis der palästinensischen Nationalgeschichte, der Grundvorwurf der Palästinenser und der gesamten arabischen Welt an die Israelis.

War es eine systematische Vertreibung oder eine Massenflucht aus einer Kriegszone? Der Neue Antisemitismus votiert selbstverständlich für „brutale Vertreibung". („Die Israelis haben es ja auch nicht anders gemacht als die Nazis.") Die seriöse historische Forschung spricht von einer Mischung aus kalkulierter Vertreibung, „normaler" Flucht vor Kampfhandlungen, Flucht durch Aufforderung der eigenen arabischen Führer – und Flucht nach israelischen Kriegsverbrechen. Von Einheiten der rechtszionistischen Gruppen wie etwa der Irgun wurden Massaker an der Zivilbevölkerung verübt, vor allem im April 1948 im Dorf Deir Yassin mit 250 Toten (und scheußlichen Begleitumständen). Weniger verbrecherische Methoden waren das

Entwurzeln von Ölbaumen und Obstplantagen und die Zerstörung von Häusern.

Der israelische Historiker Benny Morris, der an der Ben Gurion-Universität in Bersheeba lehrt, hat in den achtziger Jahren die „Nakba" unter enormer innerisraelischer Kritik aufgearbeitet und nachgewiesen, dass es eben Flucht *und* Vertreibung war. Er hat aber eine scharfe gedankliche Kehrtwendung gemacht und meint heute angesichts des Verhaltens der radikalen Palästinenser, dass die Vertreibung notwendig war: „Israels Verbrechen müssen in einem historischen Zusammenhang gesehen werden. Das heißt im Kontext eines langen Krieges, in dem Israel von seinen arabischen Nachbarn angegriffen wurde, ein Prozent seiner Bevölkerung verlor – wenn Sie das auf Deutschland umrechnen würden, hätten Sie 800.000 Tote –, und zwar mit dem Ziel seiner Vernichtung. Es war ein Krieg, in dem bewaffnete Milizen gegeneinander kämpften und Verbrechen begangen wurden: Dörfer, Städte wurden erobert, es gab keine Kriegsgefangenenlager, in die man Gefangene hätte schicken können. Und wenn man diesen Krieg mit anderen Bürgerkriegen vergleicht, dann hat sich die Haganah (die israelische Armee) relativ ordentlich verhalten" („Süddeutsche", 27. April 2004)

Morris bestreitet in einer stark revidierten Neuauflage seines Buches von 1988 („The Birth of the Palestinian Refugee Problem Revisited"; Cambridge Middle East Studies, 2003), dass die israelische Führung damals „eine systematische Politik der Austreibung angenommen und durchgeführt hätte" – sonst lebten heute nicht etwa eine Million Araber als Bürger des Staates Israel. Zahlreiche zionistische Führer, darunter Ben Gurion, hätten allerdings eine „ethnische Säuberung" zumindest diskutiert und sie akzeptiert, als sie durch die Kriegsereignisse, aber eben auch durch „israelische Verbrechen" Realität wurde: „Im April 1948 geht von Ben Gurion eine Botschaft des ‚Transfers' (Zwangsumsiedlung – Anm.) aus. Es gibt keinen expliziten schriftlichen Befehl, es gibt keine geordnete, umfassende Politik, aber es gibt eine Atmosphäre des (Bevölkerungs-)Transfers. Die Transfer-Idee ist in der Luft. Die gesamte Führung versteht, dass das die Idee ist. Das Offizierskorps versteht, was man von ihm erwartet" („Haaretz", 9. Januar 2004).

Dann sagte Morris in dem Interview, das in Israel enormes Aufsehen erregte, die Staatsgründung sei ohne die Entwurzelung der Palästinenser nicht möglich gewesen. Es gäbe Umstände in der Geschichte, wo ethnische Säuberungen gerechtfertigt seien. Die Alternative wäre die „Vernichtung" der Juden gewesen.

Wagt man ein (vorläufiges) Urteil in diesem Dickicht von historischer Forschung und aktueller Polemik, dann könnte es so aussehen: Die palästinensisch-arabische Führung ging mit dem negativ formulierten Kriegsziel einer Verhinderung einer jüdischen Staatsgründung in die Auseinandersetzung und kalkulierte hohe Verluste bei der jüdischen Zivilbevölkerung stillschweigend ein. Im Falle eines Sieges wäre es sicher zu Massakern und zu Vertreibungen mit sehr vielen Folge-Opfern gekommen. Eine kleine Minderheit im Status zweitklassiger Bürger hätte man sicher in Palästina belassen, schon um die Weltgemeinschaft nicht zu einer Intervention zu zwingen. Ein zweiter Holocaust wäre es nicht geworden, aber eine weitere jüdische Tragödie auf jeden Fall, und einen jüdischen Staat als Fluchtburg für die Juden der Welt hätte es nicht gegeben.

Das israelische Kriegsziel war hingegen positiv formuliert und klar: Gründung eines eigenen Staates, Eroberung von so viel Territorium wie möglich, möglichst strategisch günstig gelegen. Für die Vertreibung der Palästinenser gab es keinen „Masterplan". Dass Ben Gurion eine „Atmosphäre des Transfers verbreitete", wie Morris erklärt, mag eine gewisse Wahrscheinlichkeit haben, aber es gibt keinen Beweis dafür. Zweifellos wurden aber Dörfer und Landstriche gewaltsam oder durch Drohungen geräumt, wenn es die „militärische Notwendigkeit" verlangte. Wenn die Araber aus Furcht oder angeleitet durch die eigene Führungsschicht (die als erstes flüchtete) ihre Dörfer und Städte verließen, umso besser. Wenn vereinzelte Gräueltaten der extremistischen zionistischen Gruppen das noch beschleunigten, dann wurde das zwar nicht gebilligt, aber auch nichts unternommen, um die Flucht zu verhindern oder gar rückgängig zu machen. Es wurde auch nach Kriegsende überhaupt nichts Nennenswertes unternommen, um die Flüchtlinge zurückzuholen. Etwa vierhundert verlassene Dörfer wurden zerstört, an ihrer Stelle entstanden zum Teil israelische Siedlungen. Wer geblieben war, konnte bleiben (hatte aber jahrzehntelang im jüdischen Staat nur einen zweitklassigen Status als Bürger).

Am Ende des israelischen Unabhängigkeitskrieges beherrschte Israel 78 Prozent des ehemaligen Mandatsgebietes „Palästina". Von 1,4 Millionen Palästinensern, die das Mandatsgebiet zuletzt bewohnt hatten, waren etwa die Hälfte geflohen oder vertrieben worden. Der Neue Antisemitismus nennt das „Völkermord". Bei nüchterner Betrachtungsweise war es das Ergebnis eines Krieges um ein Stück Land, den die Seite, die ihn begonnen hatte, gründlich verloren hat.

Gibt es etwas, was die Palästinenser anders hätten tun sollen? Sie hätten spätestens mit dem Teilungsplan einen eigenen Staat anstreben können, so wie es die Israelis taten. Damit wäre ihre internationale Stellung weitaus stärker gewesen, sie hätten die Kräfte der eigenen Gesellschaft – vielfach noch im Clan-Denken verhaftet – besser für ein gemeinsames Ziel mobilisieren können. Die Juden hatten ein klar umrissenes Ziel, die Staatsgründung, für das sie bereit waren, bis zum Letzten zu kämpfen. Das Ziel der Araber war diffus: die Juden irgendwie loswerden, ohne genau zu wissen wie; oder sie an der Staatsgründung zu hindern mit der vagen Aussicht, dann mit einer deutlich geringeren Zahl von ihnen irgendwie weiterzuleben. Die Juden wollten den Staat, der ihnen geboten wurde, wie unvollkommen er ihnen auch erschienen sein mag; die Araber wussten nur, dass sie das Angebot nicht wollten, aber nicht, was sie stattdessen wollen sollten. Teil eines arabischen Großreichs sein? Anschluss an Syrien?

Die Frage wurde für sie gelöst. Jordanien annektierte nach Kriegsende das Westjordanland, das nunmehr größte verbliebene palästinensische Siedlungsgebiet. Gut behandelt wurden die Palästinenser aber weder von Jordanien, noch von den anderen arabischen Staaten, in die sie sich geflüchtet hatten. Sie müssen dort noch heute in Flüchtlingslagern leben. Diese Erfahrung mit der Solidarität der arabischen Brüder führte schließlich zur Entstehung eines eigenen palästinensischen Nationalbewusstseins. Die Gründung der „Palestine Liberation Organization" (PLO) im Jahr 1964 ist dessen erster Ausdruck. 1969 übernahm Jassir Arafat mit seiner Unterorganisation „Al Fatah" praktisch die Führung der PLO. Guerillaaktionen und Terroranschläge gegen Israel folgten.

Inzwischen hatte sich die Lage der Palästinenser aber noch einmal dramatisch verschlechtert, denn mit dem Krieg von 1967 („Sechs-Tage-Krieg") gerieten nun auch ihre verbliebenen Hauptsiedlungsgebiete innerhalb des alten Palästina unter israelische Kontrolle. Der damalige ägyptische Präsident hatte diesen Krieg in einem schwer verständlichen Akt der Irrationalität provoziert, indem er im Sinai Truppen aufmarschieren ließ und die Straße von Tiran (Rotes Meer, Zugang zum Hafen Eilat) mit Schiffen blockierte. Israel schlug blitzschnell und vernichtend zu, drang bis an den Suezkanal vor, eroberte die syrischen Golan-Höhen und vor allem das Westjordanland und Gaza. Das seit 1948 geteilte Jerusalem war nun vollkommen in israelischer Hand.

Israel hatte damit nicht mehr 78 Prozent, sondern hundert Prozent von Mandats-Palästina unter Kontrolle. Allerdings bestand die „Beute" auch aus den palästinensischen Arabern in der Westbank und in Gaza, deren Zahl heute auf rund 3,1 bis 3,5 Millionen angestiegen ist (davon etwas über eine Million in Gaza).

Israel hatte aber mit seinem atemberaubenden militärischen Sieg auch den Erfolg der Staatsgründung von 1948 wieder fast aufgehoben: nämlich die Etablierung eines ganz überwiegend jüdischen Staatsgebietes.

Heute, fast 40 Jahre später, ist die Situation im Prinzip unverändert: Israel beherrscht militärisch und verwaltungstechnisch in etwa das Gebiet des britischen Mandats-Palästina zwischen Jordan und Mittelmeer. Ein Teil davon ist der Staat Israel, ein anderer – Westjordanland und Gaza – sind die „besetzten Gebiete". Israel übt über das ganze Gebiet die militärische und zum Teil auch die verwaltungstechnische Gewalt aus, es bildet also – trotz immer neu aufflackernder heftiger palästinensischer Gegenwehr – insgesamt einen israelischen Herrschaftsbereich.

Bevölkerungspolitisch gesehen ist dieses Gebiet aber fast eine Rückkehr zum Palästina vor dem Krieg 1948: Israelis und Palästinenser sind stark untereinander vermischt. Im Staat Israel leben selbst etwa fünf Millionen Israelis jüdischer Abstammung – aber auch rund eine Millionen arabischer Israelis. Deren Loyalität ist zwar nach wie vor gegeben, aber sie darf nicht überstrapaziert werden.

In den besetzten Gebieten wiederum, vor allem im Westjordanland, leben rund 230.000 israelische Siedler in rund 200 Siedlungen unter mehr als drei Millionen Palästinensern.

Betrachtet man also das gesamte Gebiet zwischen Jordan und Mittelmeer als eine – von Israel beherrschte – Einheit, dann hat sich Israel eine Situation geschaffen, die der in den dreißiger und vierziger Jahren des vorigen Jahrhunderts vor der Staatsgründung verzweifelt ähnelt: starke geographische Vermischung zweier Völker, die einander feindselig gegenüberstehen.

## „Facts on the Ground"

Warum haben die Israelis diese Situation geschaffen? Oder, konkreter, warum hat es die besetzten Gebiete seit 1967 nicht nur behalten, sondern dort auch noch einen massiven Siedlungsbau vorangetrieben?

Dafür gibt es zwei Motive zweier Gruppen: die gemäßigten in der israelischen politischen Szene errichteten „Wehrsiedlungen" in den besetzten Gebieten als Schutz gegen Überfälle der Palästinenser auf Israel selbst. Dass dieses Konzept nicht wasserdicht war, zeigt die Reihe der Selbstmordanschläge in Jerusalem oder Tel Aviv. Aber die israelische Linke begann mit den Siedlungen und hat sie auch fortgeführt, sobald sie (wieder) an der Regierung war.

Das Motiv der israelischen extremen Rechten ist ein anderes: neuerliche Landnahme. Die biblisch-fundamentalistischen Siedlerbewegungen und -parteien betrachten „Juda und Samaria" historisch richtig als das eigentliche „Eretz Israel", das Land der (Ur)Väter. Die Küstenebenen, aus denen der Staat Israel zu einem großen Teil besteht, waren der Sitz der antiken Philister, der Feinde Israels. Die extreme (religiöse und nichtreligiöse) Rechte Israels will also im Westjordanland ungehindert siedeln und einige, darunter auch Regierungsmitglieder, reden ungeniert von einer Austreibung der Palästinenser nach Jordanien.

Aber selbst Gemäßigte in Israel reden nicht von „besetzten Gebieten", die eben nur zeitweise von Israel kontrolliert und eines Tages wieder zurückgegeben werden, sondern von „umstrittenen" Gebieten, deren Eigentümerstatus nicht geklärt ist und auf die die Palästinenser jedenfalls nicht ein automatisches Anrecht haben.

Als die rechte Likud-Partei, der auch Sharon angehört, 1977 erstmals an die Regierung kam, gewann die Besiedlung massiv an Schwung. Siedler erhielten große finanzielle Vorteile, weshalb auch die Mehrzahl der etwa 230.000 Siedler nicht unbedingt religiös-nationalistisch motiviert ist, sondern einfach billige Häuser eine Stunde Fahrzeit vom Arbeitsplatz in Jerusalem und anderswo haben will. Aber die Extremisten unter den Siedlern (darunter viele Einwanderer aus den USA) geben politisch den Ton an.

Es gibt solche und solche Siedlungen – ein paar Vorposten mit Wohncontainern oder ausgewachsene Kleinstädte auf Hügeln, die auf die Palästinenser im Tal hinterblicken. Die meisten der großen Siedlungen wie Maale Adumim konzentrieren sich nahe der Waffenstillstandslinie („grüne Linie") zu Israel. Aber einige andere, wie Kirjat Arba, liegen mitten im Westjordanland.

Sharon gilt seit Jahrzehnten als „Vater der Siedlerbewegung", er hat in allen seinen Positionen, die er im Laufe seiner langen Karriere einnahm, ob Agrarminister, Verteidigungsminister, Wohnbauminister, als Zuständiger für Handel und Infrastruktur, ohne Unterlass gefördert, Geldmittel abgezweigt – vor allem im Westjordanland, aber auch in Gaza. Im April 2004 besuchte er Maale Adumim und erklärte, Israel werde die größeren Siedlungen im Westjordanland „niemals aufgeben". Er sagte den Siedlern: „Eure Häuser werden weitergebaut als Teil Israels, für die Ewigkeit."

Das bedeutet aber die „ewige" Aufrechterhaltung der Herrschaft über die Palästinenser, denn die Siedlungen müssen geschützt werden und das geht nur mit einer israelischen Militärpräsenz und mit einer Aufrechterhaltung oder sogar Verstärkung des Netzes von nur für Siedler und das Militär zugängliche Straßen, für Außenposten – Checkpoints, Razzien usw. Das bedeutet auch, dass die Palästinenser keine Souveränität über ihre Grenzen haben. Auch im Osten, am Jordan, würden nach den Vorstellungen Sharons israelische Stützpunkte bleiben.

Und nicht nur nach den Vorstellungen Sharons. Sein Vorgänger als Premierminister, Ehud Barak von der Labour-Partei, hatte 2000 in

Camp David mit Clinton einer Regelung zugestimmt, wonach etwa 97 Prozent der besetzten Gebiete den Palästinensern für ihren Staat überlassen worden waren. Auch die Aufteilung Jerusalems und der Zugang zu den heiligen Stätten war schon geregelt (der Tempelberg minus Klagemauer wäre an die Palästinenser gefallen). Arafat ließ die Verhandlungen trotzdem platzen. Möglicherweise, weil er immer noch von „ganz Palästina" träumt; und/oder, weil er einen Staat bloß auf dem Territorium der besetzten Gebiete bei seinen eigenen Radikalen nicht durchgebracht hätte. Aber offiziell ist Camp David (und danach Taba) daran gescheitert, dass die Israelis auch über den neuen Staat Palästina eine Sicherheitsherrschaft mitsamt ständiger Militärpräsenz verlangten, der mit echter Souveränität nicht vereinbar war.

Die Wahlplattform der Likud schloss überhaupt ausdrücklich einen Palästinenserstaat aus: „Die Palästinenser können ihr Leben frei im Rahmen der Autonomie führen, aber nicht als unabhängiger und souveräner Staat."

Jedenfalls schuf die Siedlerbewegung mit Unterstützung aller israelischen Regierungen „facts on the ground", territoriale Tatsachen, die schließlich im Frühjahr 2004 von der Schutzmacht Israels, den USA, als solche anerkannt wurden. Sharon war es in einem diplomatischen Coup gelungen, Präsident George W. Bush zu bewegen, die „Facts on the Ground" anzuerkennen: Größere Siedlungen müssten nicht mehr abgebaut werden. Das Rückkehrrecht der geflüchteten Palästinenser sei illusorisch. Nach kurzem Widerstand stimmte die Regierung Bush dann auch dem weiteren Ausbau bestehender Siedlungen zu. Damit waren die Hoffnungen der Palästinenser auf einen „zusammenhängenden, lebensfähigen Staat", den ihnen Bush noch im Juni 2003 bei einem Nahost-Gipfeltreffen im jordanischen Akaba versprochen hatte, schwerst beeinträchtigt.

Manche Analytiker glauben allerdings, dass Sharon mit dem Beschluss, Siedlungen aufzugeben, und sei es nur im vergleichsweise unwichtigen Gaza, willentlich oder unwillentlich die Tür für weitere Konzessionen geöffnet hat. Ein Kommentator von „Haaretz" verglich Sharon mit General de Gaulle, der gerufen wurde, um Algerien für die Franzosen zu retten und dann das genaue Gegenteil tat.

# Auch die Palästinenser brauchen ein „neues Denken"

Falls das nicht stimmen sollte, was eher anzunehmen ist, so muss man sagen, dass hier die Grenzen der Solidarität mit der israelischen Politik ein Ende haben muss. Auch und gerade im Interesse Israels, das mit einer ewigen Besatzung seinen demokratischen – und auch seinen jüdischen – Charakter zu verlieren droht.

Aber auch von den Palästinensern ist zu verlangen, dass sie etwas tun, um mehr Glaubwürdigkeit zu erlangen.

Sie könnten damit beginnen, ein wirklich funktionierendes Gemeinwesen aufzubauen. Die Palästinenser waren praktisch seit der ersten zionistischen Einwanderungswelle den Juden unterlegen, weil sie sich nicht so gut organisieren konnten. Die Zionisten schufen neue Strukturen, die Araber verharrten in ihrer Stammesgesellschaft, im Clan-Denken. Das ist heute noch nicht viel anders – nur dass statt der relativen Armut, die vor Jahrzehnten herrschte, zumindest für die Führungsschicht ein relativer Wohlstand entstanden ist, genährt vor allem durch Subventionen der reichen arabischen Staaten und der EU.

Arafat und seine Clique haben aber das Geld nicht dazu verwendet, um eine funktionierende Infrastruktur aufzubauen, sondern um Korruption, Vetternwirtschaft, blutige interne Machtkämpfe, bewusst aufgespaltene „Sicherheitsdienste" und Selbstmord-Attentate zu finanzieren. Arafat, der ewige Revolutionär, sieht nicht ein, dass er seiner Herrschaft Legitimität verschaffen müsste, um Vertrauen zu schaffen. Der Abzug der Israelis aus Gaza sei „die Chance, unser Haus sauber zu machen und der internationalen Gemeinschaft zu zeigen, dass wir uns selbst regieren können", sagte Abu Mohammed, ein Sprecher der „Al Aqsa-Märtyerer-Brigaden" zu „Newsweek" im August 2004. In Wahrheit haben die Palästinenser niemals ihre eigene nationale Befreiungsbewegung wirklich in die Hand genommen, sondern sie einer Vielzahl von sektiererischen Fanatikern, korrupten „ewigen Revolutionären" und Clan-Chefs überlassen. Letztlich müssten sich die Palästinenser sehr ernsthaft die Frage stellen, ob sie nicht ewig unterlegen sein werden, solange sie keine halbwegs erkennbare demokratische Struktur aufgebaut haben. Geistige Unfreiheit bedeutet immer geistige und damit auch längerfristig materielle Unterlegenheit. Die Palästinenser teilen mit den übrigen Arabern den grundsätzlichen Defekt ihrer Gesellschaftsstruktur. Feudalismus, Militärherrschaften, Despotien, Unfreiheit insgesamt sind ein Rezept für Unterentwicklung und Schwäche. Und wenn die Freiheit der Frau darin besteht, sich auch mit anderen in die Luft zu sprengen, dann kann daraus für die Zukunft dieser Gesellschaft nur Unheil entstehen. Auch die Palästinenser brauchen ein „neues Denken".

Eine zweite Möglichkeit, die vielen Palästinensern, und nicht nur ihnen, allerdings absurd erscheinen mag, wäre eine Abkehr vom Terrorismus und eine völlige Umstellung des Befreiungskampfes auf gewaltlose Methoden.

Es wurde von den internationalen Medien wenig beachtet, aber in letzter Zeit begannen sich palästinensische Führungseliten für die Möglichkeit eines gewaltlosen Widerstandes zu interessieren. Über Initiative von palästinensischen und israelischen Friedensgruppen wurde Arun Ghandi, der Enkel von Mahatma Ghandi, dem Apostel des gewaltlosen Widerstandes, nach Ostjerusalem eingeladen, wo er in Abu Dis, einem arabischen Vorort, der durch die Mauer zerschnitten wird, gemeinsam mit ein paar Tausend Demonstranten und dem palästinensischen Premierminister Achmed Qurei, eine Versammlung abhielt. Ghandis Botschaft wurde von vielen mit Skepsis aufgenommen. Sein Großvater habe Erfolg bei der Befreiung Indiens gehabt, weil die Israelis keine Briten seien, die sich relativ zurückgehalten hatten. Sie scheuten sich nicht, in unbewaffnete Demonstranten hineinzuschießen und später zu sagen, es wären gesuchte Terroristen darunter gewesen.

Aber vielleicht sollte sich die palästinensische Befreiungsbewegung weniger Ghandi zum Vorbild nehmen als den Befreiungskampf der Osteuropäer gegen den Kommunismus. Es begann in Polen mit der „Solidarnosc" und friedlichen Massendemonstrationen. Es dauerte noch zehn Jahre, bis der Funke auch in die DDR, Ungarn und die Tschechoslowakei übersprang. Aber als Hunderttausende und schließlich mehr als eine Million auf den Straßen von Ostberlin und Prag demonstrierten, wagten die kommunistischen Machthaber nicht mehr, den Feuerbefehl zu geben. So wurde die sowjetische Fremdherrschaft abgeschüttelt, die noch 35 Jahre zuvor den ungarischen Aufstand blutig niedergeschlagen hatte.

Selbstverständlich sind die Voraussetzungen im Nahen Osten andere. Schon rein physisch hätten die Palästinenser Schwierigkeiten, Demonstrationen von mehreren hunderttausend Menschen zusammenzubringen, weil das System der Sperren und Kontrollen in den besetzten Gebieten das zunächst unterbinden würde. Aber das kann mit einer entsprechenden Organisation nicht unmöglich sein.

Würde das israelische Militär in eine friedliche Massendemonstration schießen? Möglicherweise ja. Aber selbst dann muss das Experiment noch nicht gescheitert sein. Die radikalen Palästinenser sagen, die Attentate seien die einzige Möglichkeit für sie, Aufmerksamkeit für ihr Los zu erregen. Beständige, wiederholte, nicht nachlassende Massendemonstrationen der Palästinenser würden das nicht? Vor allem würden sie die israelischen hardliner in schwere Ratlosigkeit versetzen – und der gemäßigten Mehrheit in Israel zeigen, dass das palästinensische Volk in seiner großen Mehrheit nicht (mehr) auf Gewalt setzt.

Die britische Herrschaft in Indien und das kommunistische Imperium in Osteuropa ist freilich nicht allein deshalb gestürzt, weil die Massen auf die Straße gingen, sondern weil die Grundvoraussetzungen für eine weitere Aufrechterhaltung der Herrschaft nicht mehr gegeben waren. Die Briten und die Sowjets hatten ihre Macht überdehnt.


## Demographische Zeitbombe

Genau das, so könnte man argumentieren, ist bei den Israelis der Fall. Wenn sie versuchen, weiter die Herrschaft über ein paar Millionen Palästinenser zu behalten, dann geraten zwei Identitätsmerkmale des Staates Israel in Gefahr: sein jüdischer Charakter und seine demokratische Substanz.

Das sagen nicht nur linke und liberale Israelis. Sharons Stellvertreter als Premierminister, der frühere Likud-Bürgermeister von Jerusalem, Ehud Olmert, erregte den Ärger Sharons mit seiner Aussage vor Siedlervertretern: „In Zukunft wird es nötig sein, mehr Siedlungen in Judäa und Samaria (Westjordanland) zu evakuieren – nicht weil es gerecht ist, sondern weil es keine andere Wahl gibt, wenn wir ein jüdischer und demokratischer Staat bleiben wollen." Letztlich müssten Zehntausende der 230.000 Siedler, die im Westjordanland und im Gaza-Streifen leben, abziehen. Er warnte vor einer demographischen Zeitbombe, sollte Israel den Palästinensern angesichts ihrer Bevölkerungsentwicklung keinen eigenen Staat geben.

Das Problem ist schon seit längerem bekannt: 2002 berichtete der Vorsitzende des Nationalen Sicherheitsrates, General Uzi Dayan, dass beim Anhalten der jetzigen Populationsentwicklung im Jahr 2020 die Juden eine Minderheit zwischen dem Jordan und dem Mittelmeer sein werden.

Derzeit leben rund 5,1 Millionen Juden in dem Gebiet von Mandats-Palästina, der weitaus größte Teil in Israel, aber 230.000 bis 250.000 im Westjordanland. Dazu kommt rund eine Million israelischer Staatsbürger arabischer Abkunft. Dazu rund 1,7 Millionen Palästinenser im Westjordanland und 1,4 Millionen in Gaza. Die Geburtenrate der Palästinenser ist mit 3,4 Prozent eine der höchsten der Welt (die Israelis haben 1,4 Prozent). Selbst bei forcierter Einwanderung ist das nach Ansicht von Experten für Bevölkerungsentwicklung nicht aufzuholen.

Wenn Israel also darauf besteht, die Herrschaft über die besetzten Gebiete lange aufrechtzuerhalten, dann werden im Jahr 2020 rund 15 Millionen Menschen zwischen Jordan und Mittelmeer leben, von denen aber nur 45 Prozent Juden sind.

Doch selbst wenn sich Israel aus den Gebieten zurückziehen sollte, bleibt das Problem der arabischen Israelis: sie sind schon eine Million (gegenüber fünf Millionen jüdischer Israelis) und ihre Geburtenrate ist doppelt so hoch. Womit auch der jüdische Charakter des Staates Israel allmählich relativiert wird.

Ist „israelisch" automatisch „jüdisch"? Eine Gruppe von 38 Persönlichkeiten des öffentlichen Lebens, darunter etliche Historiker, Soziologen und Philosophen, haben an das Israelische Höchstgericht appelliert, um die Bezeichnung für „Nationalität" in ihren Personalausweisen (die jeder mit sich führen muss), von „Jüdisch" auf „Israelisch" abändern zu lassen. Das Innenministerium anerkennt 140 „Nationalitäten" , die im Identitätsausweis eingetragen werden können, darunter auch „Christlich" , „Muslim" und „Drusisch", also religiöse Bezeichnungen, aber eben auch „arabisch" und „jüdisch". Aber nicht „israelisch" (und auch nicht „palästinensisch")

Das widerspricht nach Ansicht der Petenten der modernen Auffassung von Nation, weil es sich  um einen Willensakt handelt, wenn jemand der „amerikanischen" , „französischen" usw. Nation angehören will, aber nicht um eine Frage der Abstammung oder des Glaubens.  Tatsächlich erscheint es logisch, auch israelische Staatsbürger arabischer Herkunft der israelischen Nation zuzurechnen – wenn man von der Abstammungsdefinition abgeht.

Das wiederum wirft aber Probleme auf, weil sich Israel ja als jüdischer Staat , mehr noch, sozusagen als Staat aller Juden in der Welt versteht. Das wiederum ist zu einem großen Teil religiös unterlegt, allerdings auch erst seit den letzten Jahrzehnten, als die Religiösen mehr Einfluss gewannen.  Jede Verlagerung hin von „jüdischem" zu „israelischem" nationalen Selbstverständnis gefährdet diese religiöse Grundierung.

Für manche in Israel ist das kein Problem, sondern eher eine wünschenswerte Entwicklung, weil das zionistisch-religiöse Erbe eine Modernisierung verhindert: „Der Spagat, den Israel heute versucht, droht das Land zu zerreißen", schreibt der deutsch-jüdische Autor Richard Chaim Schneider. „Es ist der Versuch, ein jüdisches Erbe zu konservieren unter den Bedingungen eines modernen, demokratischen Rechtsstaates. Der Verlust der Demokratie wäre auf alle Fälle das Ende Israels, so viel steht heute schon fest. Wie kann also das jüdische Erbe im 21. Jahrhundert bewahrt bleiben, ohne dass dies mit den Realitäten unserer Welt kollidiert und den kollektiven Selbstmord heraufbeschwört? Um diese Krise zu bewältigen, müsste jegliche Nostalgie über den Haufen geworfen werden. Die Religion müsste mit aller Macht aus der Politik in Israel verbannt werden. Die strikte Trennung von Staat und Synagoge ist ein Muss auch für das ethische Überleben des jüdischen Staates. Israel müsste sich endlich durchringen zu einer Verfassung, die mit den grundlegenden Werten der

Demokratie, nicht denen des Judentums allein, in Einklang steht. Religiöse Parteien wie die Schas müssten ebenso verboten werden wie die nationalreligiöse Mafdal. Letztere ist die Befürworterin der Siedlungspolitik, die die Sicherheit des Staates auf Dauer unterminiert und somit den staatlichen Interessen zuwider läuft, erstere strebt im Falle einer Mehrheit eine Theokratie an – führende Vertreter scheuen sich nicht, dies in aller Öffentlichkeit zuzugeben. Auf der Basis einer Verfassung hätte der Staat ein Instrument in der Hand, solche Parteien als verfassungswidrig einzustufen und zu verbieten" („Süddeutsche Zeitung", 27. März 2004).

Führt man den Gedanken weiter, kommt man zu der Frage, ob Israel es für sein Überleben unbedingt braucht, seinen dominant jüdischen Charakter beizubehalten. „Ethnisch rein" ist es ja wegen der Million arabischer Staatsbürger schon jetzt nicht. Aber das sind Überlegungen, die in eine sehr ferne Zukunft führen. Jetzt muss Israel seine Identität als überwiegend jüdischer Staat erhalten – gefährdet sie aber durch sein Festhalten an der Besatzung.

Avraham Burg, Abgeordneter der israelischen Labour-Partei, früherer Sprecher der Knesset, spricht überhaupt vom drohenden „Ende des Zionismus": „Die zionistische Revolution ruhte seit je auf zwei Säulen: einem gerechten Weg und moralische Überlegenheit. Keines von beiden trifft heute noch zu. Die israelische Nation stützt sich heute auf ein Gerüst der Korruption und ruht auf den Fundamenten von Unterdrückung und Ungerechtigkeit. Und weil das so ist, steht das Ende des Unternehmens Zionismus bereits an unserer Türschwelle. Zwischen dem Jordan und dem Mittelmeer gibt es keine klare jüdische Mehrheit mehr. Und darum, Mitbürger, ist es nicht möglich, das Ganze zu bewahren, ohne einen Preis dafür zu zahlen. Wir können nicht eine palästinensische Mehrheit unter unserem Stiefel halten und uns zugleich einbilden, die einzige Demokratie im Nahen Osten zu sein. Es kann keine Demokratie geben ohne gleiche Rechte für alle, die hier leben, Araber wie Juden. Wir können nicht die Gebiete behalten und eine jüdische Majorität erhalten – nicht mit Mitteln, die menschlich sind, moralisch und jüdisch."

# Kritik und Empathie

Niemand kann Israel besser kritisieren als die Israelis selbst. Die Europäer müssen aber auch sagen dürfen, was falsch und bedenklich erscheint an der israelischen Politik – solange das auf dem Fundament einer grundsätzlichen Solidarität geschieht. Sie müssen andererseits ihren palästinensischen oder arabischen Gesprächspartnern klarmachen, dass wir „keine Zweideutigkeiten aufkommen lassen, die vor dem Hintergrund unserer Geschichte ein großes Misstrauen auslösen würden" (Joschka Fischer). In Europa ist dem palästinensischen Selbstmordterror das Verständnis zu entziehen, er darf nicht als „Gegenterror" entschuldigt werden.

Und schließlich soll uns unsere Geschichte zu einer gewissen Demut raten: „Unsere Geschichte disqualifiziert uns nicht in Bezug auf moralische Urteile", sagt der britische Autor und Historiker Timothy Garton Ash, „aber sie mahnt uns zur Zurückhaltung."

Wahrscheinlich ist mehr notwendig als Zurückhaltung, nämlich Empathie, die gegenüber Israel offenbar im Schwinden ist. Ulrich Beck meint, vielleicht sei es heilsam, sich die Frage vorzulegen: „Wie würde ich werden, wenn ich täglich in Haifa mit dem Linienbus zur Arbeit fahren müsste? Man argumentiert in Europa anders als in Israel nicht – bildlich gesprochen – mit einem Linienbusticket in der Tasche. Wer als Deutscher – nicht nur, aber auch – die militante Politik der Regierung Sharon verurteilt, kann dies sehr wohl in tief empfundener Solidarität mit Juden und Israelis und im Dienste der Versöhnung tun. Vielleicht ist es aber dazu nötig, ein Linienbusticket in Haifa zu lösen."

# 4. Kapitel
## Die Bandbreite des Hasses

### Heutiger Antisemitismus: Definitionen, Beispiele, Analyse

Antisemitismus ist eine Wahnidee. Er hat keine Begründung und keine Berechtigung. Es gibt für rational denkende, der Demokratie und den Menschenrechten verpflichtete Bürger keine Gründe, den Antisemitismus in irgendeiner Form als Teil einer politischen Bewegung oder auch nur als private Denkweise für möglich oder in irgendeiner Form für erlaubt zu halten.

Dennoch ist der Antisemitismus weit verbreitet und versucht die Wahnidee Antisemitismus immer wieder in den Mainstream der demokratischen Politik eindringen zu lassen und dort eine meist verschleierte, meist geleugnete, aber heimlich wirksame Position zu erringen. Sie versucht schleichend oder überfallsartig eine Existenzberechtigung in der politischen Debatte zu erhalten, sich als etwas darzustellen, „worüber man ja offen diskutieren können muss", weil „es ja keine Denkverbote geben darf", weil „ja auch die Rolle der Juden kein Tabu sein darf". Der Begriff „political correctness" (PC) hat inzwischen eine eigene, verdrehte Bedeutung erlangt. Seitens der politischen Rechten wird vielen liberalen Politikern und Publizisten „political correctness" vorgeworfen, also übertriebene, ja sogar heuchlerische Rücksichtnahme auf Minderheiten und Fragen der Geschlechterpolitik. „Gutmenschen" missbrauchen die „Faschismuskeule" – das ist ein Vorwurf, den man öfters liest und hört. Sehr oft auch im Zusammenhang mit Juden und Antisemitismus. Wer auf solche Formulierungen stößt, hat bereits mit einem weitverbreiteten antisemitischen Gedankengang Bekanntschaft gemacht, der sich hinter scheinbarer demokratischer Offenheit tarnt.

Antisemitismus ist zugleich uralt und immer aufs neue „verjüngt". Er ist „wohl das älteste soziale, politische, kulturelle Vorurteil, das wir kennen", sagt Wolfgang Benz, der Leiter des renommierten „Zentrums für Antisemitismusforschung" an der TU Berlin. „Er ist so ziemlich weltweit verbreitet. Er arbeitet immer mit Konstrukten, mit Wahnvorstellungen, braucht keine realen Juden – bezieht sich nicht auf die realen Taten und Charaktereigenschaften von Juden. Das ist der große Irrtum, mit dem sich ja die Antisemiten aus der Affäre ziehen und sagen, die Juden sind ja selbst schuld. Es sind Projektionen, und dazu braucht es keine jüdischen Taten oder Untaten, um die Juden für irgendetwas zu verurteilen. Kein Jude hat im Mittelalter Brunnen vergiftet, aber sie wurden dessen beschuldigt. Kein Ritualmord ist je begangen worden, aber man warf ihnen regelmäßig vor, christliche Knäblein zu schlachten" (Interview mit dem Autor im Juni 2004).

Antisemitismus kann ein Bestandteil virulenter politischer Bewegungen sein – historisch im Nationalsozialismus, aktuell im radikalen Islamismus –, aber auch eine „harmlose" Haltung breiter gesellschaftlicher Schichten, vom Gebrüll der Fußball-Hooligans aus der Unterschicht bis zu den augenzwinkernden Andeutungen beim bürgerlichen Cocktail. Die politische Dimension und gleichzeitig das Ausmaß der Toxizität oder auch „Radioaktivität" des Antisemitismus wird von David Gall, dem Gründer und Betreiber der Website www.haGalil.com, anschaulich umrissen: „Antisemitismus ist das zentrale Merkmal fundamental-nationalistischer Weltanschauung – und damit Bindemittel unterschiedlichster Bewegungen, von Pamjat in Russland bis zum Ku-Klux-Klan in Amerika, von christlich-arischen Allianzen und islamistischen Fundamentalisten."

# Die traditionellen Rechtsextremen; die arabisch-muslimischen Radikalen; die europäischen Rechtspopulisten; die Neue Linke; „Wiedergeburt" in Osteuropa; von blanker Hasspropaganda bis zur Code-Sprache der Anspielungen

In diesem Kapitel soll der Versuch unternommen werden, einerseits unter Bezug auf neuere wissenschaftliche und politische Erkenntnisse zu definieren, was Antisemitismus überhaupt ist, andererseits seine – modernen – Spielarten mit Beispielen zu belegen.

Dabei steht der traditionelle, rechtsextreme Antisemitismus, der sich letztlich aus dem nationalsozialistischen Rassengedanken herleitet, nicht im Vordergrund. Diese rabiate Ausprägung der Judenfeindschaft existiert nach wie vor, sie taucht in einschlägigen Schriften, aber auch immer häufiger im Internet auf. Dieses Phänomen muss man nicht ausführlich beschreiben, weil die Identität mit dem historischen und bekannten Antisemitismus der Nazis praktisch zu hundert Prozent gegeben ist. Dieser braune Bodensatz ist letztlich eine Sache der Gerichte.

Interessanter, weil schwerer zu fassen und wohl auch wirkungsmächtiger, sind andere, aktuellere Spielarten des Antisemitismus. Im Vordergrund steht dabei der arabisch-muslimische Antisemitismus, der in den letzten Jahren sowohl unter den Immigranten in Europa wie auch in der muslimischen Welt enorm an Boden gewonnen hat. Hier handelt es sich fast immer gleichzeitig auch um Anti-Israelismus, also eine Feindschaft gegenüber dem Staat Israel und seinen jüdischen Bürgern, doch in den meisten der Fälle ist ein ganz klarer Antisemitismus darüber gelagert, der allerdings seine Bilder, seine „Argumente" und seine wahnhaften „Wahrheiten" über die Juden in sehr starkem Ausmaß aus dem traditionellen europäischen Antisemitismus und aus dem Nationalsozialismus bezieht.

So lassen sich vereinzelt in europäischen, aber recht häufig in arabischen Zeitungen Karikaturen und Artikel finden, in denen Israelis und Juden zwar mit den traditionellen „rassischen Merkmalen" wie aus der Nazi-Kampfzeitschrift „Der Stürmer" bekannt dargestellt werden, aber andererseits oft Nazi-Uniformen tragen, Nazi-Parolen von sich geben und im Text als Nachfolger der Nazis bezeichnet werden. Der auch in Europa bekannte Historiker Robert. S. Wistrich, Professor of Modern European and Jewish History an der Hebrew University in Jerusalem veröffentlichte 2002 im Auftrag des „American Jewish Committee" eine Studie mit dem Titel „Muslim Antisemitism – A Clear and Present Danger".

Wistrich sagt, besonders erschreckend am „neuen muslimischen Antisemitismus" sei, „dass er Symbole und Motive der klassischen europäischen antijüdischen Bigotterie und der Nazi-Propaganda übernommen hat. Wir sehen Illustrationen aus arabischen Medien mit Bildern von Juden mit Hakennasen oder als Teufelsfiguren, Israelis mit Hakenkreuzen oder solche, die das Blut von Kindern trinken. Hassliteratur wie etwa die notorische Fälschung aus dem 19. Jahrhundert (‚Die Protokolle der Weisen von Zion') wurden wiederbelebt und in zahlreichen Ausgaben in der arabischen Welt publiziert. Blutschuld – die Verleumdung, dass Juden das Blut von Nicht-Juden für rituelle Zwecke verwenden – erschien wieder aus dem Mund des syrischen Verteidigungsministers Mustafa Tlass; und in jüngster Zeit auch von einem saudi-arabischen Arzt in der saudi-arabischen Massenzeitung ‚Al-Riadh'".

Die Virulenz und Verbreitung primitivster antisemitischer Stereotypen, Verschwörungstheorien und auch das Ausmaß der Holocaust-Leugnung ist ein nicht abzustreitendes Faktum der arabisch-muslimischen Welt, auch und gerade unter den Eliten, auch und gerade unter den „Gemäßigten". So sehr man den Muslimen und den arabischen Völkern, vor allem auch den Palästinensern ein Recht auf Selbstbestimmung und Teilnahme an der wirtschaftlichen und politischen Entwicklung zugestehen muss, so sehr muss man auch wünschen, dass sich die arabischen Eliten, die geistigen wie die politischen, von diesen abstoßenden und vor allem vollkommen kontraproduktiven Hassbildern lösen. Eine gedeihliche Entwicklung ist nur in einem Klima der Rationalität, des offenen Diskurses auch der eigenen Schwächen möglich. Die antisemitischen Bilder, die im arabischen Geistesleben und sogar in den großen Zeitungen gemäßigter arabischer Regierungen wie der Ägyptens auftauchen, verraten eine fatale Neigung, die Schuld an der eigenen Rückständigkeit und Schwäche einer finsteren jüdisch-amerikanischen Weltverschwörung zuzuschreiben.

Ein weiterer Aspekt ist die zumindest punktuelle Zusammenarbeit europäischer Rechtsextremer mit arabisch-muslimischen Radikalen, wenngleich diese neue „Waffenbrüderschaft" über keine besonders breite und organisierte Basis zu verfügen scheint.

Sozusagen auf der Extremismus-Skala eine Stufe darunter zeigen sich bei rechtspopulistischen Politikern im deutschen Sprachraum immer wieder Anknüpfungspunkte mit arabischen Radikalen, wobei ein gemeinsamer, zumindest unterschwelliger Antisemitismus im Spiel ist. Wenn z. B. Jörg Haider zur Verteidigung seiner Kontakte mit dem gestürzten irakischen Diktator und Massenmörder Saddam Hussein vorbringt, es gäbe in der ganzen Region keine „richtige" Demokratie, also auch in Israel nicht, ist das dann Antisemitismus? Am 5. November 2002 sagte Haider im ORF: „Saddam Hussein weiß, dass ich ein wirklicher Freund des arabischen Volkes bin. Und ich würde bezweifeln, ob in Israel Demokratie herrscht. Da unterscheidet sich der Irak in nichts."

Das ist Antisemitismus, weil Israel zwar als Demokratie sehr beträchtliche Defizite hat (allein was die Behandlung der eigenen israelischen Staatsbürger betrifft), aber doch unzweifelhaft die einzige grundsätzlich funktionierende Demokratie im Nahen und Mittleren Osten darstellt. Spricht man Israel aber, wie Haider und andere, dem Land diesen Status ab, dann relativiert man auch die Existenzberechtigung des israelischen Staates.

Jörg Haider ist im übrigen ein klassischer Vertreter des „sekundären Antisemitismus" nach 1945 in Europa, der eine Abwehr- und Verleugnungsreaktion auf den Holocaust ist, aber mit den Mitteln der versteckten Anspielung und mit Code-Wörtern arbeitet, weil offener Antisemitismus in (West-)Europa politisch nicht mehr möglich ist. Haider „fand" relativ spät zum Antisemitismus, sozusagen schon in der Neige seiner Karriere. Mit seinen einschlägigen Äußerungen beschäftigt sich dieses Kapitel besonders ausführlich, weil sie ein Paradebeispiel sind für den modernen Code-Antisemitismus der Anspielungen in Europa. Den sozusagen klimatischen Hintergrund dazu bietet eine ausführliche Untersuchung jahrzehntelanger antisemitischer Untertöne in dem äußerst erfolgreichen und politisch sehr einflussreichen österreichischen Massenblatt „Kronenzeitung", das pro Kopf der Bevölkerung genommen die größte Zeitung der Welt sein dürfte. Hier findet sich bei zwei sehr prominenten Meinungsträgern (Kolumnisten) des Blattes durchgängig „sekundärer Antisemitismus", wofür vom Autor dieses Buches 2004 vor Gericht mit einer umfänglichen Dokumentation der Wahrheitsbeweis erfolgreich angetreten wurde.

Ähnlich wie Haider versuchten auch andere rechtspopulistische Politiker des deutschen Sprachraumes mit codiertem Antisemitismus zu punkten. Die Fälle Jürgen Möllemann und Jamal Karsli werden ebenso ausführlich erörtert und in ihrer Relevanz für die politische Szene am Beginn des neuen Jahrhunderts untersucht wie der Fall des (inzwischen ausgeschlossenen) CDU-Abgeordneten Martin Hohmann.

Für manche überraschend ist die Debatte darüber, ob auch unter den eher linken, vor allem globalisierungskritischen Kräften in Europa ein Anti-Israelismus zu registrieren ist, der nicht selten die Grenze zum Antisemitismus überschreitet – manchmal allerdings eher unbewusst. Dieses Phänomen ist neu – hier verschmilzt „Anti-Imperialismus" (gegen USA und Israel) mit „Anti-Kapitalismus". Die Globalisierungskritiker selbst sahen offenbar die Notwendigkeit, einige ihrer (jüngeren) Aktivisten über die Notwendigkeit scharfer begrifflicher Trennung und die Gefahren einer unreflektierten Denkweise aufzuklären. Die „Attac"-Bewegung sah jedenfalls die Notwendigkeit, nach etlichen Vorfällen die Gefahr des Antisemitismus der globalisierungskritischen Linken intensiv und präventiv zu thematisieren.

Auf den Straßen Osteuropas kann man ohne größere Schwierigkeiten krass antisemitische Literatur kaufen, nicht nur in Russland oder der Ukraine, sondern auch in jenen Staaten, die soeben der EU beigetreten sind. Hier erlebt ein zum Teil ganz alter Antisemitismus des Ostens eine bedenkliche und in seinen Ausmaßen nicht völlig abschätzbare „Renaissance". Die Erscheinung an sich und die möglichen Auswirkungen auf das Klima in der EU und darüber hinaus wird am Schluss dieses Kapitels behandelt.

## Grundsätzliche Definitionen – moderne Spielarten

Lässt sich Antisemitismus überhaupt exakt definieren? Der Kernpunkt aller Definitionsversuche ist die Einzigartigkeit „des Juden" als deutlich herausgehobene negative Figur mit typischen Eigenschaften oder „der Juden" als Kollektiv mit ebensolchen Merkmalen. Der deutsche Wissenschaftler Univ.-Prof. Dr. Dietz Bering von der Universität Köln erstellte aus Anlass einer Rede des Kärntner Landeshauptmannes Jörg Haider, am 28. Februar 2001 in Ried/Innkreis, die als „Aschermittwoch-Rede" einige traurige Berühmtheit erlangte, ein sprachwissenschaftliches Gutachten „über den antisemitischen Charakter einer namenspolemischen Passage" in der erwähnten Rede und kam dabei zu folgender Antisemitismus-Definition:

„I. Wesen des Antisemitismus: Antisemitismus ist eine aggressive, politisch akzentuierte Lebenseinstellung, die von der grundsätzlich nichtswürdigen Wesensstruktur der Mitglieder des jüdischen Volkes ausgeht. Dabei ist impliziert:

1. Juden sind nicht nur teilweise, sondern ihrer gesamten Natur nach schlecht.

2. Juden sind in allen ihren – eben nur negativen – Eigenschaften unverbesserlich.

3. Juden sind eben wegen dieser notwendig anwesenden Charaktermerkmale nicht eigentlich als eigenständige Individuen, sondern immer als Kollektiv zu betrachten.

4. Sie leben in dieser festgeschriebenen Negativität nicht abgeschieden für sich, sondern üben einen schlechten Einfluss aus auf die Gesellschaft, in der sie als eigentlich immer Wesensfremde leben. Dieser destruktive Einfluss, obwohl das gesamte Unheil des ‚Gastvolkes' hervorbringend, geschieht gleichwohl meist verdeckt, weil die Juden sehr häufig als normale Bürger des Landes (als Deutsche, Österreicher, Franzosen) getarnt sind. Beides – Einfluss und faktische Fremdheit – fordert also Aufdeckung, auf dass nach dieser Entlarvung das wahre, unveränderliche, also eigentlich klar ausrechenbare Wesen unkaschiert hervortritt."

Eine weiter gefasste, sehr brauchbare, übersichtliche Darstellung haben jene (anonymen) Autoren erarbeitet, die sich an der „freien Internet-Enzyklopädie" „Wikipedia" (www.Wikipedia.org) beteiligen. Wikipedia ist zwar als „offenes" System selbstverständlich anfällig für Fehler und sogar für „Hoaxes" (siehe „FAZ" vom 14. August 2004), aber es gibt gewisse Qualitätskontrollen und speziell die Antisemitismus-Definiton hält einer kritischen Betrachtungsweise ohne weiteres stand:

„Als Antisemitismus wird zum einen die allgemeine Feindseligkeit gegenüber den Juden bezeichnet, zum anderen die Herabsetzung der Juden anhand künstlich konstruierter physischer oder sozialer Bewertungskriterien. Diese beiden Elemente des Antisemitismus begründen sich gegenseitig. Antisemitismus benötigt daher keine externe Ursache, um sich selbst zu rechtfertigen. Er versucht sich aber in der Regel selbst aus zusätzlichen Faktoren zu legitimieren, die auf sozialen, ökonomischen, nationalen, politischen, ethnischen und religiösen Gebieten liegen können: Einzelne, objektiv oder subjektiv zu kritisierende Handlungen oder Einstellungen einzelner Juden, jüdischer Organisationen oder Gemeinschaften werden generalisiert, auf „die Juden" projiziert und zur Bestätigung einer antisemitischen Weltsicht herangezogen. Antisemitismus ist eine Form der rassistischen Diskriminierung im Zeichen einer von Vorurteilen geprägten Weltsicht."

Die Wikipedia-Definition nimmt auch in geraffter Form Bezug auf die historische Entwicklung: „Antisemitische Judenverfolgung hat eine lange Tradition, insbesondere im Geiste der antijudaistischen Ausprägung des Christentums. Auch wirtschaftlich und sozial motivierte Pogrome sind seit dem Ausgang des Altertums nachgewiesen. Der Begriff wurde 1879 von Wilhelm Marr als pseudowissenschaftlicher Ausdruck für das Wort „Judenhass" geprägt. Der bekennende Antisemit Marr ließ dabei außer Acht, dass u. a. auch arabische Ethnien als „Semiten" gelten. Das Wort Antisemitismus hat sich in der Folgezeit – ungeachtet der durch den Wortschöpfer Marr irrtümlichen etymologischen Verwurzelung – als allgemeiner Begriff für Judenfeindschaft durchgesetzt und hat keinen Bezug zu einer etwaigen „Araberfeindlichkeit". Zum Ende des 19. Jahrhunderts belegte der Begriff vor allen Dingen eine parteipolitisch orientierte Zielsetzung gegen einen vermeintlich übergroßen jüdischen Einfluss. Mit dem Aufkommen von darwinistischen Argumentationsketten gab sich der Antisemitismus im Gefolge von rassistischen Evolutionstheorien eine zunehmend biologistische Ausrichtung. Es war fortan nicht mehr die Rede von gesellschaftlichen Einflüssen des verhassten Judentums, sondern von der ‚Zersetzungskraft jüdischen Blutes'."

„Ende September 1879 rief Marr zur Gründung der ‚Antisemiten-Liga' auf. Der Name suggerierte eine Sammlungsbewegung gegen

„Semiten". Die Parteigründung hat sicherlich zur Popularität des Terminus Antisemitismus beigetragen, da dieser von nun an in zahllosen Pamphleten verwendet wurde. Aber auch die ‚Antisemiten-Petition' von 1880/81, die von 250.000 Bürgern unterzeichnet wurde und Standardforderungen der antisemitischen Propaganda enthielt, so beispielsweise die Forderung nach Ausschluss der Juden von öffentlichen Ämtern, half das Schlagwort Antisemitismus im ganzen Deutschen Reich zu verbreiten.

Ab 1881 wurde es als Sammelbegriff aller Arten und Ausprägungen judenfeindlicher politischer Haltungen und Handlungen verwendet, die zum ‚Berliner Antisemitismusstreit' führten. Zu dessen Protagonisten gehörte der konservative preußische Historiker Heinrich von Treitschke, der den verhängnisvollen, später von den Nationalsozialisten übernommenen Satz prägte: ‚Die Juden sind unser Unglück.' Ihm trat insbesondere der Historiker Theodor Mommsen entgegen, der sich scharf gegen die Judenfeindschaft wandte."

## „Antisemitismus ist die Gesamtheit judenfeindlicher Tendenzen"

Laut Wikipedia-Definition sind „Definition und Funktion des Begriffs Antisemitismus in der Wissenschaft heftig umstritten". Eine eindeutige Inhaltsbestimmung habe bislang nicht stattgefunden. Teilweise würden die Begriffe Antisemitismus, Antijudaismus und Judenfeindschaft wechselseitig verwendet. Andere Autoren subsumieren ohne zeitliche Differenzierung unter den Begriff Antisemitismus alle negativen Impulse gegen Juden, gelegentlich auch unter Verwendung von Attributen wie vormodern, religiös oder rassisch.

Nach Wolfgang Benz bedeutet Antisemitismus heute „die Gesamtheit judenfeindlicher Äußerungen, Tendenzen, Ressentiments, Haltungen und Handlungen unabhängig von ihren religiösen, rassistischen, sozialen oder sonstigen Motiven". Antisemitismus werde „als ein gesellschaftliches *Phänomen* verstanden, das als Paradigma für Bildung von Vorurteilen und politische Instrumentalisierung daraus konstruierter Feindbilder dient".

## Antisemitismus und Nationalsozialismus

Laut Wikipedia belegte zum Ende des 19. Jahrhunderts der Begriff Antisemitismus vor allen Dingen eine parteipolitisch orientierte Zielsetzung gegen einen vermeintlich übergroßen jüdischen Einfluss: „Mit dem Aufkommen von darwinistischen Argumentationsketten gab sich der Antisemitismus im Gefolge von rassistischen Evolutionstheorien eine zunehmend biologistische Ausrichtung. Es war fortan nicht mehr die Rede von gesellschaftlichen Einflüssen des verhassten Judentums, sondern von der ‚Zersetzungskraft jüdischen Blutes‘."

1924 verfasste Adolf Hitler in der Festungshaft sein autobiografisches und programmatisches Buch „Mein Kampf", in welchem er sich freimütig zum Antisemitismus bekennt (Hitler selber bezeichnet sich als Schüler des Wiener Bürgermeisters und antisemitischen Publizisten Karl Lueger) und eine Strategie entwickelt, den Antisemitismus politisch und militärisch mit dem Ziel der Vernichtung der Juden durchzusetzen. Dieser ist konstituierendes Element der Ideologie des Nationalsozialismus.

„Die Nationalsozialisten gaben dem Antisemitismus unter ihrem Regime eine zuvor nicht vorhandene Virulenz, die zur Planung und Durchführung der so genannten ‚Endlösung der Judenfrage‘ führte. Diese industriell organisierte Vernichtung des europäischen Judentums forderte über 6 Millionen Opfer. Aus der Sicht der Nachwelt steht das deutsche Nazi-Regime – auch bei taktischer Meidung der expliziten antisemitischen Selbstbenennung ab 1943 – für den unvermindert mörderischsten Antisemitismus der Zivilisationsgeschichte."

„Auch nach dem mahnenden Fanal des Holocausts ist der Antisemitismus weiter virulent, wie Anfeindungen und Anschläge weltweit immer wieder zeigen. In der Wahrnehmung der jüdischen Bevölkerung in der europäischen Diaspora gibt es in den letzten Jahren eine neuerliche Zunahme des Antisemitismus. Eine Reihe von kontrovers diskutierten soziologischen Untersuchungen zeigen zum Teil ganz unterschiedliche Zahlen zum latenten Volksantisemitismus, der sich im übrigen unterschwellig aus Vorurteilen und Ressentiments speist und vom militant manifesten Antisemitismus zu unterscheiden ist.

Aber auch im Nahen Osten und der arabischen Welt ist ein erneutes Anwachsen des Antisemitismus zu beobachten. Vielfach wird dies mit der unnachgiebigen Haltung der aktuellen israelischen Regierung im Konflikt mit den Palästinensern in Zusammenhang gebracht." Schließlich versucht die Wikipedia-Definition die verschiedenen verwandten Begriffe zu differenzieren:

„Heute wird von Antisemiten in der Regel versucht, den Antisemitismus nicht als solchen zu bezeichnen, sondern bestenfalls als ‚Antijudaismus', ‚Antizionismus' oder allgemeine Kapitalismuskritik. Im Unterschied zur allgemeinen Bezeichnung von Judenfeindschaft durch den Begriff Antisemitismus bezieht sich der Begriff ‚Antijudaismus' aber ausschließlich auf eine theologisch argumentierende Gegnerschaft zur mosaischen Religion. ‚Antizionismus' auf der anderen Seite bezeichnet eine politisch motivierte Gegnerschaft zum (jüdischen) Staat Israel. Dieser Differenzierung ungeachtet zeigen Antisemitismus, -judaismus und -zionismus nicht selten weitreichende Berührungspunkte. Die Bezeichnungsfrage ist ein zentraler Streitpunkt in der Antisemitismus-Debatte. Antizionistische und antisemitische Positionen kennzeichnen auch die deutschen Neonazis."

## Was „den Juden" ausmacht

Soweit die wikipedia-Definition. Aber was sind die „künstlich konstruierten physischen oder sozialen Bewertungskriterien", die den Antisemitismus ausmachen? Der österreichische Sprachwissenschaftler Alexander Pollak hat für den zweiten Bericht der EUMC („Manifestations of Antisemitism in the EU 2002–2003) eine ausgefeilte, umfassende Definition erarbeitet, in deren Mittelpunkt zunächst das Kriterium des antisemitischen Bildes vom „Juden an sich" steht:

„Wenn wir Gemeinsamkeiten zwischen den verschiedenen Herangehensweisen an eine Definition des Antisemitismus suchen, finden wir zwei wiederkehrende Aspekte:

1. Beinahe alle Definitionen des Antisemitismus beziehen sich auf feindselige Haltungen und/oder Aktivitäten gegen Juden.
2. Eine signifikante Nummer von Definitionen enthält die zusätzli-

che Bemerkung, dass Feindseligkeiten gegen Juden ‚als Juden'
gerichtet sind (Helen Fein: ‚Dimensions of Antisemitism'. Berlin;
New York 1987) oder gegen Juden ‚weil sie Juden sind' oder gegen
Juden ‚wegen ihrer tatsächlichen oder eingebildeten religiösen oder
rassischen Hintergründe, oder Identifizierung'.

Erst wenn die Bemerkung ‚als Juden' hinzugefügt ist, kommen
wir zu der grundsätzlichen Schlussfolgerung, dass man nur von
Antisemitismus sprechen kann, wenn Juden (oder Nicht-Juden)
angegriffen werden, weil sie Juden sind oder als solche angesehen
werden.

In der Vergangenheit wurden einige Eigenschaften, die man
gemeinhin Juden zuschrieb, für Antisemiten zum konstituierenden
Teil ihres (imaginären) ‚Juden'".

Pollak nimmt dann Bezug auf eine Studie, die er gemeinsam mit
Nina Eger als Analyse „der deutschen antisemitischen Literatur aus
den dreißiger und vierziger Jahren des vergangenen Jahrhunderts, das
ist aus der Periode des Nationalsozialismus, die ein kondensiertes Bild
des ideologischen Systems rassistischer, antisemitischer Überzeugun-
gen bietet" erstellte. Die Autoren arbeiteten sechs Kategorien der rassistischen, antisemitischen Stereotypen des „Juden" heraus:

Die ‚hinterlistige', ‚betrügerische', ‚schlaue' Natur ‚des Juden';
die ‚fremdartige' und ‚andere' Essenz ‚des Juden';
das ‚kommerzielle Talent' und ‚das Verhältnis zum Geld' ‚des
Juden' (Konstruktion ‚des Juden' als die schlimmstmögliche Inkar-
nation eines Kapitalisten);
die ‚korrupte' Natur ‚des Juden';
jüdische ‚Macht und Einfluss' und eine jüdische ‚Weltverschwörung'.

(Alexander Pollak und Nina Eger: Antisemitismus mit Anspie-
lungscharakter. In: Anton Pelinka, Ruth Wodak, Hrsg.: Politik der
Ausgrenzung; Czernin Verlag, Wien 2002).

Pollak meint, man könne zu diesen sechs Kategorien rassistischer
antisemitischer Einstellungen eine siebente hinzufügen, nämlich den
christlichen anti-judaistischen Mythos „des Juden" als ‚Christusmör-
der'".

Jedenfalls ist nach Pollak „für den Antisemiten ‚der Jude' wie in der oben geschilderten imaginären Figur, der (einzig) wirkliche Jude". Der amerikanische Wissenschaftler Brian Klug argumentiere, dass der Antisemitismus „am besten nicht als eine Haltung gegenüber Juden definiert wird, sondern als eine Definition ‚des Juden' und man den Antisemitismus als den Prozess betrachte, ‚mit dem Juden in Juden'" verwandelt werden.

## Der Kern des Antisemitismus

Demzufolge definiert Pollak den „Kern des Antisemitismus" wie folgt:
„Alle Handlungen oder Haltungen, die auf der Betrachtungsweise eines gesellschaftlichen Subjekts (Individuum, Gruppe, Institution) als (der hinterhältige, korrupte, verschwörerische etc.) Jude basieren.

An eine stereotype Konstruktion ‚des Juden' zu glauben, bedeutet in seiner extremsten Form, ein geschlossenes Glaubenssystem anzunehmen, wie ‚der Jude' ist und wie er die Welt manipuliert – ein Glaubenssystem, das keine Ausgangstür hat, weil alle Argumente gegen den Antisemitismus als Folge der jüdischen Macht und der jüdischen Weltverschwörung gesehen werden."

Mit dem Holocaust sei zwar der „klassische, der zum Bekenntnis wider die Juden neigende Antisemitismus zerstoben", konstatiert der Autor und Historiker Dan Diner. „Was bleibt, sind feine, aus der Zerfallsmasse des Begriffs hervorgegangene Partikel des Ressentiments, die sich in einer Art von Mehltau und in jeweils kulturell verschiedener Konsistenz über die jeweils inkriminierten, mit den Juden in Verbindung gebrachten Phänomene legen."

Geblieben sind jedenfalls Zustimmungsraten zwischen 20 und 35 Prozent bei Meinungsumfragen für Aussagen wie: „Die Juden sind zum Teil selbst dafür verantwortlich, dass sie gehasst und verfolgt werden" oder „Die Juden haben zu viel Macht in der Wirtschaft" (diverse Umfragen in Deutschland, Belgien, Österreich, Frankreich und den Niederlanden).

Dieser fein verteilte, verschämte und verdruckste Antisemitismus der „gesellschaftlichen Mitte" (der sich selbst meist gar nicht als antisemitisch begreift) bildet nach wie vor eine Konstante auch und gerade in den „aufgeklärten" Gesellschaften des Nach-Holocaust. Den Antisemitismus mit dem Rechtsextremismus in Verbindung zu bringen, sei nur die halbe Wahrheit, sagt Wolfgang Benz: „Antisemitische Manifestationen wie Friedhofsschändungen oder Attacken auf Personen gehen in der Regel auf rechtsextreme Antisemiten zurück. Aber ein viel größeres Feld ist der Alltags-Antisemitismus, also verdeckte Judenfeindschaft, die sich im Alltagsgespräch äußert. Dazu muss man überhaupt nicht rechtsextrem sein." Das gehe durch alle Gruppen: „Der Oberstudienrat kann genauso Judenfeind sein wie der Maurermeister oder der arbeitslose Hilfsarbeiter."

Nach der Erfahrung des Holocaust suchte man auch nach gesetzlichen Möglichkeiten, antisemitische Manifestationen gesetzlich zu bekämpfen. In der Bundesrepublik Deutschland können antisemitische Äußerungen nach dem Paragraph § 130 des Strafgesetzbuches unter dem Stichwort der „Volksverhetzung" verfolgt werden. In Österreich werden Tatbestände nach dem am 8. Mai 1945 beschlossenen und mehrfach novellierten „Verbotsgesetz" unter Strafe gestellt, wenn es sich um „Betätigung im nationalsozialistischen Sinn" handelt. Dazu gehören etwa eine vorteilhafte Darstellung der Gewaltmaßnahmen des Nationalsozialismus oder ein „Leugnen, gröbliches Verharmlosen, Gutheißen oder Rechtfertigen des nationalsozialistischen Völkermordes oder anderer nationalsozialistischer Verbrechen („Auschwitz-Lüge"). Weiters können antisemitische Äußerungen nach dem Verhetzungs-Paragraphen des Strafgesetzbuches (§ 283) verfolgt werden. Aber im Netz des Strafgesetzbuches fangen sich meist nur die primitivsten und grobschlächtigsten Verbreiter antisemitischer Schmähschriften.


## Nicht trotz, sondern wegen Auschwitz – sekundärer Antisemitismus nach 1945

Viel schwerer sind die fein verteilten Ressentiment-Partikeln zu fassen, auch und gerade wenn sie in den öffentlichen Diskurs einfließen.

Wobei gerade die Ungeheuerlichkeit des Vorganges „Auschwitz" bei nicht wenigen einen paradoxen Vorgang auslöst, den der Autor

Henryk M. Broder den „Antisemitismus nicht trotz, sondern *wegen* Auschwitz" genannt hat, weil die Täter und deren Erben permanent an ihre Untaten und zugleich an ihr Versagen erinnert werden. Jeder lebende und überlebende Jude ist Zeuge und Vorwurf zugleich" (Henryk M. Broder: „Der ewige Antisemit", Über Sinn und Funktion eines beständigen Gefühls. Frankfurt 1986).

Der deutsche Pädagogikwissenschaftler Horst Peter Gerlich bezeichnet das als „sekundären Antisemitismus" (in seiner Diplomarbeit „Sekundärer Antisemitismus in Deutschland nach 1989 – „Die Deutschen werden den Juden Auschwitz nie verzeihen", abrufbar unter www.fasena.de). Darunter sei „ein Antisemitismus wegen Auschwitz zu verstehen, der sich wiederum gegen jene wendet, die eben schon millionenfach von deutschen Tätern ermordet wurden. Ausgangspunkt dieser Form des Antisemitismus ist die ausgebliebene Auseinandersetzung mit dem Nationalsozialismus, dem Geschehen, für das Auschwitz steht und der deutschen Täterschaft." Der sekundäre Antisemitismus „beginnt mit der Verdrängung der Vergangenheit und ist zugleich eine Folge davon".

Er lasse sich „umreißen in den Versuchen, Auschwitz zu leugnen, zu relativieren, im Aufmachen von Schuldkonten, im Versuch der Schuldumkehr, in der Ignoranz und Gleichgültigkeit gegenüber dem Holocaust, im Schweigen über das Geschehen und der deutschen Beteiligung daran, sowie im Desinteresse an den Ermordeten und Überlebenden, die das Vergangene repräsentieren. Diese Form des Antisemitismus nach Auschwitz hat sich in Deutschland im Anschluss an den Sieg der Alliierten entwickelt. Er verfestigte sich mit der Gründung der Bundesrepublik Deutschland, deren Fundament: ,der große Frieden mit den Tätern' wurde."

Die diversen Ausprägungsformen, wie sie Gerlich präsentiert, sind wohl den meisten aus der öffentlichen und privaten Diskussion vertraut:

„Schuldabwehr bedeutet, die Schuld an Auschwitz zu leugnen, sie zu verkleinern, zu verlagern, sich von den Gräueln abwenden, sie aus dem Ich abspalten und die Verantwortung für die Schuld ablehnen.

Erinnerungsverweigerung, beinhaltet die Ablösung der Geschichte von einem selbst, das Desinteresse an der Geschichte der Opfer, das Schweigen bzw. bezuglose Reden über die NS-Vergangenheit.

Delegation der Moral an die Opfer und deren Nachkommen, was zu ambivalenten Gefühlen führen kann (Aufblicken, Angst, sich ‚richtig verhalten‘), welche auf einer narzisstischen Kränkung beruhen. Das kann neue Aggressionen gegen die Opfer auslösen.

Täter-Opfer-Umkehr, die Deutschen (analog ‚die Österreicher‘ – Anm.) sind die eigentlichen Opfer, z. B. von Krieg, Vertreibung, Nachkriegselend, sie leiden unter der ‚Last Deutscher zu sein‘, stilisieren sich zu Opfern und sehen Deutschland als von der Welt verfolgt.

‚Die Macht der Opfer‘, z. B. über die Geschichte, die ihnen ‚gehört‘, weil die Täter sich nicht erinnern, Angst vor der Rache der Juden, die das ‚Thema‘ Auschwitz jederzeit hervorholen können, um Deutsche zu verletzen.

Komplizenschaft mit den Eltern, durch Weitergabe der Verdrängung inklusive deren Antisemitismus, Wunsch nach positivem Selbstbild und positiver nationaler Identifikationsmöglichkeit.“

Was Gerlich hier schildert, ist eine innere Haltung. Wie sich diese in der öffentlichen Diskussion umsetzen lässt, um politische Ziele zu erreichen oder einfach nur den eigenen Vorurteilen Ausdruck zu geben, ist ein zweiter, vielleicht sogar wichtigerer Aspekt des „sekundären Antisemitismus“. Wichtiger deshalb, weil diese Form des Antisemitismus in der Politik oder in der publizistischen Debatte schwerer fassbar, auch schwerer gerichtlich verfolgbar ist – dieser sekundäre Antisemitismus arbeitet mit den Mitteln der Anspielung, auch des Wortspiels, mit Anklängen an alte nazistische oder rechtsextreme Schlagworte, Begriffe und Geisteshaltungen, die aber in einem modernen Kontext verwendet werden und dem Publikum, mit dem man sich im Einverständnis wähnt, augenzwinkernd dargereicht werden.

# Moderner antisemitischer Code
# in Deutschland und Österreich –
# Haider, Möllemann, Hohmann, „Kronenzeitung"

Gerade im deutschsprachigen Raum der letzten Jahre konnte der „sekundäre Antisemitismus" jedoch aus der Sphäre der „eleganten" Anspielungen beim bürgerlichen Cocktail oder aus der des Stammtisches ausbrechen und in die Kernbereiche der Politik eindringen.

Politiker wie der österreichische Landeshauptmann von Kärnten und De-facto-Chef der rechtspopulistischen Freiheitlichen Partei (FPÖ), der ehemalige Vize-Vorsitzende der deutschen FDP und ein Abgeordneter der deutschen CDU griffen zu diesem Mittel, um Wählerschichten zu motivieren, die teils zum eigenen Kernpublikum gehören, teils vom extrem rechten Spektrum herübergezogen werden sollten.

Alexander Pollak hat auch für diese verdeckte Form des modernen Antisemitismus eine Definition gefunden:

„Nachdem offener, unabgeschwächter Antisemitismus nach 1945 nicht mehr möglich war, entwickelten sich einerseits Formen der Verleugnung von Antisemitismus und zum anderen auch eine neue Sprache des Antisemitismus. Es entstand das, was in der Wissenschaft heute als ‚sekundärer Antisemitismus' bezeichnet wird. Die neuen antisemitischen Ausdrucksweisen basierten auf Andeutungs- und Anspielungsformen, die Bezüge zu weit verbreiteten antisemitischen Ressentiments herstellten und diese damit quasi in verschlüsselter und meist auch abgeschwächter Form reproduzierten. Die direkte, offene Artikulation von Antisemitismus war somit nicht mehr nötig, die Möglichkeit der Distanzierung quasi den neuen Artikulationsformen inhärent.

Ein weiterer zentraler Aspekt sekundären Antisemitismus ist die Tatsache, dass dieser sein ‚Aktionsfeld' ausgeweitet hat, sich in Ersatzhandlungen jenseits ‚klassisch' antijüdischer Angriffe/Anspielungen übt. So hat sich als ein Feld von antisemitischen Ersatzhandlungen, die Vergangenheitspolitik, der Umgang mit dem Nationalsozialismus etabliert. Etwa wenn ‚den Juden' Mitschuld an ihrer Vertreibung und

Ermordung gegeben wird, wenn einzelne jüdische Persönlichkeiten, wie Simon Wiesenthal, als gnadenlose Rächer dargestellt werden, oder wenn versucht wird, den Holocaust zu verleugnen bzw. zu verniedlichen.

Ein anderes Feld für antisemitische Ersatzhandlungen stellt der israelisch-palästinensische Konflikt dar. Antisemitismen finden hierbei ihren Ausdruck etwa in der Gleichsetzung von ‚den Israelis' bzw. ‚den Juden' mit ‚den Nazis', wenn es um die Beschreibung der israelischen Repressionspolitik gegenüber den Palästinensern geht" (Alexander Pollak: „Konturen medialen Antisemitismus in Österreich. Sekundärer Antisemitismus und die Neudefinition der öffentlichen Antisemitismusschwelle in den österreichischen Medien seit 1945"; in: http://www.contextxxi.at, 1/2001).

## „Der Herr Muzicant von der Kultusgemeinde"

Jörg Haider machte den Anfang – im Winter 2001. In einer Reihe von Äußerungen, die sich in ihrer antisemitischen Tendenz und polemischen „Qualität" steigerten, konzentrierte er sich vor allem auf den Präsidenten der Israelitischen Kultusgemeinde in Österreich, Ariel Muzicant, einen bekannten Immobilien-Unternehmer. Muzicant hatte im Gegensatz zu seinen Vorgängern an der Spitze der Kultusgemeinde als Vertreter der österreichischen Juden einen konfrontativen, selbstbewussten Stil gewählt und sich auch kritisch mit der ein knappes Jahr zuvor gebildeten Koalition aus der christlich-konservativen ÖVP und der FPÖ auseinander gesetzt.

Am 28. Februar 2001 hielt Jörg Haider seine so genannte „Aschermittwoch"-Rede im oberösterreichischen Ried im Innkreis, einem Kernland der FPÖ. Diese Rede war traditionell als polemischer Rundumschlag konzipiert: Fixpunkte bildeten die „Bürokraten in Brüssel", ausländische Politiker wie der „Westentaschen-Napoleon Chirac" oder: „Die Deutschen singen ja so gerne ein Lied: ‚Wir haben noch einen Koffer in Berlin' … Da meinen sie den Schröder, den sie dort haben … wenn man die ganze EU-Politik anschaut, dann könnte man ja wirklich sagen, 50 Prozent der EU-Politiker sind wirklich ‚Vollkoffer'." Und so weiter, wobei „Koffer" im österreichischen Dialekt so viel wie „Dummkopf" bedeutet.

Breiten Raum nahm die Wahl vom Oktober 1999 und die im Februar 2000 geschlossene Regierungskoalition zwischen ÖVP und FPÖ („schwarz-blau") ein: „die Linke" verlange vom österreichischen Wähler, „er müsste sich entschuldigen dafür, dass er diese Entscheidung getroffen hat":

„Und weil die Österreicher nicht mehr mitgespielt haben, sind sie dann international an ihre Freunde herangetreten und haben gesagt: ‚Liebe Freunde, bitte schön macht's die Sanktionen gegen Österreich', und der Herr Muzicant von der Kultusgemeinde in Wien hat noch sein Übriges gemacht, hat in ganz Amerika Rundschreiben mit dem jüdischen Weltkongress geschickt, wo er gesagt hat: ‚Jetzt müssen wir schon sammeln, weil unsere Mitbürger sind wieder bedrängt und müssen Österreich verlassen'. Der Herr Ariel Muzicant. Ich verstehe überhaupt nicht, wie wenn einer Ariel heißt, so viel Dreck am Stecken haben kann. Das verstehe ich überhaupt nicht. Aber ich meine, das ist eine andere Sache. Das wird er schon morgen kommentieren. Aber ich bin da nicht sehr schreckhaft in diesen Fragen. Ich glaube nur, dass alle diese Dinge uns bewusst sein müssen. Auch wenn es ein politischer Aschermittwoch ist. Der Hintergrund ist ja ein ernster, meine lieben Freunde."

Es handelt sich hier klar um eine Reihe von Anspielungen, die auf eine namens-antisemitische Schmähung hinauslaufen: „Ariel" ist sowohl der Name eines Waschmittels („weißer als weiß") wie der Name eines Luftgeistes in einem Shakespeare-Stück (der aber hier nicht in Betracht kommt) wie ein hebräischer Vorname („Ariel" Sharon). Haider unterstellt sozusagen, dass der Vorname mit dem Waschmittel identisch ist und verbindet das mit dem umgangssprachlichen Ausdruck „Dreck am Stecken", der so viel bedeutet wie „in schmutzige Affären verwickelt", „an üblen Geschäften beteiligt". Er will sagen: wie kann einer, der ohnehin notorisch schmutzig ist, einen „weißgewaschenen" Vornamen haben?

Der weitere Kontext dieser Redepassage ist das Motiv „Vaterlandsverräter", das Haider immer wieder, und nicht nur auf Muzicant bezogen, häufig gebraucht – verbunden mit der Forderung, Politiker, die die schwarz-blaue Regierung und die FPÖ im besonderen im Ausland kritisierten, sollten strafrechtlich verfolgt werden und ihr passives Wahlrecht verlieren.

Haider unterstellt – wahrheitswidrig –, „die Linke" hätte die anderen EU-Mitglieder aufgefordert, wegen der Regierungsbeteiligung jene „Sanktionen" gegen Österreich zu verhängen, die tatsächlich auf Betreiben vor allem von Staatspräsident Chirac, Kanzler Schröder, Außenminister Joschka Fischer und der belgischen Regierung mit Verhofstadt und dem Außenminister Louis Michel Ende Januar 2000 von den anderen 14 EU-Mitgliedern beschlossen wurden. Diese „Maßnahmen", im wesentlichen eine begrenzte Herabstufung der Beziehungen zu Österreich, hatten ihren Zweck verfehlt, Kanzler Schüssel davon abzuhalten, eine rechtspopulistische Partei in eine Regierung aufzunehmen, und sie wurden nach einigen Monaten auch wieder aufgehoben.

Haider, den die Maßnahmen aber persönlich getroffen und auch in seinem (von Schüssel empfohlenen) Beschluss bestärkt hatten, den Vorsitz der FPÖ zurückzulegen (um internationalen Druck von der Regierung wegzunehmen), kam auch in den folgenden Jahren immer wieder auf die „Verräter" zurück, die die Sanktionen in Österreich unterstützt hätten.

In der Aschermittwoch-Rede reihte er aber Ariel Muzicant in die Reihen der „Verräter" ein, indem er diesem unterstellte, bei seinen (jüdischen) Freunden in den USA und beim „Jüdischen Weltkongress" mit Sitz in New York Stimmung gegen Österreich gemacht zu haben.

Es war aber nicht das erste und nicht das letzte Mal binnen weniger Monate, dass Haider mit antisemitischen Stereotypen und Anspielungen gegen Muzicant vorging. Der politische Hintergrund war leicht zu erkennen: die Wiener Landtagswahl vom 25. März 2001, bei der die FPÖ wegen schwacher Kandidaten und der allgemeinen Diskussion über ihre rechtspopulistischen Ausfälle mit einem Stimmenverlust rechnen musste. Gleichzeitig lief aber auch eine österreichweite Debatte um die Entschädigung ausländischer Zwangs- und Sklavenarbeiter sowie um die ungenügende Restitution jüdischen Eigentums, beides aus der Zeit des Nationalsozialismus. Die ÖVP-

FPÖ-Regierung hatte sich im Prinzip zu einer Entschädigungsleistung bekannt (allerdings unter der Maßgabe, dass auch die vertriebenen Sudetendeutschen usw. finanziell bedacht würden).

Haider distanzierte sich in seiner Rolle als De-facto-Parteichef nicht ausdrücklich von dieser Entscheidung, polemisierte aber dafür umso intensiver gegen den Gedanken an sich:

Beim Neujahrstreffen der FPÖ am 21. Januar 2001 sagte er laut „Standard": „Wir haben andere Probleme, als ständig zu verhandeln, wie wir Wiedergutmachung zu leisten haben. Einmal muss Schluss sein." Und weiter: „Der Herr Muzicant ist erst zufrieden, bis man ihm auch jene 600 Millionen Schilling Schulden bezahlt, die von ihm in Wien angehäuft worden sind."

Hier unternahm Haider eine polemische Vermischung der Forderung nach Abgeltung zumindest für einen Teil „arisierten" Vermögens, das in den Nachkriegsjahrzehnten von mehreren österreichischen Regierungen nur höchst unvollständig zurückgestellt bzw. abgelöst worden war, mit der Verschuldung der jüdischen Gemeinde, die sich aus einem (zum Teil auch innerhalb der Gemeinde kritisierten) höheren Aufwand für diverse kulturelle Einrichtungen, aber auch für die notwendigen Sicherheitsmaßnahmen ergeben hatte.

Inzwischen war der Wiener Wahlkampf in Fahrt gekommen: Am 8. März 2001 sagte Haider bei einer Rede im Gösserbräu:

„Jemand [Muzicant, Anm. d. Verf.], der im Verbund mit der Wiener Stadtregierung und aufgrund seiner guten Kontakte dorthin als Immobilienmakler und -spekulant hier in Schutzgebieten Sanierungen durchführt, wo kein anderer eine Bewilligung bekommt, dann ist das etwas, was nicht in Ordnung ist […]"

Hier wurde das Bild des geschäftstüchtigen, einflussreichen Juden gezeichnet, der es sich mit seinen politischen Verbindungen richten kann und illegale Baugeschäfte genehmigt bekommt. Die von Haider dafür später angekündigten Beweise wurden niemals erbracht.

# „Der Herr Grienberg von der Ostküste und das Wienerherz"

Schon vorher, nämlich am 21. Februar 2001 bei der Wahlkampferöffnung in Wien-Oberlaa hatte Haider geradezu ein Prunkstück antisemitischer Anspielungen geliefert. Unter Bezug auf den politischen Hauptgegner, den Wiener SPÖ-Bürgermeister Michael Häupl und dessen amerikanischen Wahlkampfberater, rief er in den Saal:

„Der Häupl hat einen Wahlkampfstrategen, der heißt Greenberg (lautes Lachen im Saal). Den hat er sich von der Ostküste einfliegen lassen! Liebe Freunde, ihr habt die Wahl, zwischen *Spindoctor* Greenberg von der Ostküste oder dem Wienerherz zu entscheiden! Wir brauchen keine Zurufe von der Ostküste. Jetzt ist es einmal genug. Jetzt geht es um den anderen Teil der Geschichte, die Wiedergutmachung für die Heimatvertriebenen."

Die Publikumsreaktion zeigte sofort, dass sie den Witz mit dem jüdischen Namen verstanden hatte (Haiders Betonung war auch ein langgezogenes „Griiiienberg"). Dieser fremde „Spindoktor" (ein Begriff aus dem amerikanischen Polit-Slang) komme noch dazu von der amerikanischen „Ostküste", die im antisemitischen Code des deutschsprachigen Raumes für „New York" – „Stadt der Juden" – „starker jüdischer Einfluss" steht.

Der Wiener Bürgermeister hat sich also laut Haider einen fremdländischen („fremdrassigen") Hexenmeister holen lassen, der mit seinen dunklen Künsten den braven Wienern den Kopf verdrehen soll. Aber sie würden sich schon für das bodenständige, nicht-jüdische „Wienerherz" entscheiden.

Im zweiten Teil seiner Anspielung verknüpft Haider dann die unheilvolle „Ostküste" mit den Restitutionszahlungen für die heimischen Juden. Dem Druck einer mächtigen jüdischen Lobby aus den USA müsse widerstanden werden („wir brauchen keine Zurufe von der Ostküste"). Die „Wiedergutmachung" sei erledigt („Jetzt ist es einmal genug"). Jetzt gehe es um die Wiedergutmachung für die „Heimatvertriebenen" – also für jene „echten Deutschen", deren zweifellos schweres Schicksal eine Folge des vom nationalsozialistischen Deutschland begonnenen Krieges ist. Jedenfalls rechnet Haider hier in einem Trugschluss die „Wiedergutmachung", die in Wirklichkeit keine sein kann, an den Juden gegen die – angeblich nicht erfolgte – an den Vertriebenen auf.

Die Kombination der Rede in Oberlaa („Greenberg – Ostküste – Wiener Herz") vom 21. Februar und der Aschermittwoch-Rede vom 28. Februar („Ariel – Dreck am Stecken") wurden von den liberalen Medien dann endgültig als antisemitisch erkannt und gebrandmarkt (vom Autor dieses Buches im „Standard" vom 2. März 2001 unter dem Titel „Haider spielt jetzt mit dem Antisemitismus" und am 5. März vom Chefredakteur des „profil", Herbert Lackner, in einem Leitartikel mit dem Titel „Haider ist ein Antisemit"). Danach wurde das Thema auch von der SPÖ und von den Grünen aufgegriffen und bekam eine politische Relevanz. Der sonst sehr klagefreudige Haider klagte weder den „Standard" noch „profil".

Am 16. März 2001 versuchte sich Haider in der ORF-Nachrichtensendung „Zeit im Bild 2" gegen den Vorwurf des Antisemitismus zu verteidigen, indem er das Thema „Vaterlandsverrat" wieder ins Spiel brachte. Muzicant habe „sich in einer schwierigen Phase dieses Landes, als es eine neue Regierung gegeben hat, als Österreicher absolut negativ gegen dieses Land verhalten". Er habe im Ausland „so getan, als ob die jüdischen Mitbürger wieder gefährdet seien und habe das Land schlecht gemacht".

Auf Vorhaltungen in diversen Interviews wiederholte Haider den Vorwurf des „Landesverrats" an Muzicant. Dies halte er für „ziemlich arg" von jemanden, „von dem wir wissen, dass er ,amoi' zugewandert ist und dem dieses Österreich eine offene und friedliche Heimat geworden ist" …

Bis zu diesem Zeitpunkt hatte es Haider vermieden, in seiner sonst außerordentlich polemischen und verletzenden Rhetorik das Instrument des Antisemitismus massiv zu verwenden. Zwar beschwerte er sich schon Anfang 2000, dass „hohe Funktionäre der jüdischen Gemeinde in Wien" versucht hätten, „beim State Department in Washington gegen uns Stimmung zu machen", und bezeichnete diese als Drahtzieher der neuerlichen „Kampagne" gegen Österreich („Der Spiegel" 5/2000). Auch dürfe die so genannte Wiedergutmachung „nicht nur die in New York und im Osten" betreffen, „sondern vor allem auch unsere sudetendeutschen Freunde. Wir wollen uns zuerst um die eigenen Leute kümmern." (www.derstandard.at, 23. Oktober 2000). Schon 1998 meinte er: „Wenn jüdische Emigranten Forderungen stellen, dann ist sozusagen die Wiedergutmachung endlos. Wenn Sudetendeutsche dasselbe von der österreichischen Regierung verlangen, dass sie gegenüber den tschechischen Behörden ihre Wiedergutmachungsforderungen durchsetzen sollen, dann wird gesagt, irgendwann muss einmal ein Schlussstrich unter die Geschichte gezogen werden. […] Man kann nicht Gleiches ungleich behandeln" (ORF, ZIB 2, 9. September 1998).

Umso überraschender war es eigentlich, dass Haider relativ spät in seiner Karriere nun auf antisemitische Elemente setzte. Eine mögliche Erklärung dafür ist die Frustration, dass seine Versuche, internationale Anerkennung zu erlangen – auf Anraten von Schüssel unternahm er nach der Wahl 1999 eine Goodwill-Reise in mehrere westeuropäische Städte – auf wenig Resonanz stießen; freilich hauptsächlich deshalb, weil er immer wieder aufs Neue in beleidigende und/oder bedenkliche Ausfälligkeiten gegen ausländische Politiker und Völker verfiel.

Jedenfalls ist die Kette seiner antisemitischen Aussagen von Januar bis März 2001 in sich geschlossen und verrät eine bewusste Kampagnisierung. Von anerkannten österreichischen Politik- und Sprachwissenschaftlern wurde der einschlägige Charakter dieser Äußerungen auch wissenschaftlich bestätigt. In dem von Anton Pelinka und Ruth Wodak herausgegebenen Buch „Dreck am Stecken – Politik der Ausgrenzung" (Czernin Verlag, Wien) werden die entsprechenden Schlüsse gezogen.

## Der „vaterlandsverräterische, weltverschwörerische, schmutzige, intrigante, geschäftstüchtige Jude"

Ruth Wodak und Martin Reisigl arbeiteten heraus, mit welchen Kunstgriffen die Aschermittwoch-Rede („Muzicant-Ariel – Dreck am Stecken") und andere Äußerungen antisemitisch kodiert wurden, sodass „sie auf herabwürdigende, lächerlich machende, diffamierende

Weise zumindest auf vier judenfeindliche Stereotype anspielt und dementsprechende diskriminierende Assoziationen auslösen konnte und kann, nämlich

1. auf das Stereotyp des ‚jüdischen Vaterlandsverräters‘,
2. auf das Stereotyp der ‚jüdischen (Welt-)verschwörung gegen Österreich‘,
3. auf das Stereotyp des ‚schmutzigen, unreinlichen Juden‘ und
4. auf das Stereotyp des ‚intriganten, in illegale, kriminelle Machenschaften verwickelten jüdischen Geschäftsmannes und Spekulanten mit dem jüdischen Dreh‘".

Pelinka, der hauptsächlich die „Aschermittwoch-Rede" analysierte, kommt zu der Schlussfolgerung: „Haider hat durch die ‚Erfindung‘ des Juden Muzicant, der in keinem erkennbaren Zusammenhang mit der politischen Kontroverse rund um den Gegensatz zwischen Regierung und Opposition gestanden ist, einen ‚anderen‘ konstruiert, um ihn dann mit aller Schärfe auszugrenzen. Er hat damit, vor dem strukturellen Hintergrund eines traditionell für Antisemitismus besonders anfälligen, von Antisemitismus historisch besonders geprägten Milieus, eben dieses Milieu rekonstituiert.

Haider hat durch die Konstruktion eines Juden als für die Konstituierung seines – Haiders – Milieus entscheidenden ‚anderen‘ eine besondere Phase des Antisemitismus in der Post-Holocaust-Zeit angezeigt: Der ‚verschämte‘ Antisemitismus tritt durch Haiders Rede in eine unverschämte Phase. Die Verkodung der Botschaften des Antisemitismus sind leicht erkennbar, es braucht keine besondere Sensibilität, um zu verstehen, wer Muzicant ist: er ist der Jude. … Haiders ‚Aschermittwoch-Rede‘ muss als Prototyp antisemitischen Verhaltens in der Zeit nach dem Holocaust angesehen werden."

## Haiders falsches Kalkül – Antisemitismus rettet nicht vor Wahlniederlage

Bei den Wiener Landtagswahlen erlitt dann Haiders FPÖ eine schwere Niederlage. Die antisemitischen Ausfälle, die er offenbar als Mittel der letzten Mobilisierung eingesetzt hatte, verfingen entweder außerhalb der klassischen rechten Klientel der FPÖ nicht bzw. kann man spekulieren, dass Haider seinem geschmähten Widersacher Häupl damit die absolute Mehrheit der Mandate verschaffte, weil ein Teil der grünen Wähler, die Haiders Antisemitismus sehr wohl registriert hatten, die SPÖ als das „stärkere Bollwerk" wählten.

Dennoch ist es bemerkenswert, wenn der führende Politiker einer Regierungspartei wie der FPÖ, die die Hälfte der Minister stellte, es für möglich und durchführbar hält, in einem Wahlkampf öffentlich und mehrfach zu antisemitischen Mitteln zu greifen. Haider, der etwa zeitgleich begonnen hatte, seine Besuche bei dem irakischen Diktator Saddam Hussein vorzubereiten, brach sozusagen das letzte Tabu, das er persönlich noch geachtet hatte. Die Reaktion seines Publikums zeigt, dass er schon richtig verstanden wurde – nämlich antisemitisch – und dass er damit auf die erwünschte Resonanz stieß – allerdings wohl hauptsächlich bei den Kernschichten. Darüber hinaus konnte er nichts mobilisieren.

In Deutschland hätte ein solches Vorgehen den sofortigen politischen Untergang bedeutet. In Österreich blieb es ungeahndet. Der Bundeskanzler schwieg zunächst überhaupt zu den Auslassungen seines Koalitionspartners und gab dann eine schwächliche Distanzierung von sich.

Jedenfalls ließ sich Jörg Haider seither nicht mehr zu antisemitischen Äußerungen hinreißen, allerdings ließ er es sich nicht nehmen, im Zusammenhang mit seinen wiederholten Besuchen beim damaligen irakischen Diktator Saddam Hussein Kritik an Israel zu üben und dem Staat Israel praktisch den Status einer Demokratie abzusprechen.

Dass Haider es vermied, als antisemitischer Wiederholungstäter aufzutreten, mag aber auch mit dem Schicksal eines deutschen rechtspopulistischen Politikers zusammenhängen, der Haider sogar ausdrücklich als Vorbild nannte. Jürgen Möllemann, ein unruhiger, aktionistischer Politiker mit unerfüllten Ambitionen, sah es als seine Aufgabe an, die liberale „Freiheitliche Partei Deutschlands" durch einen rechtspopulistischen Kurs von weniger als zehn Prozent auf 18 Prozent zu bringen – mit Antisemitismus und extremer Israelkritik als Anschubrakete. Die Gelegenheit zum Einstieg in die fatale Thematik erhielt Möllemann durch die Affäre um einen vom ihm geförderten Politiker syrisch-deutscher Abstammung.

## Der deutsche Rechtspopulist folgt dem österreichischen: Möllemanns „gehässige Juden", die am Antisemitismus mitschuldig sind

Im Mai 2002 gab Jamal Karsli, früher den Grünen zugehörig, der sich aber um die Aufnahme in die liberale „Freie Demokratische Partei" (FDP) bewarb, ein Interview in der weit rechts stehenden Zeitschrift „Junge Freiheit" (die organisatorisch und ideologisch auch mit der österreichischen Wochenzeitschrift „Zur Zeit" verbunden ist). Er behauptete darin, dass „eine sehr große zionistische Lobby" den größten Teil der internationalen Medien beherrsche, die daher in der Lage sei, jede Person zu zerstören, gleichgültig, wie wichtig sie sei – daher auch ihn, Karsli. Einige Wochen vorher hatte er das Verhalten israelischer Truppen gegen die Palästinenser als „Nazi-Methoden" bezeichnet.

Führende FDP-Politiker verurteilten diese Aussage – mit Ausnahme des Vizevorsitzenden der FDP und Vorsitzenden der Nordrhein-Westfälischen FDP, Jürgen Möllemann. Möllemann, ein früherer Bundesminister, verstand sich als klassischer populistischer Politiker, mit „starken Sprüchen" und dem Einsatz seines Hobbys, des Fallschirmspringens, in der Wahlwerbung.

Im Zuge seiner Unterstützung für Karsli zog Möllemann das Beispiel der palästinensischen SelbstmordattentäterInnen heran: „Was würde man denn selbst tun, wenn Deutschland besetzt würde? Ich würde mich auch wehren, und zwar mit Gewalt. Ich bin Fallschirmjägeroffizier der Reserve. Es wäre dann meine Aufgabe, mich zu wehren. Und ich würde das nicht nur im eigenen Land tun, sondern auch im Land des Aggressors." Außerdem beschuldigte er den Vizepräsidenten des Zentralrats der Juden in Deutschland, einen bekannten und bekannt aggressiven Talk-Show-Interviewer, Michel Friedmann, der Karsli kritisiert hatte, „mit seiner intoleranten und gehässigen Art" genauso wie Sharon mitschuldig am Antisemitismus zu sein. In einem ZDF-Interview sagte er: „Ich fürchte, dass kaum jemand den Antisemiten, die es in Deutschland leider gibt und die wir bekämpfen müssen, mehr Zulauf verschafft hat als Herr Sharon und in Deutschland ein Herr Friedmann mit seiner intoleranten und gehässigen Art."

Möllemann ließ im Bundestagswahlkampf 2002 auch Folder in einer Auflage von 8,4 Millionen an die Haushalte von Nordrhein-Westfalen verteilen, in denen Sharon und Friedmann mit unvorteilhaften Fotos und suggestivem Text dargestellt wurden. Die Finanzierung dieser Flugblätter führte dann allerdings zu behördlichen Untersuchungen, in deren Verlauf weitere finanzielle Unregelmäßigkeiten zutage traten und eine Anklageerhebung im Raum stand. Im Juni 2003 verunglückte Möllemann bei einem Fallschirmabsprung tödlich. Indizien weisen auf Selbstmord hin.

Möllemann wollte die FDP, die ursprünglich nach dem Krieg als Sammelbecken der antiklerikalen Deutschnationalen (daher „Liberalismus") begonnen hatte, dann aber den Weg des echten Liberalismus gewählt hatte, zu einer rechtspopulistischen Erfolgspartei nach dem Muster von Jörg Haiders FPÖ machen. Der vermeintliche Tabubruch, in Wirklichkeit ein Zivilisationsbruch, ist eines der Elemente, auf welche die Rechtspopulisten setzen. Eine Bestätigung hierfür gab Möllemann selbst in einem Interview mit der „Taz": Die, „die ihren Protest früher an die Falschen verschwendet haben" – also offenbar die Wähler der rechtsextremen Parteien –, seien die zu erschließenden Wählerschichten.

Der FDP-Politiker berief sich allerdings auf mehr als 11.000 zustimmende Briefe, und auf der Website der FDP-Parlamentsfraktion wurden Postings mit den üblichen antisemitischen Statements abgeladen: „Deutschland muss sich von der Knechtschaft Israels befreien", „Die Juden erfinden den so genannten Antisemitismus, um jeden zu bestrafen, der ihnen widerspricht" und, ein häufiger Topos, „Die Politiker ducken sich vor der jüdischen Lobby; jeder, der es wagt, eine verschiedene Meinung zu haben, wird sofort als Rassist oder Antisemit verleumdet".

Dem Tod Möllemanns im Juli 2003 war dennoch seine fast völlige Isolierung innerhalb seiner Partei und innerhalb des politischen Lebens der Bundesrepublik überhaupt vorausgegangen. Im offiziellen politischen Leben wurde sein „Tabubruch" relativ schnell und durchgehend geahndet, auch wenn er zunächst nicht aus der FDP ausgeschlossen wurde. Im September 2002 trat Möllemann als stellvertretender FDP-Vorsitzender zurück, nachdem ihn die Honoratioren der eigenen Partei wie der ehemalige Außenminister Genscher dazu gedrängt hatten.

## Antisemitismus ist in Europa nicht mehrheitsfähig – warum Rechtspopulisten trotzdem antisemitisch agieren

Politiker wie Haider oder Möllemann wissen, dass sie – in einer Demokratie, und gerade in Deutschland oder Österreich – mit einer antisemitisch unterlegten Politik nicht mehrheitsfähig sind. Das stört sie aber letztlich nicht besonders, weil die Erringung einer Mehrheit, damit die Übernahme einer Regierung und damit von Verantwortung in ihrem persönlichen Lebensplan oder eher Lebensgefühl keine dominante Rolle spielt. Sie sind Krawall- oder Radaupolitiker, die ihren inneren Antrieb aus dem ständigen Aufwirbeln vom Emotionen, aus dem ständigen Gefühl des Kampfes und der Auseinandersetzung beziehen, aus dem Spiel mit der Menge oder den Medien. Die Öffentlichkeit nimmt diesen Politikertyp als verkörperte ständige manische Phase wahr, wobei er von Zeit zu Zeit auch verschwindet, abgetaucht ist, um sich aber immer wieder mit einer neuen Provokation oder dem Aufgreifen eines neuen populistischen Themas auf die Bühne zu katapultieren.

Solche Politiker fürchten und meiden die dröge Routine, in die tatsächliche Verantwortungsträger eingespannt sind. Sie wollen im Grunde gar nicht regieren, oder wenn, dann nur in einem überschaubaren Bereich, der nicht viel Aufmerksamkeit erfordert. Jörg Haider hat als Landeshauptmann von Kärnten nicht viel mehr zu tun, als durch die Festzelte und Wirtshäuser zu vagabundieren. Von Zeit zu Zeit greift er verbal und auch sonst in die Bundespolitik ein, aber nur, um seinen Einfluss nicht verkümmern zu lassen. Kanzler will er nicht mehr werden, kann er nicht mehr werden und wollte es vermutlich auch nie wirklich.

Sie sind auf Stimmenmaximierung aus, aber nur innerhalb eines bestimmten (Protest-)Potentials. Denn selbst wenn bis zu 30 Prozent der Bürger bestimmte antisemitische Einstellungen teilen, so schrecken doch die gemäßigteren unter ihnen vor einem Politiker zurück, der in dieser Hinsicht keine Skrupel hat. Würden diese Politiker eine Gesamtmehrheit anstreben, müssten sie ihre ärgeren antisemitischen und anderen Ausfälle lassen.

Das wollen sie aber – auch aus Gründen der eigenen persönlichen Prägung – nicht. Sie wollen mit dem Antisemitismus spielen können, auch und gerade weil er „verboten" ist. Sie tun einfach das, was ihnen Spaß macht und einen gewissen, nicht zu geringen Zulauf beschert.

## Was endlich auch einmal gesagt werden musste: Antisemitismus der christlichen Rechten in Deutschland

Den deutschen CDU-Abgeordneten Martin Hohmann wird man allerdings nicht als Radau-Politiker bezeichnen können. Er ist (war) ein Hinterbänkler aus einem ländlichen Wahlkreis, unauffällig bis zu dem Moment, als er den deutschen Nationalfeiertag am 3. Oktober 2003 mit einer Rede in seinem Heimatort in der Stadthalle von Neuhof bei Fulda „feierte", die als „klassischer antisemitischer Diskurs" (Wolfgang Benz) bezeichnet werden kann. Hohmanns Rede war zunächst „ohne Echo verhallt" („FAZ"). Sie war offenbar im christlich-konservativen Milieu der Provinz als nicht weiter bemerkenswert empfunden worden. In Fulda wurde gleichzeitig eine Ausstellung über nationalsozialistische „Arisierungen" geplant. Eine Emigrantin aus den USA wollte sich darüber im Internet kundig machen und stieß auf der Website der Neuhofener CDU auf die Rede. Von da an nahm der Fall seinen Lauf an die Öffentlichkeit.

Hohmanns Gedanken zum Nationalfeiertag sind vom Grundtenor der „Gerechtigkeit für Deutschland" getragen. Er gibt aber zunächst zu, was nicht zu leugnen ist: „Meine Damen und Herren, kein Kundiger und Denkender kann ernsthaft den Versuch unternehmen, deutsche Geschichte weißzuwaschen oder vergessen zu machen. Nein.

Wir alle kennen die verheerenden und einzigartigen Untaten, die auf Hitlers Geheiß begangen wurden."

Damit ist das Stichwort gefallen, und Hohmann nähert sich seiner eigentlichen Fragestellung: wenn die Deutschen als Tätervolk gelten, was ist dann mit den anderen?

## „Ich stelle die provozierende Frage: Waren die Juden ausschließlich Opfer?"

„Auf diesem Hintergrund stelle ich die provozierende Frage: Gibt es auch beim jüdischen Volk, das wir ausschließlich in der Opferrolle wahrnehmen, eine dunkle Seite in der neueren Geschichte oder waren Juden ausschließlich die Opfer, die Leidtragenden?"

Und schon ist Hohmann bei der Russischen Revolution von 1917: „Konkret stellt sich die Frage: Wie viel Juden waren denn nun in den revolutionären Gremien vertreten?" Folgt eine Aufzählung von jüdischen Kommunistenführern wie Leo Trotzki. Weiter, so Hohmann, könnte „nach dem revolutionären Eifer und der Entschlossenheit der jüdischen Kommunisten gefragt werden. Nun, diese revolutionäre Elite meinte es wirklich ernst, so äußerte Franz Koritschoner von der KPÖ: ‚Zu lügen und zu stehlen, ja auch zu töten für eine Idee, das ist Mut, dazu gehört Größe.' Grigori Sinowjew verkündete 1917: ‚90 von 100 Millionen Sowjet-Russen müssen mitziehen. Was den Rest angeht, so haben wir ihnen nichts zu sagen. Sie müssen ausgerottet werden.' Ähnlich auch hat Moisei Wolodarski formuliert: ‚Die Interessen der Revolution erfordern die physische Vernichtung der Bourgeoisie'. Ganz ähnlich auch Arthur Rosenberg im Jahr 1922: ‚Die Sowjetmacht hat die Pflicht, ihre unversöhnlichen Feinde unschädlich zu machen.'"

Damit sind die jüdischen Kommunisten als Massen- und Völkermörder festgestellt, im Wort wie in der Tat: „Zweifellos waren diese Äußerungen kommunistischer jüdischer Revolutionäre keine leeren Drohungen. Das war Ernst. Das war tödlicher Ernst."

Der christliche Abgeordnete will „keinesfalls die ausgesprochen antikirchliche und antichristliche Ausrichtung der bolschewistischen

Revolution unterschlagen", wie es in den meisten Schulbüchern der Fall sei. Tatsächlich hat der Bolschewismus mit seinem kriegerischen Atheismus die umfassendste Christen- und Religionsverfolgung der Geschichte durchgeführt".

## Die „Täterschaft" der Juden in der Russischen Revolution

Also kommt Hohmann zu der intendierten Hauptaussage: „Mit einer gewissen Berechtigung könnte man im Hinblick auf die Millionen Toten dieser ersten Revolutionsphase nach der ‚Täterschaft' der Juden fragen. Juden waren in großer Anzahl sowohl in der Führungsebene als auch bei den Tscheka-Erschießungskommandos aktiv. Daher könnte man Juden mit einiger Berechtigung als ‚Tätervolk' bezeichnen. Das mag erschreckend klingen. Es würde aber der gleichen Logik folgen, mit der man Deutsche als Tätervolk bezeichnet."

Soll heißen, wenn schon, denn schon. Wenn die Deutschen ein Tätervolk sind, dann sind es auch die Juden.

Aber Hohmann findet eine „elegante" Rückversicherung: Viele der führenden Nationalsozialisten entstammten einem christlichen Elternhaus und hätten sich radikal von dieser religiösen Bindung gelöst. Ebenso die bolschewistischen Juden, die ebenfalls die Religion ihrer Väter verleugnet hätten: „Verbindendes Element des Bolschewismus und des Nationalsozialismus war also die religionsfeindliche Ausrichtung und die Gottlosigkeit. Daher sind weder ‚die Deutschen', noch ‚die Juden' ein Tätervolk."

Wer war's dann? „Mit vollem Recht kann man sagen: Die Gottlosen mit ihren gottlosen Ideologien, sie waren das Tätervolk des letzten, blutigen Jahrhunderts. Diese gottlosen Ideologien gaben den ‚Vollstreckern des Bösen' die Rechtfertigung, ja das gute Gewissen bei ihren Verbrechen."

Wenn es aber die „Gottlosen" waren, dann kann man mit vollem Recht sagen, „dass der Vorwurf an die Deutschen schlechthin, ‚Tätervolk' zu sein, an der Sache vorbeigeht und unberechtigt ist. Wir sollten uns in Zukunft gemeinsam gegen diesen Vorwurf wehren."

Und dass man so im Vorbeigehen die „bolschewistischen Juden" als ausgemachte Massenmörder festgestellt hat, ist ja ein interessanter Effekt, und nicht einmal ein nebensächlicher.

Wolfgang Benz (Zentrum für Antisemitismusforschung) arbeitete in einem Beitrag für die „Süddeutsche" („Lupenreines Exempel. Hohmanns judenfeindlicher Diskurs" – 11. November 2003) die politische Bedeutung dieser Rede heraus: „Einzigartig und neu am jüngsten antisemitischen Skandal ist die Tatsache, dass erstmals in der Geschichte der Bundesrepublik eine geschlossene judenfeindliche Argumentation von einem Politiker einer demokratischen Partei vorgetragen wurde, die nicht als rhetorische Entgleisung oder als missglückte Phrase im Eifer des Gefechtes mit einer Entschuldigung abgetan wäre. Die Rede ist elaboriert und mit Fleiß erarbeitet, dahinter steht Gesinnung und Literaturstudium, der Verfertiger fügt anscheinend bewiesene Fakten aneinander und stellt eindeutige Bezüge her."

„Die Quellen, aus denen er schöpft", seien freilich trübe: „Es sind uralte antisemitische Klischees, mit denen seit 80 Jahren Verängstigte und Ratlose auf kommunistische Revolution, Räteherrschaft und anderes Ungemach reagiert haben."

Benz: „Die Phantasmagorie der jüdischen Weltverschwörung fügt sich in das Bild wie die Gewissheit Hohmanns, dass die Juden grausam und bösartig sind." Hohmanns Trick besteht darin, „Sowjets und Juden stillschweigend für synonym zu erklären".

Auf die Gefahr hin, sich auf eine völlig verdrehte „Argumentation" rational einzulassen, sei festgehalten: weder Lenin, der Autor des kommunistischen Staatsstreichs, auf den zahlreiche Erschießungsbefehle zurückgehen, noch Felix Dzerschinski, der Chef der frühen Geheimpolizei („Tscheka"), noch Stalin, der wahre kommunistische Massenmörder, waren Juden. Die jüdische Intelligenz Russlands beteiligte sich zwar sicher überproportional an der Revolution, aber auch nur eine proportionale Verantwortung für die Opfer der Revolution zu behaupten, ist entweder „bodenlose Ignoranz oder abgefeimte Gesinnung" (Benz).

## „Ein Lehrstück des antisemitischen Diskurses"

Benz nennt „die Ausführungen des Abgeordneten H. das Lehrstück
für den antisemitischen Diskurs schlechthin. Zum ‚jüdischen Bolschewismus' werden historische Fakten erwähnt – Russische Revolution, Münchner Räterepublik –, dann werden die Akteure benannt,
deren Namen bekannt sind (etwa Leo Trotzki, Bela Kun) unter Ver-
zicht auf alle Protagonisten, die nicht ins Bild passen. Damit ist die
Weltrevolution zur jüdischen Affäre gemacht. Die Technik des antisemitischen Diskurses liegt in der Instrumentalisierung des Vorurteils,
in der Beschwörung des Ressentiments, in der raffinierten Erzeugung
von Konnotationen. Eine Quelle (wie das Pamphlet Fords) wird refe-
riert, ohne dass der Referent sich im juristischen Sinne das Gesagte zu
eigen macht. Mit diesem Rezept, das Fakten, Legenden, Zitate, rhetorische Fragen solange verquirlt, bis das Publikum zur beabsichtigten
Schlussapotheose reif ist, wird Verwirrung gestiftet, die als Klarheit
ausgegeben wird: Der Redner suggeriert seinem Publikum, man habe
durch gemeinsame Forschungsarbeit die Erkenntnis gewonnen, ‚dass
der Vorwurf an die Deutschen schlechthin, ‚Tätervolk zu sein', unberechtigt sei. Dazu hat der Abgeordnete H. den klassischen antisemitischen Diskurs vorgeführt, wie man ihn seit den Reden kennt, in
denen im 19. Jahrhundert die ‚Judenfrage' erfunden und deren
Lösung und ‚Endlösung' im 20. Jahrhundert betrieben wurde. Zum
Wesen dieses Diskurses gehört, dass die jüdische Minderheit in
Anspruch genommen wird, um Probleme nationaler Identität der
Mehrheit zu artikulieren."


## Die Selbstreinigungskraft der deutschen Demokratie
## funktioniert – gegen den Unmut an der „Basis"

Nach einer kurzen Periode der Unsicherheit setzte sich in der Bundes-
führung der CDU unter der Parteivorsitzenden Angela Merkel die
Überzeugung durch, den Abgeordneten Hohmann aus der CDU-
Bundestagsfraktion auszuschließen. Das aber löste, wie im Fall
Karsli/Möllemann, wütende Reaktionen der „Basis" aus. Die „FAZ"

berichtete unter dem Titel „An der CDU-Basis ist die Hölle los" von einer Empörung, die sich nicht nur auf das Bundesland Hessen beschränke. Tenor der tausenden Anrufe, Faxe, E-Mails: „Was ist das für eine Demokratie, in der Hohmann die Existenz genommen wird, nur weil er seine Meinung gesagt hat?" Und: „Einmal muss Schluss sein mit dem Katzbuckeln."

Auch aus Österreich erhielt Hohmann Zuspruch: Die „Arbeitsgemeinschaft Freiheitlicher Akademikerverbände Österreichs" schickte an den ORF und die Zeitungsredaktionen eine Stellungnahme, aus Hohmanns Rede sei „beim besten Willen kein Antisemitismus zu konstruieren."

Die mediale und politische „Klasse" der Bundesrepublik reagierte mit aller Eindeutigkeit. Der Brigade-General der deutschen Bundeswehr und Kommandeur der Spezialtruppe KSK, Reinhard Günzel, der Hohmann einen zustimmenden und aufmunternden Brief geschrieben hatte („Sie sprechen mit diesen Gedanken der Mehrheit unseres Volkes aus der Seele"), wurde von SPD-Verteidigungsminister Struck umgehend entlassen.

Hohmann musste sein Mandat aufgeben und verlor nach einem langwierigen Verfahren dann im Sommer 2004 auch seine CDU-Mitgliedschaft. Die Begründung des Schiedsgerichts des hessischen Landesverbands der CDU lautete, Hohmann habe „mit der argumentativen Verquickung von Judentum und Bolschewismus ein Klischee verwendet, das schon die Nationalsozialisten als Vorwand und Rechtfertigung für die Verfolgung und industriemäßige Tötung von Millionen europäischer Juden missbraucht haben".

Die Selbstreinigungskräfte der deutschen Demokratie haben also in diesem Fall funktioniert. Die Bedeutung dieser Episode liegt jedoch, wie Richard Herzinger in der „Zeit" diagnostizierte, darin, „dass antisemitische Ressentiments an den Rändern der politischen und gesellschaftlichen Mitte längst hoffähig geworden sind. Dieser neue Antisemitismus gibt sich einen gemäßigten Anstrich, in dem er nicht mehr sagt: ‚an allem sind die Juden schuld', sondern: ‚Die Juden sind auch nicht weniger schuld als wir'."

Hohmann und seine Unterstützer wie etwa General Günzel, aber auch zahlreiche Gleichgesinnte, die ihrem Unmut in der CDU-Leitung Luft machten, sind keine Neonazis, im Grunde auch keine Rechtsradikalen. Hier spricht ein sehr konservatives Bürgertum, das von seinen „nationalen" und letztlich auch antisemitischen Prägungen nicht lassen will, trotz der Katastrophe des Dritten Reiches. Denn wenn man auch den Hitlerismus verurteilt (u. a., weil er letztlich kirchenfeindlich war), so sollen doch bestimmte „Werthaltungen" ihre Gültigkeit behalten können, obwohl sie durch die Geschichte der ersten Hälfte des 20. Jahrhunderts – und nicht nur durch den Nationalsozialismus allein – vollkommen diskreditiert sind. In der „Zeit" vom 13. November 2003 schätzt man, „allenfalls vier bis fünf weitere Abgeordnete werden dem reaktionären Dunstkreis zugerechnet, dem Einlassungen Hohmannscher Art zuzutrauen sind. Deutlich größer, so räumen liberale Fraktionsmitglieder ein, ist der Kreis potentieller Sympathisanten – Abgeordnete, die sich nach einem Ende der deutschen ‚Schulddebatte' sehnen und den ‚aufrechten Gang der Nation' missen."

Realistischerweise wird man davon ausgehen müssen, dass solche Aussagen – „einmal muss Schluss sein" – in Deutschland und Österreich auf hohe Zustimmungsraten stoßen. Die Frage ist, ob sich darauf erfolgreiche politische Bewegungen und Karrieren bauen lassen. In einem engeren Sinn sicher nicht – im Fall von Karsli, Möllemann, Hohmann und auch Günzel setzten die Alarmmechanismen der demokratischen Gesellschaft nach einer gewissen Schrecksekunde verlässlich ein. Wenn es auch „an der Basis" heftig rumorte und mit Sicherheit Ressentiments blieben; wenn es auch „nur" die Eliten in Politik und den Medien waren, die im Grunde mit repressiven Methoden eine Ahndung der antisemitischen Verstöße durchsetzten, so reichte das alles doch nicht für eine „Rehabilitierung" der betroffenen Politiker bzw. hohen Staatsdiener wie Günzel oder gar für Abspaltungen innerhalb der betroffenen Parteien oder gar das Entstehen erfolgreicher neuer Bewegungen, deren Haupttriebkraft der Antisemitismus ist.

Dagegen ist die deutsche Gesellschaft inzwischen immun – und wohl auch die österreichische, obwohl nach „deutschen" Maßstäben jemand wie Haider spätestens nach seinen Ausfällen 2001, in Wirklichkeit aber viel früher die Politik hätte verlassen müssen.

## Das Phänomen „Krone" – eine extrem erfolgreiche Zeitung mit antisemitischen Untertönen

Während Hohmann sein Abgeordnetenmandat verlor und aus der CDU ausgeschlossen wurde, während Möllemanns weiterer politischer Abstieg durch seinen Tod beendet wurde, ist Jörg Haider weiter Landeshauptmann von Kärnten, De-facto-Parteichef und damit auch die bestimmende Kraft in der Koalition mit der konservativen Österreichischen Volkspartei (ÖVP).

Dass Haider es aber wagte, antisemitische Anspielungen zu verwenden, hat auch mit dem generellen politischen Klima in Österreich zu tun, in dem öffentliche Antisemitismen nicht wirklich geahndet werden, sobald sie nur im Sinne eines geschickt vorgetragenen „sekundären Antisemitismus" nach der Definition von Alexander Pollak formuliert sind. Dieses Klima wird seit Jahrzehnten von dem populistischen Massenblatt „Neue Kronenzeitung" geprägt, im Volksmund schlicht „Krone" genannt.

Die „Krone" ist ein österreichisches wie ein europäisches Phänomen. Mit einer Auflage von knapp unter einer Million und einer dementsprechenden Leserschaft von etwa 2,7 Millionen erreicht sie rund 43 Prozent aller lesenden Österreicher über 14 Jahren. Diese so genannte „Reichweite" ist also wesentlich höher als die der „Bild-Zeitung" oder vergleichbarer europäischer Massenblätter. Die „Krone" ist, pro Kopf der Bevölkerung (rund acht Millionen) gerechnet, vermutlich die größte Zeitung der Welt. Die nächstgrößere Tageszeitung in Österreich hat etwa 12 Prozent Reichweite. Jahrelang warb die Zeitung mit dem Slogan „In unserem Lager ist Österreich".

Diese herausragende Stellung ist zum allergrößten Teil auf den journalistischen Instinkt des Gründers, Herausgebers und bis vor kurzem auch Chefredakteurs der „Krone", Hans Dichand, zurückzuführen. Der über 80-jährige Dichand ist auch heute noch praktisch die dominierende Kraft der Zeitung, obwohl die deutschen 50-Prozent-Miteigentümer vom deutschen WAZ-Konzern versuchen, ihn (und seinen als Chefredakteur eingesetzten Sohn Christoph Dichand) zu entmachten. Unter anderem wegen „antisemitischer Untertöne", die WAZ-Chef Erich Schumann in der „Krone" feststellen musste.

Der Autor dieses Buches hat als Kolumnist des „Standard" Schumann in dieser Sache zitiert und mehrfach klargemacht, dass er diese Einschätzung teilt. Im Zuge des Streites um die Macht in der „Krone", der auch vor einem unabhängigen Schiedsgericht ausgetragen wird, schien es Dichand angeraten, den Vorwurf antisemitischer Tendenzen auf gerichtlichem Weg zu bekämpfen. Er klagte sowohl seinen Partner Schumann als auch den „Standard" und den Autor der Kolumne bzw. dieses Buches wegen des Vorwurfs „antisemitischer Untertöne".

Damit war die Notwendigkeit – und die Gelegenheit – gegeben, den Wahrheitsbeweis im Zuge einer umfangreichen Dokumentation aus der „Krone" über Jahre und Jahrzehnte hinweg anzutreten. Aus prozessökonomischen Gründen, aber auch weil sie die in dieser Hinsicht auffälligsten Meinungsträger der „Krone" sind, konzentriert sich die Dokumentation auf den praktisch täglichen Kolumnisten „Staberl" (Richard Nimmerrichter) und auf den „Hausdichter" Wolf(gang) Martin(ek), der unter dem Titel „In den Wind gereimt" ebenfalls fast täglich ein polemisches Kurzgedicht an prominenter Stelle des Blattes veröffentlicht.

Die These war dabei, dass die „Krone" hauptsächlich über diese beiden durchgängig und über große Zeiträume hinweg das Instrument des „sekundären Antisemitismus" in der von Alexander Pollak beschriebenen Form benutzte: Andeutungs- und Anspielungsformen, die Bezüge zu weit verbreiteten antisemitischen Ressentiments herstellten und diese damit quasi in verschlüsselter und meist auch abgeschwächter Form reproduzierten.

Um es vorweg zu nehmen: Der Wahrheitsbeweis vor Gericht ist gelungen, die Klage der „Krone" wurde in erster Instanz abgewiesen. Das Urteil ist inzwischen rechtskräftig, weil es die „Krone" – offenbar in Einschätzung ihrer Erfolgschancen – nicht für geraten hielt, in die zweite Instanz zu gehen. Es ist also gerichtsnotorisch, dass die bei weitem auflagenstärkste Zeitung Österreichs, die über Jahrzehnte ganz erheblichen Einfluss auf die politische Entwicklung hatte, mit „antisemitischen und rassistischen Untertönen" operiert hat. Entsprechende Untertöne reichen zum Teil Jahrzehnte zurück.

In den späten achtziger und in den neunziger Jahren sind es dann die beiden Haupt-Meinungsträger der „Krone", „Staberl" und Wolf-(gang) Martin(ek), die immer wieder mit antisemitischen, nationalistischen, rassistischen und auch NS-verharmlosenden Andeutungen, Anspielungen und Provokationen arbeiten.

Über Jahrzehnte hinweg war der Journalist Richard Nimmerrichter unter der Marke „Staberl" führender Meinungsmacher der „Krone". Seine polemischen, in Sprache und Inhalt meist ausgesprochen radikalen Kolumnen erfreuten sich lange Zeit großer Beliebtheit und wurden als Ausweis der Volksnähe der „Krone" verstanden. „Staberls" Kolumne erschien über Jahrzehnte hinweg praktisch täglich und war ein Erfolgsgeheimnis der „Krone". Im Jahr 2000 wurde er dann im Alter von 80 Jahren pensioniert.

In „Staberls" Kolumnen sind reichlich ausländerfeindliche, rassistische und nationalistische Töne anzutreffen, vor allem aber antisemitische, wie es sonst wohl in keinem Massenblatt in entwickelten Demokratien möglich wäre.

Im Zuge der so genannten Waldheim-Affäre veröffentlichte „Staberl" eine Kolumne am 17. Dezember 1988, in der er den Journalisten von der „New York Times", Abraham Rosenthal, einmal bei seinem richtigen Namen nennt, dann wieder „Rosenbaum" oder „Rosenberg", also ein Spiel mit „typisch jüdischen" Namen treibt.

Der damalige Präsident der Kultusgemeinde, Paul Grosz, erklärte gegenüber der „Arbeiterzeitung", die „Krone" „benutze seit geraumer Zeit Antisemitismen, um die Sympathie der Leute zu gewinnen. Es werde wieder Stimmung gegen die Juden gemacht".

Simon Wiesenthal, der Leiter des Dokumentationsarchivs, sagte dazu ebenfalls zur „AZ": „Man will nicht nur einen Juden, man macht drei daraus, dann kommt man näher an den Begriff ‚alle Juden'."


## „Nur wenige wurden vergast"

Einen echten Höhepunkt erreichten die antisemitischen Töne der „Krone" in einer Kolumne ihres Star-Kolumnisten „Staberl" (Richard Nimmerrichter) vom 10. Mai 1992 („Methoden eines Massenmordes"), deren Kernaussage war, „nur verhältnismäßig wenige der jüdischen Opfer sind vergast worden".

Die Vergasung von so vielen Menschen sei, wie von Fachleuten nachgewiesen, „rein technisch unmöglich gewesen". Die große Mehrzahl sei „verhungert oder erschlagen worden, durch Fleckfieber, Ruhr und Typhus umgekommen … erfroren oder an Entkräftung verstorben".

Dies, so „Staberl", sei aber nichts anderes als in den „Kriegsgefangenenlagern der Russen" gewesen, wo auch Zehntausende (deutsche Soldaten) umgekommen seien.

„Staberl" relativiert und verharmlost hier die bewusst geplante industrielle Massentötung der Juden durch das NS-Regime, indem er zunächst das Vorhandensein entsprechender Einrichtungen leugnet und sich auf „Fachleute" bezieht, die in Wirklichkeit revisionistische Auschwitz-Leugner und/oder Scharlatane sind, deren Theorien schon zum Zeitpunkt der Veröffentlichung der Kolumne wissenschaftlich widerlegt waren.

Im nächsten Schritt setzt er die industrielle Massentötung, die auf totale Ausrottung abgestellt war, mit den zweifellos furchtbaren Zuständen in den russischen Kriegsgefangenenlagern gleich (ohne zu erwähnen, dass 3,3 Millionen russische Kriegsgefangene in deutschen Lagern umgekommen sind) und beraubt damit das Schicksal der sechs Millionen getöteten europäischen Juden (eine Zahl, die er nie erwähnt) ihrer historischen Einzigartigkeit („Krone" vom 10. Mai 1992).

Laut einem sprachwissenschaftlichen Gutachten von Univ.-Prof. Ruth Wodak und dem (damaligen) Univ.-Ass. Helmut Gruber handelt es sich dabei „nicht nur um eine Strategie der Aufrechnung von Opfern und des Relativierens von NS-Verbrechen, sondern v. a. um eine weitere Implikation eines aus der NS-(und Neonazi-)Propaganda geläufigen antisemitischen Vorurteils: indem KZs und Kriegsgefangenenlager gleichgesetzt werden, wird impliziert, dass auch die Insassen beider Arten von Lager den gleichen Status gehabt hätten. Das würde bedeuten, dass die internierten Juden ‚Kriegsgefangene' gewesen seien und weiter, dass sich die Juden ‚im Krieg' mit dem deutschen Reich befunden hätten. Genau darauf stellt aber auch die

Neonazi-Propaganda immer wieder ab: die Juden hätten 1939 den Deutschen den Krieg erklärt, die antijüdischen Maßnahmen des NS-Staates seien also nur ‚Selbstschutz' gewesen (vgl. DÖW, 1981). Außerdem knüpft der Autor hier an die euphemistische NS-Terminologie an: auch Birkenau, die Vernichtungsanlage von Auschwitz, wurde in NS-Dokumenten ‚Kriegsgefangenenlager' genannt" (Hilberg, 1990; Wodak/Gruber, „Ein Fall für den Staatsanwalt? Diskursanalyse der „Kronenzeitung"-Berichterstattung zu Neonazismus und Novellierung der österreichischen Verbotsgesetznovelle im Frühjahr 1992", Institut für Sprachwissenschaften der Universität Wien, Seite 32 ff.).

Im Schlussabsatz stellt „Staberl" dann noch die jüdischen Opfer dem Kreuzestod Christi gegenüber: „Die dritte Generation überlebender Juden mag die Märtyrer-Saga der so barbarisch vergasten Opfer Hitlers auf ähnliche Weise brauchen, wie die Christen seit 2.000 Jahren das Andenken an den – wohl noch barbarischeren – Kreuzigungstod Jesu Christi pflegen."

Der Autor stellt also das historische Faktum der fabriksmäßigen Ermordung von Millionen als eine Art Folklore mit hohem emotionalem, aber geringem Faktengehalt dar, der so ähnlich zu betrachten sei wie der zentrale Glaubensinhalt der christlichen Religion (womit er gleichzeitig geschickt den christlichen Antisemitismus – „Die Juden haben unseren Herrn getötet") – evoziert.

Von der Israelitischen Kultusgemeinde wurde von Univ.-Prof. Franz Januschek, Carl-v.-Ossietzky-Universität Oldenburg ein weiteres Gutachten angefordert. Dieses Gutachten vom 23. Juni 1992 kommt zu dem Schluss:

„Die systematische Massenvernichtung von Juden wird relativiert, indem sie mit Einzeldaten bzw. mit Kriegsgefangenenlagern verglichen und somit als bedauerliche Kriegserscheinung deklariert wird." Überdies könne der Leser „den Eindruck gewinnen, Vergasung von Juden sei – wenn sie denn überhaupt stattfand – ein Mord wie jeder andere auch" (Univ.-Prof. Franz Januschek, „Sprachwissenschaftliches Gutachten über die Kolumne „Staberl" in der „Kronenzeitung" vom 10. Mai 1992).

185

Insgesamt kann gesagt werden, dass die „Staberl"-Kolumne vom 10. Mai 1992 als Höhepunkt des eingangs erwähnten „sekundären Antisemitismus" betrachtet werden kann und zweifellos zu schwersten Konsequenzen geführt hätte, wäre sie zum Beispiel in einer deutschen Zeitung erschienen.

„Staberl" wurde in der Folge wegen dieser Kolumne auch vom Österreichischen Presserat verurteilt. Die Staatsanwaltschaft lehnte jedoch eine Anklageerhebung nach dem Wiederbetätigungsparagraphen ab, weil es sich nicht um die geforderte „gröbliche" Verharmlosung des Nationalsozialismus und seiner Verbrechen handle.

Als es dann in der österreichischen politischen Debatte etwa ab dem Jahr 2000 um die Zahlungen an die ehemaligen Zwangsarbeiter und für nicht bzw. mangelhaft restituiertes jüdisches Vermögen ging, fand „Staberl" wieder zu seinen alten Themen und Stilmitteln.

In einer Kolumne vom 10. Juli 2000 verwies er auf seine Postmappe mit Leserbriefen, in denen gefragt wurde, wie viel Österreich an die (überwiegend jüdischen) Opfer des NS-Regimes bezahlt habe, was implizit bedeutet, es sei schon mehr als genug gezahlt worden. „Staberl" zieht dann eine ältere Kolumne aus dem Jahr 1994 heran, in der er die absurde Berechnung des damaligen österreichischen Botschafters in Israel, die freilich im Wiener Außenministerium angestellt wurde, zitierte. Demnach seien in den Jahrzehnten seit dem Krieg zwischen 200 und 300 Milliarden Schilling an Entschädigungen an NS-Opfer geflossen. Da sich auf diese Berechnung sofort Kritik von Experten erhob, revidierte das Außenministerium später auf die Summe von immerhin 120 Milliarden Schilling. Auch diese Zahlung erscheint weit übertrieben, selbst wenn man in Rechnung stellt, dass hier offenbar schon die Pensionszahlungen der Republik an ehemalige Österreicher, die ja auf einem Versicherungsanspruch basieren, als „Entschädigung" eingerechnet wurden. Jedenfalls wurde diese Summe von Brigitte Bailer-Galanda, einer Expertin des DÖW in mehreren Artikeln und Interviews vehement bestritten.

Die ungeprüfte und unreflektierte Übernahme dieser Rechtfertigungen des Außenministeriums stellt ebenfalls eine Abwertung der Opfer dar, die hier als geldgierig und ewig unzufrieden dargestellt werden, was ebenfalls ein antisemitisches Klischee bedient.

In einer Kolumne vom 12. Januar 2001 griff „Staberl" wieder zu der Methode, die Berechtigung von Entschädigung und Restitution von (hauptsächlich jüdischen) Opfern grundsätzlich zu bejahen, aber im nächsten Atemzug zu unterstellen, es sei ohnehin schon genug gezahlt worden und die geldgierigen Juden würden sich nie zufrieden geben. Es müssten auch die Urenkel noch zahlen, nach dem Motto: „Noch einmal und immer wieder!"

Unter diesem Titel führte er in seiner Kolumne aus:

„Nun ist es für jeden auch nur halbwegs anständigen Menschen gar keine Frage, dass zurückzugeben sei, was einst gestohlen, geraubt, unterschlagen oder erpresst worden ist. Aber auch der reuigste Zahler wird ja wohl das Recht haben, zwei nahe liegende Fragen vorzubringen. Nämlich: Wie oft wir erstens noch zu zahlen haben? Zweitens aber: Wie lang? Wie viel kommende Generationen noch? Müssen nach Söhnen und Enkeln auch künftige Urenkel zahlen? Da sind ja nicht nur die jüdischen Opfer Hitlers noch lang nicht mit dem zufrieden, was diese Österreicher da anbieten. Auch die Zwangsarbeiter, vertreten von jenen Advokaten, die nicht nur ums allgemeine Recht, sondern auch ebenso entschlossen für ihre Erfolgshonorare kämpfen, wollten ja mehr und immer mehr. Allgemeines Motto: ‚Noch einmal und immer wieder!'"

Die Diktion des Artikels entspricht klassischen antisemitischen und rechtsextremen Klischees: „Wie lange noch? Werden auch noch unsere Urenkel zu zahlen haben?" – Dabei wird unterschlagen, dass die österreichische Regierung direkt und indirekt zugegeben hat, dass die früheren Zahlungen bzw. Entschädigungen und Restitutionen der Nachkriegszeit außerordentlich unbefriedigend und in keiner Weise dem Wert des geraubten Vermögens und des zugefügten Leids entspreche. Aus historischen Forschungen (vgl. Robert Knight, „Ich bin dafür, die Sache in die Länge zu ziehen" – Verlag Böhlau, korr. Neuauflage, Wien 2000) ist bekannt, dass sich die ÖVP/SPÖ-Regierungen bis weit in die neunziger Jahre hinein vor entsprechenden Verpflichtungen zu drücken versuchten, auch mit dem Mittel, „die Sache in die Länge zu ziehen".

Dennoch unterstellt „Staberl" „nicht nur", die jüdischen Opfer seien „noch lange nicht zufrieden" (typisch geldgierige Juden), sondern auch die Zwangsarbeiter, vertreten von (geldgierigen jüdischen) Advokaten „wollen ja mehr und immer mehr".

„Staberl" unterschlägt dabei die Tatsache, dass die (russischen, polnischen, tschechischen usw.) Zwangsarbeiter bis zu jenem Jahr 2000 überhaupt nichts bekommen haben und ohnehin nur symbolische Beträge erhalten, soweit sie überhaupt noch am Leben sind. Hier verbindet sich Antisemitismus mit Rassismus bzw. mit glatter Menschenverachtung.

Im Jahr 2001 schied „Staberl" dann im Alter von 80 Jahren aus der „Krone" aus, deren wesentlicher meinungsbildender Bestandteil er praktisch seit ihrer Gründung 1959 gewesen war.

## Antisemitismus in Versform

Doch nicht nur „Staberl", sondern auch der zweite prominente Meinungsträger der „Krone", Wolf(gang) Martin(ek), dessen „In den Wind gereimt"-Kolumne in Gedichtform nach wie vor praktisch täglich erscheint, ergeht sich immer wieder in antisemitischen Anspielungen.

Das Thema – „Juden gehören doch nach Israel" – aber mit dem Zusatz, sie tun es nicht, weil es ihnen bei uns doch materiell so viel besser geht, schlug Wolf Martin in seinem Gedicht vom 16. Februar 2000 an. Offenbar anspielend auf den Regierungseintritt der FPÖ von Jörg Haider (der sich mehrfach mit NS-Verharmlosungen hervorgetan hatte) schrieb er:

> Dass Juden jetzt aus Östreich flüchten,
> steht zu befürchten wohl mitnichten.
> Denn selbst für ärgste Haider-Fresser
> lebt es sich wohl um Häuser besser
> im „Nazi-Land" der blauen „Schande"
> als im gelobten heilgen Lande …

Auch hier wird wieder durch Negation („zu befürchten wohl mitnichten") eine Vorstellung – dass viele oder alle Juden jetzt die Absicht hätten, aus Österreich zu flüchten – überhaupt erst hervorgerufen, also ein Konstrukt geschaffen, das nichts mit der Realität zu tun hat, aber sofort antisemitische Konnotationen hat. Die werden noch dadurch verstärkt, dass unterstellt wird, sie blieben doch lieber da, weil es ihnen, geldgierig wie sie sind, hier materiell besser geht, wobei der Wiener Dialektausdruck „um Häuser besser" noch eine Anspielung auf jenen Besitz darstellt, den man den Juden (zu Unrecht?) restituiert hat.

## „Ausgeschwitzt"

Schließlich sei ein weiterer Höhepunkt eines „sekundären Antisemitismus" erwähnt, dessen sich Wolf Martin in einem Gedicht in der „Neue Kronen-Zeitung" vom 18. November 1999 bediente:
> „Antifaschisten" gerne lügen,
> und zwar dass sich die Balkan biegen.
> Auch weiß man, dass sie Fälscher sind
> und auf dem linken Auge blind.
> Bekämpfend wahnhaft, was vermeintlich
> antisemitisch, fremdenfeindlich,
> rassistisch oder gar nazistisch,
> sind sie zunehmend linksfaschistisch.
> Jahrzehntelang, dies sei erwogen,
> ward unser Volk durch sie „erzogen".
> Es scheint, dass dies nun vielen dämmert,
> denn dieses Land ist nicht belämmert.
> Und was in Schülerhirnen sitzt,
> wird auch noch einmal ausgeschwitzt.

Das Gedicht beginnt mit einer hetzerischen Behauptung, die durch nichts belegt wird: Antifaschisten „lügen gerne". Damit wird gleich der innere Bezug zur so genannten „Auschwitz-Lüge" hergestellt, die von Revisionisten und Neonazis behauptet wird, nämlich dass in Auschwitz gar keine Gaskammern gestanden, daher auch keine 1,5 Millionen Juden allein dort vergast werden konnten usw. Darauf folgt der Vorwurf des Fälschertums, der sich offensichtlich auf einige Fotos in der so genannten Wehrmachtsausstellung in ihrer ersten Form bezieht, die falsch zugeordnet wurden. Der Vorwurf der

Fälschung wurde in der Diskussion nie erhoben, sondern, schlimm genug, der der wissenschaftlichen Oberflächlichkeit. In ihrer Substanz blieb die Wehrmachtsausstellung wissenschaftlich unangreifbar.

Darauf folgt die Unterstellung, alles, was die „Anti-Faschisten" kritisierten, sei „vermeintlich antisemitisch, fremdenfeindlich, rassistisch oder gar nazistisch", womit der Boden bereitet wird für die Hoffnung, die „Umerziehung" (zu Demokratie und Menschenrechten) werde nun wieder rückgängig gemacht, und „was in Schülerhirnen sitzt, wird auch noch einmal ausgeschwitzt".

Das letzte Wort ist entscheidend, nämlich eine klare Anspielung auf Auschwitz. Das ist die Aufforderung, das größte Verbrechen des 20. Jahrhunderts für nichtexistent zu erklären, was angesichts der dort ermordeten Juden und der Wortspielerei damit inhaltlich und formal Antisemitismus darstellt.

Das sind nur einige wenige Beispiele für antisemitische Untertöne in der (gemessen an der Bevölkerung) größten Zeitung der Welt. Der dem Gericht vorgelegte Schriftsatz enthielt weit umfangreiches Material. Das Erstgericht, das Straflandesgericht Wien, erachtete den Wahrheitsbeweis für „antisemitische" Untertöne für erbracht. In der schriftlichen Urteilsbegründung vom 12. Juli 2004 heißt es:

„In sämtlichen zitierten Textpassagen wurden dem Leser antisemitische Untertöne vermittelt, teils unverhohlen, teils durch Anspielungen und Andeutungen. Aus dem Kontext der einzelnen Artikel gelangte das Gericht zur Feststellung, dass die ‚Neue Kronenzeitung' zumindest in dem im Urteil angeführten Beiträgen und Artikeln antisemitische und rassistische Untertöne jedenfalls bis in das Jahr 2003 verbreitet hat. Sowohl die Kolumne ‚Staberls' als auch die Gedichte des Wolf Martin tendieren dazu, Bezüge zu weit verbreiteten antisemitischen und rassistischen Ressentiments herzustellen und diese durch ihre Wortwahl und ihren Tenor zu verschlüsseln und zu verharmlosen."

Dieses Urteil ist, wie erwähnt, rechtskräftig, da von der „Kronenzeitung" keine Berufung eingebracht wurde. Die Zeitung unterließ allerdings schon einige Zeit vorher vor allem antisemitische Ausfälle, wohl, um in der Auseinandersetzung mit dem deutschen Hälfte-Eigentümer vor dem Schiedsgericht keine Munition zu liefern.

# Muslimischer Antisemitismus: Das fatale Rezept des Dr. Mahatir, Premierminister von Malaysia

Im Oktober 2003 trafen sich 57 muslimische Länder in Putrajaja, der funkelnagelneuen Hauptstadt Malaysias, zur „Islamischen Konferenz". Die Eröffnungsrede hielt Mohammad Mahatir, seit 22 Jahren Premierminister und autoritärer Herrscher des südostasiatischen Staates. Mahatir berief sich auf das Goldene Zeitalter von islamischer Wissenschaft im Mittelalter und kritisierte islamische Gelehrte, weil sie die modernen Wissenschaften vernachlässigten und sich stattdessen in fruchtlosen Glaubensstreitigkeiten ergingen: „Ob es uns gefällt oder nicht, wir müssen uns ändern, nicht, indem wir unsere Religion wechseln, sondern indem wir ihre Lehren im Kontext einer Welt anwenden, die radikal anders ist als im ersten Jahrhundert der Hedschra (= „Flucht" des Propheten Mohammed im Jahr 622 christlicher Zeitrechnung, Beginn der islamischen Zeitrechnung). Er forderte die Muslime der Welt auf, sich nicht darauf auszureden, dass ihre Schwäche, Rückständigkeit und Armut" der „Wille Allahs" sei, sondern sich selbst zu entwickeln. Mahatir sprach mit der Autorität eines Politikers, der aus einem armen, rückständigen Staat mit hauptsächlich muslimischer Bevölkerung ein Modell der – autoritären – Entwicklung gemacht hatte.

Dann empfahl der Premierminister den Muslimen, sich ein Beispiel an den Juden zu nehmen: „Die Europäer töteten sechs Millionen von 12 Millionen Juden, aber heute beherrschen die Juden die Welt durch ihre Stellvertreter. Sie bringen andere dazu, für sie zu kämpfen und zu sterben. 1,3 Milliarden Muslime können nicht von ein paar Millionen Juden besiegt werden. Wir haben es mit einem Volk von Denkern zu tun. Sie überlebten 2000 Jahre von Pogromen nicht durch Zurückschlagen, sondern durch Denken. Sie haben den Sozialismus erfunden, den Kommunismus, die Menschenrechte und die Demokratie, um sich vor der Verfolgung zu retten und um gleiche Rechte wie die anderen zu erhalten. Damit (mit Menschenrechten und Demokratie – Anm.) haben sie die Kontrolle über die mächtigsten Länder erlangt und sie, diese winzige Gemeinschaft, sind nun eine Supermacht."

Zwei Tage später, konfrontiert mit der Kritik unter anderem des US-Präsidenten George W. Bush („falsch und spalterisch"), weigerte sich Mahatir, etwas von seinen Worten zurückzunehmen und bekräftigte sie noch: „Die Reaktion der Welt zeigt, dass sie (die Juden – Anm.) wirklich die Welt kontrollieren. Israel ist ein kleines Land. Es gibt nicht so viele Juden in der Welt; aber sie sind so arrogant, sie widersetzen sich der ganzen Welt. Sogar wenn die Vereinten Nationen ‚Nein' sagen, tun sie trotzdem, was sie wollen. Warum? Weil sie die Unterstützung all dieser Leute haben."

Was Mahatir vor zum Teil begeisterten Zuhörern (unter denen auch der russische Präsident Putin als Vertreter eines Landes mit namhafter muslimischer Bevölkerung saß) präsentierte, war die „Jüdische Weltverschwörung" in Form eines zweischneidigen Kompliments. Im Gegensatz zu den Muslimen, die er für ihre mentalitäre Rückständigkeit kritisierte, hätten es die Juden verstanden, durch überlegene und psychologische Gedankenarbeit die Weltmächte für sich einzuspannen. Die „Ummah" (die muslimische Weltgemeinschaft) hingegen werde „mit Verachtung und Entehrung behandelt. Unsere Religion wird herabgewürdigt, unsere heiligen Stätten werden entweiht." Mahatir sieht sich als muslimischer Reformer, aber er denkt in Kategorien der Macht, nicht der Entwicklung um der Entwicklung willen: „Weil wir entmutigt werden, die Wissenschaften und die Mathematik zu studieren, die uns keinen Verdienst für das Leben nach dem Tode bringen, haben wir heute keine Möglichkeit, die Waffen zu produzieren, um uns zu verteidigen. Wir müssen unsere Waffen von unseren Gegnern und Feinden kaufen."

Der (inzwischen aus Altersgründen zurückgetretene, aber weiter sehr einflussreiche) malaysische Premier hat Recht, was die Denkverbote und ihre Folgen im radikalen Islam betrifft, aber dennoch begeht er einen entscheidenden gedanklichen Fehler. Überlegene technologische und wirtschaftliche Entwicklung beruht auf einem Gesamtkonzept, nämlich dem des freien Denkens und das wiederum ist letztlich nur in der Demokratie möglich. Die Sowjetunion war auf dem Gebiet bestimmter Rüstungstechniken führend, insgesamt aber dysfunktional. Mahatir, im ursprünglichen Beruf Arzt, spricht als – vorläufig – erfolgreicher „Entwicklungsdiktator", der mit einer gelenkten Demokratie und der Ausschaltung echter Konkurrenten (Verurteilung des erfolgreichsten Oppositionspolitikers wegen „Sodomie") eine beachtliche Modernisierung zustande gebracht hat. Aber z. B. die ethnischen Konflikte zwischen der malayischen Mehrheitsbevölkerung und den besonders erfolgreichen, eingewanderten Chinesen sind nur unterdrückt. In gewissem Sinn sind die Chinesen die „Juden" vieler südostasiatischer Länder (im Indonesien der sechziger Jahre kam es unter dem Vorwand der Bekämpfung des Kommunismus zu schwersten Pogromen gegen die Chinesen).

Für Mahatir sind Demokratie und Menschenrechte clevere „Erfindungen" der Juden, die damit „die Kontrolle über die mächtigsten Länder" (also vor allem die USA und Europa) erlangt hätten. Das ist zunächst einmal eine groteske Geschichtsverfälschung und der Trugschluss eines autoritären Politikers. Es ist aber auch antisemitisch. Dahinter steht wieder die Wahnidee von der weltumfassenden, manipulativen Macht „der Juden", die es eben auf Grund ihrer geistigen Überlegenheit verstanden hätten, sich einen völlig überproportionalen Einfluss zu erschleichen. 1,3 Milliarden Muslime können nicht von ein paar Millionen Juden „besiegt" werden, sagt Mahatir, sie müssen dabei entscheidende Hilfe bekommen, vor allem natürlich von den USA. Aber was genau heißt „besiegt"? Meint Mahatir damit die Aufrechterhaltung der israelischen Besatzung über die Palästinenser seit fast vierzig Jahren? Oder meint er es grundsätzlich, nämlich das Fortbestehen und Überleben des Israelischen Staates seit über fünf Jahrzehnten? Oder schreibt er die Dominanz der USA in der Welt und vor allem im arabischen Raum in Wirklichkeit „den Juden" zu? Die Eroberung des Irak war zum Zeitpunkt der Rede gerade ein paar Monate alt.

Höchstwahrscheinlich meinte Mahatir – und mit ihm zahllose Muslime, seien es die Eliten oder die „arabische Straße" – alles zusammen. Er benennt richtig die „Es ist Allahs Wille"- Mentalität, die das größte Entwicklungshemmnis der muslimischen Welt darstellt, aber letztlich muss es für die Schwäche der Muslime doch eine von außen kommende Ursache geben und das sind eben die Juden – groteskerweise über den Umweg von Demokratie und Menschenrechte. Ein schwerer Fall von Realitätsverweigerung, der aber vermutlich von einer Mehrheit der Muslime geteilt wird. Dabei ist Mahatir selbstkritisch genug, um die Sinnlosigkeit des Terrorismus in Palästina und anderswo zu benennen: „Gibt es keinen anderen Weg, als von unseren jungen Leuten zu verlangen, dass sie sich selbst in die Luft sprengen, Leute töten und damit zu noch mehr Massakern an unseren Leuten herausfordern? Während der letzten 50 Jahre des Kampfes um Palästina haben wir nicht ein Resultat erzielt. Wir haben vielmehr unsere Situation verschlechtert."

Man kann die Rede Mahatirs auch als Aufforderung zur Koexistenz mit den Nicht-Muslimen und zur Selbst-Modernisierung lesen. Aber sie ist zugleich antisemitisch und selbstbetrügerisch, weil sie „die Juden" zum Angelpunkt im Wettbewerb um den den Muslimen zustehenden Anteil an der Macht in der Welt erklärt. Man muss so sein wie „die Juden", so clever und manipulativ, dann kann man ihre geheime Weltherrschaft brechen. Es ist eine Welterklärung praktisch aus einem einzigen beherrschenden Gedanken, aus einer manisch auf ein Thema fokussierten Weltverschwörungstheorie – und daher eine Wahnidee. Eine gefährliche, wie alle Wahnideen, und zwar für die Juden und den Westen, aber gerade auch für die Muslime selbst. Sie entwertet die berechtigten Anliegen der Mitglieder der „Ummah", indem sie sie in die Hände von anderen legt: Brecht die Macht der Juden in der Welt, lautet die fatale Parole, und alles wird gut. Selbst wenn man die deutlichen Parallelen dieser Zwangsvorstellung zur Weltsicht des Nationalsozialismus ignoriert, bleibt genug an Sprengstoff für einen gewaltigen „Konflikt der Kulturen" über. Die Energien der muslimischen Gemeinschaft werden durch eine solche fixe Idee fehlgeleitet, weg von der eigenen Reform, hin zu einer völlig kontraproduktiven Auseinandersetzung mit einem imaginierten „Weltfeind".

## Blumige „arabische Rhetorik" oder Hasspredigten, die zum Terrorismus aufrufen?

Wenn Mahatirs „Argumentationskette" sozusagen den pseudo-rationalen Antisemitismus verkörpert, der die Muslime auffordert, von den überlegenen Juden zu lernen, um zu siegen, so strotzt die Rhetorik sowohl weltlicher wie geistlicher Führer von blanker, vehement vorgebrachter Judenfeindlichkeit, die in „den Juden" einfach den fundamentalen Ur-Feind sieht:

„Es ist kein Irrtum, dass der Koran uns vor dem Hass der Juden warnt und sie ganz oben auf die Liste der Feinde des Islams setzt. Heute rekrutieren die Juden die ganze Welt gegen die Muslime und benutzen alle Arten von Waffen" (Dr. Ahmad Abu Halabiya, Mitglied des „Fatwa-Rates", in der Moschee Zayd bin Sultan Nahyan in Gaza, 13. Oktober 2000, am Tag nach dem Lynchmord an zwei israelischen Reservisten in Ramallah).

„Habt keine Gnade mit den Juden, egal wo sie sind, egal in welchem Land. Bekämpft sie, wo ihr auch seid. Wenn ihr ihnen begegnet, tötet sie. Wo ihr auch seid, tötet die Juden und Amerikaner, die wie sie sind, und die ihnen beistehen. Sie liegen alle in ein und demselben Schützengraben gegen die Araber und Moslems" (Dr. Ahmad Abu Halabiya, im Fernsehen der palästinensischen Autonomiebehörde, am 14. Oktober 2000; Dokumentation: www.edume.org).

Der islamische Prediger Muhammad Mustafa Najm in einer Freitagpredigt in Gaza, übertragen vom Satellitenprogramm des Palästinensischen Fernsehens (PA TV) am 8. Februar 2002: „Die Juden haben wiederholt versucht, den Propheten Muhammad zu töten, Frieden und Segen für ihn ... Wir haben die ernstesten Warnungen an die Juden gerichtet, gegen ihre Ansichten und Pläne. Der Prophet kämpfte gegen sie und vertrieb sie von der Arabischen Halbinsel. Er sagte, es ist kein Raum für zwei Religionen in der arabischen Halbinsel ... Er verurteilte sie, damit wir uns vor ihnen in Acht nehmen und wissen, wie wir uns ihnen gegenüber zu verhalten haben ... auch wir sagen den Juden: Tut, was immer ihr tut, so wie wir es tun. Blickt nach vorn, so wie wir nach vorne blicken, blickt nach vorne auf eure Gräber."

Dr. Ismail Radwan von der Islamischen Universität in Gaza predigte am 11. Februar 2002 im Palästinensischen Satellitenprogramm: „Allah, er sei gesegnet, erlaubte es vielen Juden in diesem Land anzukommen, als wollte er uns Muslimen sagen: ‚Oh Muslime! Oh Muhammad! Oh Muslime! Bereitet euch vor für den Kampf gegen das Weltjudentum, damit ihr in dieser Sache gewinnen könnt!' Es scheint als sollte uns die Weisheit von Allah, er sei gesegnet, zeigen, dass die Sieger in diesem Kampf gegen die Juden die Muslime sind und ihre Vorreiter werden das palästinensische Volk sein" (Dokumentation: Dr. Reuven Ehrlich, Chef des „Intelligence and Terrorism Center" in Jerusalem: „Incitement and Propaganda against Israel, the Jewish People and the Western World, conducted in the Palestinian Authority, the Arab World and Iran", 2002).

## „Antisemitische Vorstellungen im Islam gut verankert"

Rüdiger Lohlker, der Inhaber des ersten Lehrstuhls für Islamwissenschaften an der Uni Wien, sagte im Interview mit Gudrun Harrer vom „Standard", es gäbe heute „gut verankerte antisemitische Vorstellungen im Islam, die bis zum Scheich der Al-Azhar-Universität, Tantawi, reichen, der in den 60er-Jahren eine – jetzt neu aufgelegte – Schrift über die Beni Israel (Israeliten) vorgelegt hat, die nicht anders als antisemitisch zu nennen ist." (die Al-Ahzar-Universität in Kairo gilt als zentrale Autorität in religiösen Fragen- Anm.)

Was die Stellung der Juden im Koran betrifft, so sagt Lohlker, dass „das Judentum gegenüber dem Christentum immer einen etwas schlechteren Stand hatte, wegen der Auseinandersetzungen des Propheten Mohammed mit jüdischen Stämmen, bis hin zur deren Vertreibung. Aber historisch ist es dann so gewesen, dass alle Minderheiten relativ friedlich mit dem Islam gelebt haben. Aber es gab natürlich in der Geschichte Momente, wo Jüdischsein von Nachteil war – Minderheiten sind immer gefährdet, von Mehrheiten angegriffen zu werden."

Der Antisemitismus selbst sei erst in der Neuzeit virulent geworden – könne aber eben auf einen älteren Traditionsbestand zurückgreifen. Ein Übergreifen des europäischen Antisemitismus sei mit spätestens den dreißiger Jahren anzusetzen. Die Protokolle der Weisen von Zion sind mit Interesse aufgenommen worden, denn arabische Intellektuelle kannten dieses „Modell": Die erste belegbare Übersetzung der Protokolle ins Arabische von 1926 stammt von einem lateinischen Katholiken in Jerusalem: „Die christlichen Minderheiten sind die Einzugslinie, über die solche Vorstellungen nach Nahost gekommen sind. Die erste muslimische Übersetzung ist für 1951 nachweisbar. Inzwischen gelten die Protokolle leider in der Essayistik – nicht bei den Historikern – als sichere Quelle."

In der innermuslimischen Diskussion gäbe es „exegetische Diskussionen darüber, ob die heutigen Juden mit den Juden im Koran verwandt sind, ob die verschiedenen koranischen Bezeichnungen, Yahud und Beni Israel, identisch sind und ob sich die Verurteilung der Juden im Koran auf eine bestimmte Personengruppe zu einer bestimmten Zeit bezieht – oder ob es in der ‚Natur des Judentums' liegt, gegen die Muslime und die muslimischen Gemeinden zu handeln."

Im politischen Islam hingegen gebe es „die direkte Aufnahme westlicher antisemitischer Vorstellungen – etwa die Vorstellungen, dass die Medien jüdisch kontrolliert sind, und wenn das nicht empirisch begründbar ist, dann sind es eben die Hintermänner oder die im Vorzimmer" („Der Standard", 6. Dezember 2003).

Der Begriff „arabische Rhetorik" ist ein fixer Bestandteil der politischen und literarischen Begriffswelt. Man verbindet damit blumige Ausdrucksweise, Exaltiertheit, ekstatische Selbstvergessenheit – und Realitätsverlust. Kenner der arabischen Rhetorik oder auch der Literatur, der politischen und der nichtpolitischen, weisen darauf hin, dass es oft mehr um die Schönheit und durchaus auch Extravaganz der Ausdrucksweise als um den Inhalt geht. Arabische Führer wie Gamal Abdel-Nasser waren Meister der feurigen Rhetorik, mit der die Massen immer wieder, auch nach fürchterlichen Niederlagen gegen Israel, wie dem Sechstagekrieg 1967, hinter dem „Rais" (Führer, Chef) gesammelt werden konnten.

Kann man diese Rhetorik zum Nennwert nehmen? Sie steht oft so offensichtlich in so krassem Gegensatz zu den Tatsachen, sie fabuliert von „Siegen", „Triumphen" und der moralischen Überlegenheit der eigenen Sache. Sie vermischt permanent Träume mit der Wirklichkeit. Gerade im militärischen Bereich trifft man immer wieder auf absurde Realitätsverleugnung, so etwa, als der „Informationsminister" Saddam Husseins bei einer improvisierten Pressekonferenz in den Straßen Bagdads noch von der Vernichtung der amerikanischen Streitkräfte faselte, während hinter ihm praktisch schon die ersten US-Panzer durchs Bild rollten. Kenner der arabischen Politik und der arabischen Psyche raten daher immer wieder, diese Exzesse des „Sich-besoffen-Redens" richtig einzuordnen, sich eher an den Handlungen als an den Reden zu orientieren und den handfesten Pragmatismus, der hinter den schönen oder auch aufpeitschenden Worten steht, nicht zu übersehen.

Man tut als westlicher Beobachter gewiss gut daran, sich dieser Warnungen zu erinnern. Auch die inner-arabische Debatte nimmt die Diskrepanz zwischen Traum und Wirklichkeit ansatzweise zur Kenntnis. Tatsächlich hat in den letzten Jahren eine Kette politischer und militärischer Niederlagen, wirtschaftlicher Schwierigkeiten und genereller Frustrationen Teile der arabischen Eliten – die westlich orientierten, „aufgeklärten" – veranlasst, diese Form der Realitätsbewältigung durch Realitätsverleugnung kritisch zu überprüfen. Der frühere ägyptische Botschafter in Wien und jetzige Vorsitzende des parlamentarischen Ausschusses für Auswärtige Angelegenheiten, Mustafa El-Feki, schrieb im Februar 2004 in „Al-Ahram Weekly": „Was wird an die Stelle der feurigen Rhetorik treten, an die wir uns in den vergangenen Jahrzehnten gewöhnt haben?" Der Sturz Saddam Husseins und der Schwenk Gaddafis zu einer Kooperation mit dem Westen habe der panarabischen Idee schwere Schläge versetzt und damit auch die Hohlheit der „Führer-Rhetorik" aufgezeigt. „Ich denke, dass sich der panarabische Nationalismus mit seinen historischen Slogans und seiner Medienrhetorik drastisch verändern wird. Schwulst ist überflüssig … Ich weine dem Ende dieser Rhetorik keine Träne nach. Trotzdem muss man sich Gedanken darüber machen, welche Gefahren dieser Niedergang des panarabischen Nationalismus mit sich bringt. Was passiert, wenn sich so viele Träume in Luft auflösen?"

Das „Al-Ahram Weekly", die englischsprachige Wochenzusammenfassung der führenden, traditionsreichen Tageszeitung „Al-Ahram" („Die Pyramiden"), wird von den ägyptischen Eliten und den ausländischen Beobachtern gelesen. Überlegungen dieser Art dringen also nicht sehr tief ins Volk und schon gar nicht zu den Mitgliedern der fanatisierten fundamentalistischen Bewegungen. Immerhin ist aber anzumerken, dass es unter den arabischen Intellektuellen eine solche selbstkritische Debatte wenigstens gibt, was in dieser Form früher nicht der Fall war.

Dennoch darf man nicht aus den Augen verlieren: die politische Rhetorik der arabischen Eliten ist eines, die radikale Rhetorik der islamischen Geistlichkeit und der populären Volksführer ein anderes. Die oben zitierten Predigten palästinensischer Imame und Mullahs mögen in einem Teil ihrer inneren Logik durchaus kalkuliert sein, vielleicht sogar als Frustrationsabfuhr für die Zuhörer. Aber manchmal bedeuten Worte doch das, was sie bedeuten, nämlich eine Aufforderung zum Hass, zur Gewalt und zum „Märtyrertum". Wenn junge Männer vom Imam der Moschee in Gaza aufgefordert werden, in der Nacht schlaflos dazuliegen und darüber zu grübeln, warum Gott ihnen den „Märtyrertod" vorenthalten hat, dann gibt es keinen Raum mehr für eine beschwichtigende Interpretation. Und die Aufforderung aus dem Mund des Predigers, der sich auf Allah und Mohammed beruft, „die Juden und ihre Förderer auszulöschen", kann nur als spirituelle Anleitung zum Terrorismus gegen Israelis, Juden in der ganzen Welt und den Westen überhaupt verstanden werden – und soll es wohl auch.

In Europa ist man seit dem 11. September 2001 und seit den schweren Anschlägen in Istanbul vom Herbst 2003 und in Madrid vom März 2004 auf die Hasspredigten in europäischen Moscheen aufmerksam geworden. Frankreich deportierte einen algerischen Prediger (der unter anderem die Berechtigung körperlicher Züchtigung von Ehefrauen verkündete), allerdings ist die Sache vor Gericht noch nicht endgültig ausgetragen worden. Der Kölner „Kalif" Metin Kaplan einer islamischen Sekte sollte in die Türkei abgeschoben werden, erstritt aber vor Gericht eine Aussetzung der Order bis Ende Oktober 2004. Der radikale moslemische Geistliche Abu Hamza al Masri wurde im Mai in London nach Polizeiangaben auf Grund eines Auslieferungsersuchens der USA festgenommen. Abu Hamza hat die Moslems zum Heiligen Krieg aufgerufen und offen den Moslem-Extremisten Osama bin Laden bewundert. Die radikal-islamistische Rhetorik, oft mit offenen oder verschleierten antisemitischen Tönen, wird also von den Europäern durchaus ernst genommen. Nach jahrelanger Beobachtung – und auch Duldung – musste man zu dem Schluss kommen, dass es sich hier eben nicht um übertriebene, nicht wirklich ernst gemeinte Blüten arabisch-islamischer Beredsamkeit handelt, sondern um ganz konkrete Aufforderungen zum „Kampf gegen die Ungläubigen" und damit auch oder besonders gegen die Juden.

Aber nicht nur mehr oder minder obskure Prediger, sondern arabische Intellektuelle mit offenbar intakten Beziehungen zur jeweiligen Regierung dürfen immer wieder mit den wüstesten antisemitischen Ausfälligkeiten an die Öffentlichkeit treten.

## „Bruder Hitler" in der ägyptischen Regierungszeitung

Unter der Überschrift „Verflucht sind sie in Ewigkeit" veröffentlichte die regierungseigene (!) ägyptische Zeitung „Al-Akhbar" am 29. April 2002 folgenden Hassausbruch von Fatima Abdallah Mahmud:

„Verflucht sind sie [die Juden] im Himmel wie auf Erden. Verflucht seit dem Bestehen des menschlichen Geschlechts. Seit dem Tag, an dem ihre Mütter sie gebaren. Diese Verdammten sind das Unheil der Menschheit, der Virus der Epoche, ihnen ist Erniedrigung und Elend bis zum Tag des jüngsten Gerichtes auferlegt. Sie sind verflucht, weil sie fortfuhren und wieder und wieder versuchten, unseren Herrn den Propheten Muhammad, Friede sei mit ihm, zu töten …

Gott verfluchte sie für die hässlichen Massaker, die sie an den unschuldigen und friedlichen Palästinensern in Sabra und Shatila begingen. Verflucht sind sie, ihre Väter und Großväter, bis zur Stunde [des Gerichtes], weil sie mit ihren unreinen und besudelten Füßen in die Al-Aqsa-Moschee eindrangen und ihre Heiligkeit verletzten.

Verflucht sind die Juden unserer Zeit, und [die] vor ihnen, und nach ihnen – sollte es ‚nach ihnen‘ noch welche geben. Was den Betrug des Holocaust oder der mahraqa [gängige arabische Bezeichnung des Holocaust] betrifft […], so haben viele der französischen Studien und Analysen gezeigt, dass es sich bei ihm [dem Holocaust] lediglich um eine Erdichtung, eine Lüge und Täuschung handelt, d. h. um ein Szenarium mit ausgedachten Szenen und einigen gefälschten Bildern, die mit der Wirklichkeit rein gar nichts zu tun haben. Hitler selbst, den sie des Nazismus beschuldigen, ist in meinen Augen nur ein bescheidener Schüler des Mordens und des Blutvergießens. Er ist völlig unschuldig bezüglich des Vorwurfes, er hätte sie [die Juden] in der Hölle des angeblichen Holocaust verbrannt. Das gesamte Thema ist, wie viele französische und britische Forscher bestätigt haben, allein ein großer israelischer Betrug, um insbesondere die deutschen Regierungen, aber auch die europäischen Staaten im Allgemeinen, zu erpressen.

Ich persönlich aber mache Hitler – angesichts dieser phantasievollen Erzählung – große Vorwürfe. Ich sage ihm von ganzem Herzen: Bruder, hättest du es doch getan! Würde es doch tatsächlich passieren! Damit sich die Welt von seinem Übel und seinen Sünden erhole! Seit ihrem Entstehen hegen die Juden Feindseligkeit und Hass gegen den Islam und die Muslime. Immer und ewig schmieden sie Pläne gegen sie, planen Verschwörungen gegen sie und Verbrechen, ergriffen Partei für ihre [der Muslime] Feinde und ihre Besetzer. […]

Sie versuchen fortwährend, alles was großartig und schön ist, zu beschmutzen und zu verunstalten. Im Grunde sind sie das Muster moralischer Schlechtigkeit, Gemeinheit und Niedertracht. Gott verfluche sie mehr und mehr, bis in alle Ewigkeit. Amen" (Dokumentation: www.memri.org – Das „Middle East Media Research Institute" in Washington wertet die politischen Debatten in der arabischen und muslimischen Öffentlichkeit aus. Übersetzungen sind auch auf Deutsch über www.memri.de zu beziehen; seit Juni 2004 sind unter www.memritv.org auch englische Übersetzungen aus arabischen TV-Sendungen erhältlich).

Der oben zitierte Text ist ein wahres Kompendium schlimmster Judenfeindlichkeit, komplett mit den „gängigsten" Anschuldigungen: die Juden sind „per se" verderbt, sie schmieden Verschwörungen gegen alle anderen, besonders aber gegen die Muslime, sie versuchten sogar den Propheten zu töten. Der Holocaust ist eine reine Erfindung, um die Deutschen und den Westen überhaupt zur Unterstützung Israels und zur Zahlung enormer Summen zu erpressen. Das Ganze gipfelt in der Anrufung des „Bruders Hitler", der es verabsäumt hat, wirklich mit den Juden ein Ende zu machen. Beachtlich für die offizielle Zeitung einer Regierung, die mit Israel immerhin einen Friedensvertrag geschlossen hat und sogar mit der israelischen Regierung eine (begrenzte) Kooperation unterhält. Die Autorin durfte dann im November 2002 in derselben Zeitung noch einmal die Juden als „Mörder, Feinde der Menschheit und Kriegsverbrecher" beschimpfen, die es wagten zu behaupten, „dass wir (Araber – Anm.) Antisemiten sind!" Denn da die Araber selbst Semiten seien, „sogar mehr Semiten als sie" (die Juden – Anm.): „Wie können wir daher uns selbst gegenüber feindselig sein?"

## „Man muss sich vor den Juden hüten" – aus palästinensischen Schulbüchern

Besonders beunruhigend ist die Tatsache, dass die Palästinensische Autonomiebehörde bis vor wenigen Jahren ausgesprochen judenhetzerische Texte in den eigenen Schulbüchern zuließ oder sogar förderte. Erst nach Protesten amerikanischer und auch europäischer Parlamentsabgeordneter wurden zwar neue Bücher herausgegeben, die aber immer noch die Existenz Israels (auch im Kartenmaterial) weitgehend ignorierten, die „Märtyrer" (Selbstmordattentäter) verherrlichen und die Idee des Friedens zwischen Israelis und Palästinensern jedenfalls nicht aktiv suggerieren.

Wistrichs Schlussfolgerung von 2002, dass „das antijüdische Gift ein ständiger Bestandteil des Bildungsprogramms der palästinensischen Autonomiebehörde geworden ist", muss inzwischen etwas relativiert werden, doch bestehen die Neuerungen hauptsächlich in einer gewissen Mäßigung des Tones. Allerdings berichtete der deutsche CDU-Abgeordnete Armin Laschet nach einer Informationsreise in die Palästinensergebiete, die alten antisemitischen Bücher seien zum Teil neu aufgelegt und nur mit neuen Einbänden versehen worden, auf denen die europäischen Sponsoren aufgedruckt seien. Ein Antrag von Laschet, die Förderung der palästinensischen Bildungsarbeit einzustellen, solange sich die Lehrbücher nicht ändern, verfehlt ganz knapp eine Mehrheit im europäischen Parlament. Die Europäer wollen den Friedensprozess nicht stören.

Tatsächlich finden sich in palästinensischen Schulbüchern aus den späten neunziger Jahren nicht nur zahlreiche israelfeindliche, sondern auch krass antisemitische Textstellen. Auf der Website des in New York situierten „Center for Monitoring the Impact of Peace (CMIP)" gibt es eine Sammlung entsprechender Texte. Das CMBI ist eine 1998 ins Leben gerufene israelisch-amerikanische NGO, die sich für einen Frieden zwischen Israelis und Palästinensern einsetzt (www.edume.org).

So lernten die palästinensischen Kinder bis zum Jahr 2000 unter anderem:

„Es ist im Talmud erwähnt: ‚Wir (die Juden), sind Gottes Menschen auf Erden (…) (Gott) zwang die menschlichen Tiere und alle Rassen und Nationen, dass sie uns dienen. Er zerstreute uns über die Welt, sie zu knechten und ihre Herrschaft zu ergreifen. Wir müssen unsere wunderschönen Töchter mit Königen, Ministern und Lords verheiraten, und unsere Söhne in unterschiedliche Religionen eintreten lassen. Auf diese Weise werden sie betrügen und Streit unter sie bringen, sodass sie einander bekämpfen (…) Nichtjuden sind Schweine – von Gott in Menschengestalt geschaffen, um als geeignete Diener der Juden zu leben. Und Gott schuf die Welt für sie (die Juden)'" (Moderne Arabische Geschichte für die 12. Klasse, Teil 1, S. 120).

„Warum hassen die Juden die Einheit der Muslime und wollen die Teilung unter ihnen? Gib ein Beispiel für die teuflischen Versuche der Juden anhand der Ereignisse des heutigen Tages!" (Islamische Erziehung für die 7. Klasse, S. 19.)

„Die Juden (…) haben muslimische und christliche Bewohner Palästinas ermordet und ausgewiesen, dessen Einwohner immer noch still unter der Tyrannei der rassistischen jüdischen Administration leiden" (Islamische Erziehung für die 9. Klasse, S. 182).

„Man muss sich vor den Juden hüten, weil sie verräterisch und illoyal sind" (Islamische Erziehung für die 9. Klasse, S. 79).

„In vielen Fällen haben sich diese Juden gemäß ihrer bekannten Verschlagenheit und Verlogenheit verhalten. Und sie zettelten Kriege (zwischen den arabischen Stämmen) an" (Islamische Erziehung für die 9. Klasse, S. 78).

„Lektionen, die gelernt sein sollten: Man muss sich vor Bürgerkriegen und Intrigen hüten, die Juden gegen Muslime versuchen zu entfachen" (Islamische Erziehung für die 9. Klasse, S. 94).

Im September 2000 (nur knapp vor dem Ausbruch der „Zweiten Intifada") erhielt die palästinensische Autonomiebehörde neue Schulbücher, die erstmals nicht auf jordanischen oder ägyptischen Unterlagen beruhen, sondern von den palästinensischen Schulbehörden selbst erarbeitet wurden. Jetzt stehen 14 eigene Lehrbücher für die 1. und die 6. Klasse zur Verfügung. Finanziert würden die Bücher, ebenso wie die Schulgebäude und die Gehälter der Lehrer durch die EU: Das CMIP kam zu dem Urteil, dass die ärgsten der früheren antisemitischen Stereotypen und die schlimmsten Hassaufrufe fehlen, jedoch die „Idee des Friedens und das Wort Israel auf keiner der Karten vorkommt. Der Staat Palästina erstreckt sich vom Jordan bis zum Mittelmeer.

Die „Zeit" befragte dazu für ein „Dossier" am 6. Juni 2002 Prof. Sami Adwan von der Universität Bethlehem. Er nimmt die Schulbücher in Schutz. „Solange die Grenzen Israels nicht endgültig festgelegt sind, lassen sich auch keine Karten zeichnen", sagt der Palästinenser, und: „Wir wissen nicht, was wir unseren Kindern beibringen sollen. Ich würde ihnen gern sagen, dass sie ihre Nachbarn lieben sollen, aber das würde uns in ihren Augen unglaubwürdig machen. Sie sehen im Alltag Soldaten, Bulldozer, Checkpoints. Schulbücher müssen die Realität widerspiegeln." Weil man erst eine eigene palästinensische Identität aufbauen müsse, habe man so wenig Bezüge zu Israel herstellen wollen. Dass sich in einem Kapitel über religiöse Toleranz nur ein Scheich und ein Pfarrer die Hände reichen, und kein Rabbi dabei ist, entspreche eben der innerpalästinensischen Realität. Immerhin plädiert Sami Adwan dafür, dass der Holocaust künftig auch in den palästinensischen Lehrplänen Platz findet. „Die Palästinenser verstehen nicht, dass sie die Opfer von Opfern sind." Verständnis für die Tragödie des jeweils anderen aufzubringen, das gelinge bisher keiner Seite. Es sei, als fürchte jeder, seine Identität zu verlieren, wenn er mit dem Leid des anderen sympathisieren würde.

Das ist ein gutes Beispiel für ein wesentliches Element der israelisch-palästinensischen Tragödie angesprochen: Man nimmt das Leid des anderen nicht oder kaum zur Kenntnis, wobei der Holocaust und das Leben unter einer harten Besatzung natürlich nicht verglichen werden dürfen. Gleichzeitig gibt die Äußerung von Adwan einen kurzen Blick auf palästinensische (arabische) Mentalitäten frei, die letztlich als selbstbeschädigend eingeordnet werden müssen: wer aus Angst um die eigene Identität die des anderen, des Gegners nicht zur Kenntnis nimmt, verleugnet, der bringt sich selbst um einen klaren Blick auf die Realität und verschlechtert damit die eigenen Position im Konflikt.

Umgekehrt wird auch in der israelischen Bevölkerung die Existenz so vieler Palästinenser und die Konsequenz dieses Faktums für das eigene Schicksal bewusst und unbewusst ausgeblendet.

## Verordneter Judenhass der Regime oder Volks-Antisemitismus?

Wie weitverbreitet und wie tiefgehend ist der Antisemitismus in der arabisch-muslimischen Welt? Robert S. Wistrich argumentiert, er sei in den „arabischen Ländern nach konventioneller Überzeugung hauptsächlich politisch und ideologisch, intellektuell und literarisch" gewesen, ohne eine tiefe persönliche Animosität oder eine populäre Resonanz: „Es war etwas, das von oben kam, von der Führung, nicht von unten, von der Gesellschaft – eine polemische und politische Waffe, die man wegwerfen konnte, wenn und falls man sie nicht mehr länger brauchte."

Aber diese Annahme sei, so Wistrich, „in meiner Sicht zu optimistisch und intellektuell zweifelhaft. In den letzten Jahren wurde es immer offensichtlicher, dass der antisemitische Virus Wurzeln in der allgemeinen Politik des Islam gefasst hat, und zwar in einem bisher nicht da gewesenen Grad. Erst vor wenigen Jahren wurden ‚Die Protokolle der Weisen von Zion' in einer Multimillionen-Dollar-Produktion im Rahmen einer Serie von 30 Teilen ‚dramatisiert', in Ägypten durch das arabische Radio und die arabischen Fernseh(anstalten) produziert, mit einer Besetzung von 400 Personen. Nach Aussage einer bekannten ägyptischen Wochenzeitung konnten dadurch die arabischen Zuschauer endlich mit der zentralen Strategie konfrontiert werden, ‚die bis zu diesem Tag Israels Politik, politische Hoffnungen und seinen Rassismus' dominiert. Ein Trommelfeuer von abwertenden und abstoßenden Bildern von Juden und des Judaismus findet sich sowohl in den von den Regierungen gestützten wie in den Oppositionsmedien, in volkstümlichen und akademischen Publikationen, in Fernsehbildern, in Karikaturen und in den Kassettenaufnahmen von Klerikern. Der Strom an giftiger visueller und verbaler Propaganda erstreckt sich von Marokko bis zu den Golfstaaten und den Iran. Er ist ebenso stark im ‚gemäßigten' Ägypten wie in den offen feindseligen arabischen Nationen wie Irak, Libyen und Syrien. Die Juden werden in arabischen Karikaturen als Dämonen und Mörder, als ein verhasstes, hassenswertes Volk dargestellt, das man fürchten und vermeiden muss. Sie werden unweigerlich als die Wurzen allen Übels und der Korruption dargestellt, Verursacher einer dunklen, nie endenden Konspiration, um die muslimischen Gesellschaften zu infiltrieren und zu zerstören, und schließlich die ganze Welt zu übernehmen. Die häufigsten visuellen Verzerrungen des Juden bestehen darin, ihn als einen geduckten dunklen bärtigen Mann in einem schwarzen Kaftan darzustellen mit einer langen gebogenen Nase und einer teuflischen Erscheinung – die Art von scheußlicher Stereotype, die wir aus dem klassischen Nazi-Propaganda-Schundblatt, dem „Stürmer", kennen. Der Judaismus selbst wird dargestellt als eine finstere, unmoralische Religion, die aus Kabalen und Blutritualen besteht, während die Zionisten systematisch mit kriminellen Rassisten oder Nazis verglichen werden oder gleichgesetzt werden."

Wistrichs Fakten sind nicht zu bestreiten. Die arabischen Medien strotzen vor kruden antisemitischen Hassbildern. Eine Karikatur aus der offiziellen ägyptischen Zeitung „Al-Gumhuria" („Die Republik") vom Dezember 2001 zeigt einen breit grinsenden Sharon, der im Stechschritt neben Hitler marschiert und die blutbefleckte rechten Hand zum „Sieg Heil" erhebt (vor dem Hintergrund brennender Häuser). In der palästinensischen Zeitung „Al-Quds" vom Mai 2001 wird Sharon als Monster gezeigt, das palästinensische Kinder verschlingt. Wistrich weist darauf hin, dass „in historischer Sicht, Antisemitismus ein relativ neues Phänomen in der arabischen Kultur und unter Muslimen allgemein ist. In der traditionellen Islamischen Welt existierte es nicht als nennenswerte Kraft, obwohl einige der Wurzeln der gegenwärtigen antijüdischen Haltungen im Koran und anderen frühen islamischen Quellen gefunden werden können." Die Mobilisierung und Instrumentalisierung des arabisch-muslimischen Antisemitismus ist also zweifellos auf die Erfahrung der jahrzehntelangen Niederlagen gegen die israelischen Streitkräfte, die Behauptung eines jüdischen Staates inmitten einer arabischen Umwelt und die Besetzung und fortdauernde Besiedlung palästinensischer Gebiete zurückzuführen. Die große Frage ist jedoch, warum sich insbesondere die arabischen Eliten nicht von bizarren Welterklärungs- und Weltverschwörungstheorien lösen können; und warum sie glauben, zu den krudesten und abstoßendsten antisemitischen Stereotypen greifen zu müssen, um den eigenen „Befreiungskampf", den sie sicher als solchen verstehen, gegen „die Juden" und die angebliche „jüdische Weltmacht" zu führen.

Dass im vergleichsweise gemäßigten Ägypten, das immerhin einen Friedensvertrag mit Israel hat, eine Serie wie „Pferd ohne Reiter" (oder eher „Ritter ohne Pferd") produziert, gesendet und an zahlreiche andere arabische Länder verkauft werden konnte, ist ein Alarmzeichen. Die Serie stellt die „Protokolle der Weisen von Zion", eine Fabrikation der russisch-zaristischen Geheimpolizei „Ochrana" vom Ende des 19. Jahrhunderts, als historisches Faktum dar. Die „Protokolle" sind sozusagen die Handlungsanleitung zur Erringung der Weltherrschaft für die Juden. Die ägyptische TV-Serie übersetzte das in eine dramatische Handlung, in der der Held, Hafez Nagib, zur Zeit der britischen Herrschaft ein Exemplar des Buches aus dem Schlafzimmer der Frau des britischen Kommandeurs entwendet – um den Beweis der jüdischen Pläne für die Nachwelt zu retten. Eine weitere Episode zeigt eine Gruppe von religiösen Juden in einem dunklen Raum mit jüdischen Symbolen, die die Errichtung eines jüdischen Staates in Palästina diskutieren und sich fragen, ob ihnen das britische Imperium dabei helfen wird oder nicht.

Die Serie löste in den arabischen Medien eine Kontroverse aus, wobei teilweise in ein- und derselben Zeitung Pro- und Kontra-Stimmen veröffentlicht wurden. Die ägyptische Presse sprach sich allerdings mehrheitlich für die Veröffentlichung der Serie aus, wobei einige die Echtheit der „Protokolle" betonten, andere erklärten, die Echtheit sei nicht wirklich entscheidend, da die Juden jedenfalls de facto die darin beschriebenen Ziele umgesetzt hätten (Leitartikel in Al Akhbar: „Die wichtigste Frage ist: Hat nicht der Zionismus in der Praxis versucht, die Welt mit Geld, Mord, Sex und anderen abscheulichen Methoden zu übernehmen, vor allem in unserer Generation?").

Möglicherweise glaubt die ägyptische Regierung unter Präsident Mubarak, die starken islamistischen Strömungen in der Bevölkerung auf diese Weise beschwichtigen zu können, nachdem die terroristischen „Moslembrüder" mit äußerster Härte der Sicherheitskräfte zumindest vorläufig niedergerungen wurden.

Aber die Interpretation Wistrichs, beim breiten antisemitischen Strom in den arabischen Medien handle es sich – entgegen früheren Annahmen – nicht um eine „von oben" dekretierte Maßnahme, sondern um eine breite Volksbewegung, muss doch hinterfragt werden. Unter den 22 arabischen Staaten findet sich keine einzige Demokratie (auch die irakische Übergangsregierung ist nur von den Besatzern, nicht durch Wahlen legitimiert). Diese arabischen Regime lassen selbstverständlich auch keine wirklich freie Presse zu. Daher ist nicht von vornherein gegeben, dass der rabiate und widerliche Antisemitismus in den offiziellen Medien auch einem „Volksantisemitismus" entspricht. Allerdings müssen auch in Diktaturen und Halbdiktaturen die Massenmedien Rücksicht auf die Stimmung der Massen nehmen, mit Ausnahme vielleicht in absolut totalitären Regimen. Die Möglichkeit ist nicht auszuschließen, dass der Regierungs-Antisemitismus mit dem Volksantisemitismus in den arabischen Ländern in beträchtlichem Maße ident ist. Gleichzeitig muss man nach Ansicht etlicher ausländischer Beobachter davon ausgehen, dass die arabisch-muslimischen Massen wenig über „die Juden" wissen und besonders der Holocaust in seiner Dimension im Bewusstsein sehr vieler nicht oder sehr schlecht verankert ist. Und wenn, vor allem unter den gebildeten Schichten, ein Wissen vorhanden ist, dann wird es als westlich-jüdisches Unterdrückungsinstrument in Frage gestellt.

# Auschwitz hat es entweder nicht gegeben – oder es hat keine Bedeutung für die Araber

„Juden haben das Märchen erfunden, nämlich die Massaker der Nazis gegen die Juden (…), das zionistische Wesen ist ein Krebsgeschwür, das man herausschneiden muss" („Al-Mannar", libanesisches Fernsehen, 9. April 2000).

„… In Zukunft wird der Welt klar, dass es eine Rechtfertigung gibt für das, was den Juden in Deutschland, Polen und Russland widerfahren ist." (Der populäre ägyptische Publizist Anis Manzur in „Al-Ahram" am 13. März 2001. „Al-Ahram" ist die auflagenstärkste Zeitung Ägyptens).

„… Lügen sind über hier und dort ermordete Juden und den Holocaust ans Tageslicht gekommen. Und natürlich sind das alles Lügen und unbegründete Behauptungen. Kein Chelmno, kein Dachau, kein Auschwitz! (Das) waren Desinfektionsstellen (…) Sie begannen, ihre Propaganda zu veröffentlichen, dass sie verfolgt, ermordet und vernichtet worden seien (…) Hier und dort waren Ausschüsse tätig, um diese Einheit (Israel), diese fremde Einheit, zu gründen, die als Krebs in unserem Land wuchert, wo unsere Väter lebten, wo wir leben und wo unsere Kinder nach uns leben werden. Sie haben sich immer als Opfer dargestellt, und sie gründeten ein Zentrum für Heldentum und Holocaust. Wessen Heldentum denn? Wessen Holocaust?" (Dr. Issam Sissalem, Professor für Geschichte an der Islamischen Universität Gaza, in einer Fernsehsendung der palästinensischen Autonomiebehörde, 29. November 2000.)

„Wieder einmal taucht die Frage des Holocaust auf. Sie ist über ein halbes Jahrhundert lang nicht verschwunden, weil die zionistische Propaganda ihn in ein Mittel zur Erlangung politischer und wirtschaftlicher Vorteile umgewandelt hat, abgesehen davon, dass er zum Vorantreiben von Besetzung und Besiedelung genutzt wird (…) In einem vor kurzem veröffentlichten Buch eines amerikanischen Forschers geht es um den Holocaust. Mit wissenschaftlichen und chemischen Nachweisen beweist es, dass die Zahl von sechs Millionen Juden, die im Nazilager Auschwitz eingeäschert worden sein sollen, eine Lüge zu Propagandazwecken ist, da selbst die geräumigsten Baracken im Lager nicht einmal ein Prozent dieser Anzahl hätten beherbergen können" (Hiri Manzour in „Al-Hayat Al-Jadida", 13. April 2001. „Al-Hayat Al-Jadida" ist die offizielle Tageszeitung der palästinensischen Autonomiebehörde).

(Vgl. die Dokumentation zu diesen Zitaten: edume.org und www.memri.de.)

In Europa wäre das Anlass für Gerichtsverfahren gegen die entsprechenden Medien und Persönlichkeiten. Tatsächlich erließen die französischen Behörden im September 2002 eine Verfügung gegen den Chefredakteur der ägyptischen Regierungszeitung „Al-Ahram", Ibrahim Nafi, weil 1.100 Exemplare der Zeitung mit einem wüst antisemitischen Artikel in Frankreich verteilt worden waren. Der Artikel mit dem Titel „Jüdische Matze aus arabischem Blut" stammt von dem bekannten Kolumnisten Adel Hamouda und ruft anlässlich der „Kinder von Palästina" eine antisemitische Legende aus dem Syrien des Jahres 1840 (!) in Erinnerung, wonach Juden einen französischen Missionar und seinen arabischen Gehilfen geschächtet hätten, um aus dem Blut rituelles ungesäuertes Brot (Matzes) herzustellen.

Das Vorgehen der Behörden mobilisierte in den ägyptischen und arabischen Medien starke Unterstützung zugunsten des Chefredakteurs von „Al-Ahram", der keineswegs antisemitisch sei, sondern sich nur gegen den „rassistischen Zionismus" und die „Vernichtung der Palästinenser" wende. Mehrere arabische Autoren, darunter auch Chefredakteur Nafi selbst, aber auch etwa ein Dichter und Kolumnist für die palästinensische Zeitung „al-Hayat Al Jadida", behaupteten die faktische Wahrheit dieser klassischen antisemitischen „Blut-Verleumdung". Nafi führte die Aktion der französischen Behörden auf die zionistische Lobby zurück und brachte zu seiner Verteidigung die alte Linie vor, Araber könnten ex definitione nicht antisemitisch sein, weil sie selber Semiten seien.

Einen tieferen Einblick in die Denkweise arabischer Intellektueller in führenden Positionen gab der Chefredakteur jedoch, als er die Vergleiche der israelischen Politik mit den Nazis und Sharons mit Hitler verteidigte: „Wir wissen genau, was diese Beschreibungen im europäischen Denken repräsentieren, welches in den Nazi-Erfahrungen gefangen bleibt, aber jeder sollte wissen, dass wir in Ägypten und der

arabischen Welt keine Gefangenen dieser Erfahrung sind. Der Nazismus war eine rassistische Bewegung, die Massaker gegen die Menschheit durchführte, und soweit es uns betrifft, ist er nicht mehr als eine
rassistische Bewegung, die abscheuliche Massaker in Europa durchführte. Daher ist es das Recht jedes Autors oder Denkers, Sharons
Politik essentiell mit der Politik der Nazis gleich zu setzen, sogar wenn
es einen Unterschied in der Zahl der Opfer gibt. Was die Art des Denkens betrifft, gibt es keinen großen Unterschied zwischen der Nazi-
Ideologie und der Ideologie der extremistischen zionistischen Gruppen" (Dokumentation: www.memri.org).

Der Aufruhr, den der Fall „Al-Ahram"/Nafi im amerikanischen
Kongress und in der US-Presse erzeugte, erzwang schließlich eine
offizielle Reaktion der ägyptischen Regierung. Der engste politische
Berater des ägyptischen Präsidenten Mubarak, Osama al-Baz, versuchte im Januar 2003, in einer dreiteiligen Serie in „Al-Ahram", eine
ausgewogene Analyse:

Verantwortlich für den „klassischen" Antisemitismus seien die
Europäer, nicht die Araber, letztere sollten aber auch den Holocaust
anerkennen und alte antisemitische Mythen, wie die „Blut-Verleumdung" zurückweisen. Die Araber sollten die Juden nicht als einzige
homogene Gruppe sehen – was dem Rassismus und feindseligen Haltungen Vorschub leiste. Gleichzeitig macht Osama al-Baz für den ara-
bisch-jüdischen Konflikt die Expansionsbestrebungen des Zionismus
verantwortlich und fordert die Araber wie die Juden/Israelis auf, die
Beziehungen mit einigen konkreten Maßnahmen zu verbessern.


## Der Präsidentenberater interveniert,
## die Hasspredigen gehen weiter

Diese Intervention eines führenden arabischen Intellektuellen und
jahrzehntelangen engen Beraters des seit 1981 herrschenden ägyptischen Präsidenten Hosni Mubarak verdient es, ernst genommen zu
werden, weil sie den Geist der Rationalität und der Mäßigung atmet,
auch wenn manche Behauptungen („Der arabische Nationalismus
war niemals antijüdisch") berechtigten Widerspruch erregen mögen.

Der entscheidende Punkt ist, dass „der ägyptische Kissinger", wie Osama al-Baz gelegentlich genannt wurde, seine Landsleute und die Araber überhaupt, auffordert, die Auseinandersetzung mit Israel auf rationale Weise und ohne Rückgriff auf atavistische, im Endeffekt kontraproduktive Mythen und Hass-Theorien zu führen. (Der gesamte Text wurde in englischer Sprache auch im „Al-Ahram Weekly" online veröffentlicht (http://weekly.ahram.org.eg und ist auszugsweise auch unter www.memri.org abzurufen.)

Dagegen ist kaum etwas einzuwenden, selbst und gerade wenn man das Existenzrecht Israels als unveränderliches Axiom in der gesamten Debatte über den Nahost-Konflikt versteht. Aber selbst der Berater des Präsidenten hat offenbar keine absolute Macht über die islamistischen Strömungen in der ägyptischen Publizistik. Im Oktober 2003 brachte die religiöse Wochenzeitschrift „Aqidati" einen Artikel eines früheren stellvertretenden Ministers für Religöse Fragen, der unter dem Titel „Verrat und Täuschung sind in ihrem Blut" eine Auflistung angeblicher Eigenschaften der Juden darstellt, und zwar unter ständigem Bezug auf den Koran.

Im August 2004 erschien in derselben Zeitschrift ein ganzseitiger Artikel des Kolumnisten Hussam Wahba, der zum Beweis der Richtigkeit der „Blut-Verleumdung" das angebliche Geständnis eines Rabbis heranzieht, der Ende des 18. Jahrhunderts zum orthodoxen Christentum konvertierte. Ferner wird behauptet, über dem Eingang zum israelischen Parlament, der „Knesset" in Jerusalem, stünde ein langes Zitat aus dem Talmud, wonach „Mitleid mit einem Nicht-Juden" verboten sei. Der Talmud befehle den Juden „besonders Muslime und Christen zu töten und ihr Blut zu religiösen israelischen Ritualen" zu verwenden. „Aqidati" erscheint im Verlag der staatseigenen Tageszeitung „Al-Gumhuriya" und wird von der „Al-Tahrir"-Stiftung herausgegeben, die der regierenden „National Democratic Party" nahe steht. Mehrere bekannte ägyptische Journalisten sind Mitglieder des Stiftungsrates.

## Quasi-eliminatorischer Antisemitismus der radikalen Islamisten (Hamas)

Selbst wenn man konzediert, dass die Araber in ihrer großen Mehrheit nicht für den eliminatorischen Antisemitismus der Nazis verantwortlich gemacht werden können; selbst wenn man die Kollaboration des Muftis von Jerusalem, M. A. al-Husseini, mit Hitler und seinen bekannten Ausspruch von 1943 in Berlin ("Die Deutschen wissen, wie man es macht, um die Juden loszuwerden") nicht als repräsentativ für die Gesamtheit der Araber ansieht, kann man doch nicht übersehen, dass "die Absicht Israel zu zerstören, weiterhin eine zentrale motivierende Kraft in den politischen Ansichten vieler Araber ist" (Robert S. Wistrich). "Die Kernannahme, dass Israel von der Landkarte verschwinden muss, ist nicht nur ein Axiom der religiösen Fundamentalisten", so Wistrich, "sondern eines, das von den meisten arabischen und palästinensischen Nationalisten ebenso wie von einer Mehrheit in der arabischen Straße geteilt wird. Antisemitismus ist tatsächlich ein integraler und organischer Teil dieser arabisch-muslimischen Kultur des Hasses geworden – ein machtvolles Instrument der Hetze, des Terrors und der politischen Manipulation."

Quasi-eliminatorisch ist jedenfalls der Antisemitismus der palästinensischen islamischen Gruppe "Hamas" (übersetzt: "religiöser Eifer", gleichzeitig aber auch die Abkürzung für "Harakat al-Muqawama al-Islamiya" – Islamische Widerstandsbewegung). Die Hamas, auf deren Konto die meisten Selbstmordattentate gehen, hat in Gaza und teilweise auch im Westjordanland eine funktionierende Sozialstruktur aufgezogen und konkurriert mit Arafats PLO um die Macht innerhalb der palästinensischen Gebiete. Im Unterschied zur PLO lehnt die Hamas eine Teilung in einen israelischen und einen palästinensischen Staat ab und will einen islamischen Gottesstaat vom Jordan bis zum Mittelmeer errichten. Die Juden könnten innerhalb dieses Staates als geduldete Minderheit leben, haben die Vertreter der Hamas verschiedentlich zu verstehen gegeben.

Ihre Charta enthält allerdings klare, religiöse, aber auch mit den bekannten Verschwörungstheorien begründete Aufforderungen zu einem umfassenden Krieg gegen "die Juden", und zwar nicht nur in

Palästina, sondern überall auf der Welt: „Das jüngste Gericht wird nicht kommen, solange Moslems nicht die Juden bekämpfen und sie töten. Dann aber werden sich die Juden hinter Steinen und Bäumen verstecken, und die Steine und Bäume werden rufen: ‚Oh Moslem, ein Jude versteckt sich hinter mir, komm und töte ihn'" (Artikel 7).

„Die Feinde haben lange Zeit Ränke geschmiedet … und riesigen, bedeutungsvollen, materiellen Reichtum angesammelt. Mit ihrem Reichtum haben sie weltweit die Kontrolle über die Medien übernommen, … mit ihrem Geld haben sie in verschiedenen Teilen der Welt Revolutionen gesteuert … Mit ihrem Geld bildeten sie geheime Organisationen, z. B. die Freimaurer, die Rotary Clubs und die Lions Clubs, welche über die ganze Welt ausgebreitet sind, um Gesellschaftssysteme zu zerstören und zionistische Interessen wahrzunehmen … Sie standen hinter dem Zweiten Weltkrieg, durch den sie riesige finanzielle Gewinne erzielten … Sie sind die Drahtzieher eines jeden irgendwo in der Welt geführten Krieges" (Artikel 22).

„Die zionistischen Intrigen werden kein Ende nehmen. Über Palästina hinaus werden sie sich vom Nil bis zum Euphrat ausbreiten" (Artikel 2).

„Der Hamas betrachtet sich selber als Speerspitze und Vorhut des gemeinsamen Kampfes gegen den Welt-Zionismus … Islamische Gruppen in der ganzen arabischen Welt sollten das gleiche tun, da sie für ihre zukünftige Aufgabe, den Kampf gegen die kriegstreiberischen Juden, bestens gerüstet sind" (Artikel 32).

Ein Weltbild, das eindeutig von einem „Kampf der Kulturen" ausgeht – die Muslime gegen die Christen und die Juden oder gegen die säkulare Gesellschaftsordnung des Westens.

Die Hamas geht auf die so genannten „Moslembrüder" zurück, die in den zwanziger Jahren des 20. Jahrhunderts in Ägypten gegründet wurden. Ihr geistiger Führer, Hassan al-Banna, legte 1938 in seiner berühmt gewordenen Grundsatzschrift unter dem Titel „Die Todesindustrie" die Philosophie der Bewegung dar: „Derjenigen Nation, welche die Industrie des Todes perfektioniert und die weiß, wie man edel stirbt, gibt Gott ein stolzes Leben auf dieser Welt und ewige Gunst in dem Leben, das noch kommt."

Matthias Küntzel hat in seinem Buch „Djihad und Judenhass.

Über den neuen antijüdischen Krieg" (Ca ira-Verlag, Freiburg 2003) die Wurzeln der Bewegung verfolgt: „Der Koran, so al-Banna, habe es den Gläubigen aufgegeben, den Tod mehr zu lieben als das Leben. Unglücklicherweise seien die Muslime jedoch von einer ‚Liebe zum Leben' erfasst: ‚Die Illusion, die uns gedemütigt hatte, besteht in nichts anderem, als der Liebe zum weltzugewandten Leben und dem Hass auf den Tod.' Solange die Moslems ihre Liebe zum Leben nicht durch die im Koran geforderte Liebe zum Tod ersetzen, sei ihre Zukunft hoffnungslos. Siegen könne nur, wer es in ‚der Kunst des Todes' zur Meisterschaft bringt. ‚Bereite dich also darauf vor, eine große Tat zu vollbringen', heißt es in dem oben zitierten Artikel weiter. ‚Wenn du erpicht bist, zu sterben, wird es dir gewährt sein zu leben, wenn du dich auf einen edlen Tod vorbereitest, wirst du vollständiges Glück erlangen.' 1946 wurde dieser Aufsatz al-Bannas unter dem Titel ‚Die Kunst des Todes' neu publiziert."

Nach dem 11. September 2001 predigte der Mufti von Jerusalem in seinem Freitagssermon in der Al-Aqsa-Moschee und forderte offen zur Zerstörung von Israel, Großbritannien und den Vereinigten Staaten auf: „Oh Allah, zerstöre Amerika, denn es ist von den zionistischen Juden beherrscht. Allah wird das Weiße Haus schwarz färben."

Die in Ägypten erscheinende Zeitschrift der muslimischen Bruderschaft pries Osama bin Laden überschwänglich „als Held in der vollen Bedeutung des Wortes" und betete, dass seine Anhänger schließlich „Amerika ausradieren würden". Der syrische Botschafter in Teheran wurde mit der Aussage zitiert, „dass die Israelis in diese Vorfälle (dem Angriff auf das World Trade Center) involviert waren und dass kein einziger jüdischer Angestellter an diesem Tag im WTC anwesend war". In der jordanischen Tageszeitung „Al-Dustour" erschien am 13. September 2001 ein Artikel, in dem behauptet wurde, dass der Angriff auf die Doppeltürme in Wahrheit „eine Tat des großen jüdischen zionistischen Masterminds sei, das die Weltwirtschaft, die Medien und die Politik kontrolliert". Der saudiarabische Kronprinz (und De-facto-Herrscher über das Land) Abdullah, sagte über die Ermordung von fünf westlichen Ölexperten im Mai 2004, er sei „95 Prozent sicher", dass „die Zionisten" dahinter stünden. Sein einflussreicher Innenminister, Prinz Najif, erklärte gegenüber einer kuwaitischen Zeitung ein Jahr nach dem 11. September, die Attentate seien „eine zionistische Verschwörung gewesen".

Robert S. Wistrich, und nicht nur er, fühlt sich durch die vehemente, giftige Sprache und die Betonung von radikalen Lösungen beunruhigend an die dreißiger und vierziger Jahre in Europa erinnert: „Die antiisraelischen und antisemitischen Verschwörungstheorien, die sich in der arabischen und in der muslimischen Welt seit dem 11. September aufgeschaukelt haben, sind für sich selbst genommen nicht neu. Aber sie zeigen eine äußerst explosive Mixtur von antiwestlicher Einstellung, ideologischem Fanatismus, blankem Hass und Irrationalität, die einen wesentlichen Strom des heutigen muslimischen Denkens ausmacht."

## „Haben wir den Mut zur Selbstkritik?"
### Stimmen der Rationalität in der inner-arabischen Debatte

Wenn sich eine unabhängige, nicht regierungsnahe Stimme der Rationalität erhebt, dann meistens im arabischen „Exil" unter Intellektuellen und Schriftstellern, die im westlichen Ausland leben.

Im Jahr 2001 verfassten führende arabische Intellektuelle eine Erklärung, in der sie die libanesische Regierung aufforderten, ein Treffen von Holocaust-Leugnern aus aller Welt in Beirut abzusagen. Unter den Unterzeichnern waren Mahmoud Darwish, der palästinensische Nationaldichter, Edward Said, der inzwischen verstorbene palästinensisch-amerikanische Professor, Adonis, der libanesische Dichter, Elias Sanbar, der palästinensische Historiker, und andere geachtete Persönlichkeiten der ganzen arabischen Welt. Das Treffen wurde auch verboten, konnte allerdings mit Unterstützung des jordanischen Schriftstellerverbandes in Amman stattfinden.

Am 2. August 2004 veröffentlichte Abd Al-Hamid Al-Ansari, ehemaliger Dekan der Sharia-Fakultät an der Universität von Qatar, in der in London erscheinenden Tageszeitung „Al-Hayat" einen Artikel zum Untersuchungsbericht des amerikanischen Kongresses über den 11. September 2001. Darin fordert er die Araber auf, ihre Verschwörungstheorien über die Herkunft der Täter der Anschläge zu widerrufen, sich für ihre Verbreitung zu entschuldigen und nach den Ursachen für die zerstörerische Gewalt des 11. September in den arabischen Gesellschaften nachzufragen.

„Es besteht also kein Zweifel, dass die Amerikaner ihre Lehren aus dem Bericht ziehen werden [...]. Aber was ist mit uns? Was ist mit den Arabern, immerhin die aktive Seite in dieser Angelegenheit?

Nach dem 11. September beschuldigten wir den israelischen Mossad, die Anschläge geplant zu haben. Diese Theorie kursierte nicht nur auf der Straße. Auch Intellektuelle und wichtige Persönlichkeiten aus Religion und Politik glaubten daran und begründeten dies damit, dass an diesem unseligen Morgen 4.000 Juden nicht an ihren Arbeitsplätzen im World Trade Center erschienen seien und dass Juden festgenommen worden wären, die schadenfroh Bilder von den [fallenden Türmen] gemacht hätten.

Man sollte sich nun fragen: Sind unsere religiösen Repräsentanten, insbesondere jene von den moderaten Religiösen, die so oft im Satellitenfernsehen auftreten und vor allem bei Al-Jazeera quasi ein Monopol innehaben, immer noch davon überzeugt, dass Al-Qa'ida und Bin Laden unschuldig sind? Sie hatten ja erklärt, dass Bin Laden ein armseliger kleiner Scheich sei, der nicht das Zeug habe, Operationen auf einem solchen Level [...] durchzuführen, und dass es die Amerikaner selbst gewesen seien, die die Anschläge ausgeführt hätten, um [im Anschluss] gegen den Islam und die Muslime vorgehen zu können."

Der Autor fragt dann, ob die Araber den Mut hätten, ihren religiösen, medialen und kulturellen Diskurs zu überprüfen:

„Es gehört zu den arabischen Absurditäten in dieser Sache, dass Al-Qa'ida und seine Helfer stolz auf ihre Taten sind, die sie als den ‚Manhattan-Überfall' bezeichnen, und zu deren Andenken sie im vergangenen Jahr in London sogar Broschüren mit Abbildungen der ‚Phantastischen 19' gedruckt haben – während sich gleichzeitig unsere religiösen, kulturellen und politischen Eliten verzweifelt darum bemühen, sie und ihre Unschuld zu verteidigen? Haben wir den Mut zur Selbstkritik, den Mut, unsere Fehler einzugestehen und uns zu entschuldigen wie andere Völker auch? Oder gibt es diese Tugend bei den Arabern nicht, womit wir zu den Völkern gehören würden, die keine Entschuldigung kennen?

Warum nutzen wir nicht die Gelegenheit, die das Erscheinen des Berichtes zum 11. September uns bietet, und fragen uns, warum eine so zerstörerische Gewalt und eine Kultur die arabische Welt überflutet, die [uns] in den Ruin treibt? Warum nutzen wir nicht diese Gelegenheit, um unser Bildungssystem und unsere Lehrpläne sowie unseren gesamten religiösen, medialen und kulturellen Diskurs zu überprüfen, der dazu führt, dass unsere Jugend in einem permanenten Spannungsverhältnis mit dem Rest der Welt lebt? [...]"

Ein beeindruckender Appell für Selbstkritik und Realismus unter den arabischen Intellektuellen und Entscheidungsträgern. Allerdings eben in einem Medium, das im westlichen Ausland erscheint und nicht in irgendeinem arabischen Land. Die Meinungsfreiheit der westlichen Demokratien ist notwendig, um Gedanken wie diese wenigstens an die Peripherie der arabischen Debatte zu tragen.

## Verbindungen zwischen radikalen Arabern und europäischen Rechtsextremen

Die Selbstmordanschläge des 11. September 2001 wurden nicht nur in radikalislamischen Kreisen, sondern auch in der (europäischen) Nazi-Szene gefeiert und begrüßt.

„Mit den Attentätern teilen die Neonazis den antisemitischen Wahn, der sie in den USA und vor allem in New York (,Jew York') das Böse schlechthin sehen lässt" (Heribert Schiedel, Mitarbeiter des DÖW). „Diese Stadt verkörpert für sie alles, was sie hassen und daher mit den Juden und Jüdinnen identifizieren: Moderne, Säkularität, Multikulturalität, Urbanität, Liberalität. Daneben sind es die massiven Revanchegelüste angesichts des Beitrages der USA zur Zerschlagung des „Dritten Reiches", welche Neonazis die Anschläge feiern ließen" (Heribert Schiedel: „Der 11. 9. und die Rechtsextremen" – 10. September 2002, in www.derstandard.at).

Heribert Schiedel und sein Kollege Anton Maegerle haben im November 2001 unter dem Titel „Krude Allianz" eine Zusammenstellung über „das arabisch-islamistische Bündnis mit deutschen und österreichischen Rechtsextremisten veröffentlicht (www.doew.at)

und die Vernetzung zwischen deutschsprachigen Rechtsextremisten und islamistischen Fundamentalisten herausgearbeitet.

Maegerle/Schiedel: „Die ideologischen Berührungspunkte zwischen deutschsprachigen Rechtsextremisten und arabischen Nationalisten oder Islamisten sind vielfältig: Antisemitismus und Antizionismus, ein von Manichäismus durchwachsener Antiimperialismus, ein reaktionärer wie personalisierender Antikapitalismus, der sich gegenwärtig gegen „Globalisierer" und „one world" austobt, antizivilisatorische Verklärung „organischer Gemeinschaften", kultureller Antiamerikanismus, Befreiungsnationalismus, Ethnopluralismus und die massenmörderische Parole vom Selbstbestimmungsrecht der Völker."

## „Die Drahtzieher der Globalisierung" – Antisemitismusgefahr bei Attac & Co.?

Am 12. November 2003 fand in Paris das „europäische Sozialforum" mit Zehntausenden Teilnehmern aus 60 Ländern statt, eine Großveranstaltung der globalisierungskritischen Linken unter dem organisatorischen Dach von „Attac" („Attac" ist die Abkürzung für: „Association pour une Taxation des Transactions financières pour L'Aide aux Citoyens" – „Vereinigung für eine Besteuerung der Finanztransaktionen im Interesse der Bürger"). In einer der 55 Diskussionsforen trat auch der in Genf lehrende Islamwissenschaftler Tariq Ramadan auf. Die Einladung Ramadans erfolgte durch seinen Freund, den militanten Anti-Globalisierungskämpfer und Bauern José Bové.

Gegen Ramadans Einladung erhob sich sofort Protest, vor allem unter weltbekannten französisch-jüdischen Intellektuellen, denn Ramadan hatte im Vorfeld des „europäischen Sozialforums" eine Polemik mit einer Liste von sechs „intellektuellen französischen Juden" entfacht, die er beschuldigte, aufgrund ihrer Abstammung die Pflicht des (intellektuellen) Universalismus verraten zu haben und einerseits für den Irakkrieg einzutreten, andererseits auf die Verurteilung der Palästinapolitik Israels zu verzichten. Damit verträten sie eine ethnische Gemeinschaft und nicht-universell-humanistische Prinzipien.

Ein entsprechender Text wurde von „Le Monde" abgelehnt, zirkulierte aber auf der Website des „europäischen Sozialforums".

Die angegriffenen französischen Intellektuellen reagierten massiv. Der Philosoph André Glucksmann bezichtigte Ramadan „antisemitischer Obsessionen". Sein Kollege Bernard-Henri Lévy warf ihm vor, er arbeite mit dem „guten alten Thema des jüdischen Komplotts". Außerdem pflege er eine doppelte Sprache, indem er sich offen und tolerant gebe, gleichzeitig aber fundamentalistischen Kreisen nahe stehe und selbst für nach Geschlechtern getrennte Schwimmbäder und die Bewilligung islamischer Kopftücher sei. Bernard Kouchner, Gründer der humanitären NGO „Ärzte ohne Grenzen", ehemaliger Gesundheitsminister und UN-Beauftragter im Kosovo, bezeichnete Ramadan als „intellektuellen Schurken".

Ramadan ist ein charismatischer, hochbegabter Redner und nach dem Urteil der konservativen Schweizer „Weltwoche" einer der „gefährlichsten europäischen Islamisten". Sein Großvater Hassan al-Banna war der Gründer der ägyptischen Moslembrüder, Vorbild aller späteren radikal-islamischen Bewegungen; sein Vater war al-Bannas Lieblingsschüler und Schwiegersohn, theologischer Berater des saudischen Königshauses, der aber in den fünfziger Jahren vor dem nationalistischen Nasser-Regime in die Schweiz flüchten musste.

Ramadan gilt seinen Gegnern als „Prinz der Doppelzüngigkeit", der seine Glaubensbrüder und -schwestern auffordert, „der intellektuellen Kolonisation des westlichen Liberalismus" zu widerstehen und sie gleichzeitig auffordert, sich und die eigenen Glaubenswerte „wie eine Bombe" in die westliche Gesellschaft zu werfen. Seine Dissertation über Hassan al-Banna wird von der Universität Genf zunächst abgelehnt („eine sehr problematische, ideologische, tendenziöse Arbeit, die nichts Neues aufzeigt"). Nach einer Kampagne des Schweizer Abgeordneten und altlinken Kapitalismuskritikers Jean Ziegler, der Ramadan protegiert, wird sie doch angenommen, nachdem einige Passagen entfernt wurden. Er schrieb das Vorwort für ein Buch, das Ohrfeigen für widerspenstige islamische Ehefrauen empfiehlt. Ramadan ist für viele Muslime, vor allem in Frankreich, eine Autoritätsfigur und insgesamt eine Medienpersönlichkeit. Seiner TV-Diskussion im November 2003 mit dem damaligen französischen

Innenminister Sarkozy sahen sieben Millionen zu. Im August 2004 wurde bekannt, dass die amerikanischen Behörden ihm ein Visum verweigert haben, sodass er eine Lehrtätigkeit an einer US-Universität nicht antreten konnte.

Vom Typ her ein genaues Gegenstück ist „Bauernrebell" José Bové. Der schnauzbärtige Choleriker, der 1999 Weltruhm erlangte, als er mit seinem Traktor eine südfranzösische McDonalds-Filiale zerstörte, ist der Führer der Kleinbauern-Bewegung und eine Ikone der französischen Antiglobalisierungsbewegung. Er musste dafür eine Haftstrafe antreten, die ihm aber von Präsident Chirac teilerlassen wurde. Bei seiner Freilassung brachte er etwa 350.000 Menschen auf die Beine. Im Juli 2004 beteiligte er sich, unbekümmert um die möglichen Konsequenzen, an der Zerstörung von gentechnisch verändertem Saatgut. Die Behörden schritten nicht ein.

Bové, der Star der „Anti-Globalisierungsforen" von Porto Allegre bis Bombay, äußerte sich mehrfach über den „globalen Finanzkapitalismus". Im April 2002 warf er Israel anlässlich einer Reise zu dem in Ramallah eingeschlossenen Palästinenserpräsidenten Arafat „ethnische Säuberung" vor. In einem Interview behauptete er, die Verantwortung für die antisemitischen Gewalttaten in Europa liege beim israelischen Geheimdienst, der damit von Aktionen der israelischen Regierung in den besetzten Gebieten ablenken wolle. Der Präsident des Rates der Jüdischen Institutionen in Frankreich (CRIF), Rogier Cukierman, bezeichnete im Januar 2001 Bové als Mitglied einer „braun-grün-roten" Allianz – allerdings ohne ihn ausdrücklich zu nennen.

Die geistige Verbindung zwischen so unterschiedlichen Persönlichkeiten wie dem sophistischen Intellektuellen Ramadan und dem rechtspopulistischen Rabauken Bové ist nicht so ungewöhnlich, wie es scheint. Sie bewegt sich auf derselben Assoziationslinie: Globalisierung = Vorherrschaft des Turbokapitalismus amerikanischer Prägung = dieselbe Bedrohung für französische wie arabische Kleinbauern und die „Entrechteten" der Welt überhaupt = Vorherrschaft des „internationalen Kapitals" = Dominanz der internationalen Finanzinstitutionen unter amerikanischem Einfluss wie Weltbank und International Monetary Fund = Einfluss von jüdisch-amerikanischen Finanzgrößen wie James Wolffensohn (Weltbank) und Stanley Fischer (vormals IMF) oder dem Financier George Soros.

So finden der intellektuelle Islamist und der Rechtspopulist in der Tradition der französischen „Jacquerien" (Bauernaufstände seit dem Hochmittelalter) eine gemeinsame Welterklärung: Die Globalisierung ist ausbeuterisch-kapitalistisch, sie ist daher jüdisch, denn die Hochfinanz wird eben beherrscht von Juden.

Der französische Philosoph Alain Finkielkraut stand auf Ramadans Liste der „israelhörigen" jüdischen Intellektuellen Frankreichs. In einem Interview mit Jürgen Altwegg von der „Frankfurter Allgemeinen" („FAZ" vom 12. November 2003) beschrieb Finkielkraut sein Gefühl der neuerlichen Ausgrenzung – diesmal durch die „Altermondialisten": „Ich halte eine kritische Auseinandersetzung mit der Globalisierung für zwingend. Eine Massenbewegung ist im Entstehen begriffen, aber bevor ich mich überhaupt mit ihr befassen kann, hat sie mich schon ausgeschlossen. Ramadan erneuert die Vorstellung eines jüdischen Komplotts, an dem wir als Intellektuelle mitschmieden."

Finkielkrauts Erklärung dafür ist, dass es seit dem Ende des Kalten Krieges nur noch eine Supermacht gebe, was den beliebten Verschwörungstheorien neue Nahrung verleihe: „Und von ihnen haben die Juden immer am meisten zu befürchten. Ramadan spricht von Juden, die Altermondialisten reden von Zionisten. Aber sie meinen dasselbe und haben dafür den Begriff „Busharon" geschaffen: Nur wegen Israel wurde angeblich der Krieg gegen Saddam geführt, unter der Regie des notorischen Zionisten Paul Wolfowitz. Dahinter steckt die Vorstellung, über die jüdische Lobby in Amerika bestimme Israel die Politik der Vereinigten Staaten … Warum nicht Bush–Blair oder Bush–Berlusconi? Wieder einmal werden die Juden für alles Unglück der Welt verantwortlich gemacht. Diesmal aber nicht von ewiggestrigen Faschisten, sondern von sympathischen und netten Leuten – mit José Bové an ihrer Spitze".

## „Der Antisemitismus der Antifaschisten"

Ist die Bewegung der Globalisierungsgegner als solche antisemitisch? Laut Finkielkraut sei eine Linke übriggeblieben, die sich für die Verbrechen des Stalinismus nicht zuständig fühle und an die Revolution und die Utopie glaube: „Noam Chomsky ist ihre intellektuelle Leitfigur. Von ihm glaubte ich, dass er seit seinem Vorwort zu einem Buch des Auschwitz-Lügners Faurisson jeglichen Kredit verloren hätte. Die Globalisierungsgegner predigen keinen primitiven Judenhass. Aber die rituelle Diabolisierung der Vereinigten Staaten und Israels zeigt, dass in ihren Köpfen die Vorstellung einer internationalen Verschwörung vorherrscht – als ob der Prozess der Globalisierung von einem Komplott in die Welt gesetzt worden wäre. Es ist den Altermondialisten gelungen, den kritischen Diskurs über die Globalisierung zu monopolisieren. Ich halte das für die große Katastrophe unserer Zeit. Sie akzeptieren einen Antisemitismus, von dem sie glauben, dass er die neuen Verdammten dieser Erde verteidigt. Sie sind die ersten, die laut protestieren, wenn es um Antisemitismus geht, der von der neofaschistischen Rechten kommt. Der rechtsextreme Antisemitismus, der rassistische Antisemitismus hat in Europa keine Zukunft. Er kann sich gelegentlich in einem neuen Schub manifestieren, aber das sind nur Zuckungen eines absterbenden Phänomens. Gefährlich ist der Antisemitismus der Wachsamen, der Antifaschisten. Er hat, so fürchte ich, bei den Globalisierungsgegnern eine große Zukunft vor sich. Sie haben den Judenstern durch das Gleichheitszeichen zwischen Hakenkreuz und Davidstern ersetzt."

In der österreichischen Tageszeitung „Der Standard" entstand wenig später eine Kontroverse um das Ausmaß oder über die Existenz des „globalisierungskritischen Antisemitismus". Der Publizist Robert Misik (Autor des Buches „Marx für Eilige") nahm die Globalisierungsbewegung in Schutz und stellte bei ihr zwar „platte Kapitalismuskritik" fest, die aber nicht deswegen schon antisemitisch sei, weil man früher zu all dem noch „Juden" hinzugefügt habe: „Ein solcher moderner ‚Antikapitalismus der dummen Kerle' mag unbewusste kollektive Erinnerungsreste durchaus ausdrücken, es ist aber doch kaum sinnvoll, dies mit klassischem Antisemitismus gleichzusetzen.

Zumal es – jedenfalls in Westeuropa und soweit ich es überblicke – ein waches Sensorium in den globalisierungskritischen Zirkeln für den ambivalenten Charakter einer Kapitalismuskritik gibt, die nur Börse und Finanzkapital attackiert" („Der Standard", 3. Dezember 2003).

Es gäbe „natürlich linke Israel-Kritik, die es nicht schafft, den Ton zu wahren, an radikalen Rändern womöglich welche, die wenig verhohlen antisemitisch ist. Prägend ist das nicht und wird selbst in minder schweren Fällen von Protagonisten der Antiglobalisierer selbst skandalisiert. Als eine deutsche ‚Attac'-Gruppe unlängst mit einer Unterschriftenliste fordern wollte, dass Produkte, die in jüdischen Siedlungen im besetzten Palästinensergebiet hergestellt werden, nicht mehr begünstigt nach Europa importiert werden dürfen, geriet sie unter heftigste Kritik aus den eigenen Reihen."

Der angesehene österreichische Publizist und außenpolitische Kommentator Paul Lendvai antwortete in scharfem Ton und sagte, man müsse die „erschreckende Einäugigkeit der linken Globalisierungskritiker in Sachen Antisemitismus, Antizionismus und Israel-Kritik ohne Rücksicht auf die Reaktion bei ihren weit verzweigten Netzwerken sichtbar machen" („Der Standard", 9. Dezember 2003). Schließlich verwies der Schriftsteller Doron Rabinovici unter dem Titel „Love, Peace und Antisemitismus" auf einige entsprechende Ausfälle prominenter Linker: „Wenn José Saramago Ramallah mit Auschwitz auf eine Stufe stellt, Karl Blecha (früherer langjähriger Generalsekretär der SPÖ – Anm.) von einer ‚zionistischen Tradition' der Wortbrüche spricht, Mikis Theodorakis die Juden ‚die Wurzel des Bösen' nennt, dann kann zwar gewiss nicht gesagt werden, solch ein Gedankengut habe die gesamte Linke erfasst, ebenso wenig aber, dieses Denken beschränke sich nur auf ‚ein paar Verrückte in der Linken'" („Standard", 15. Dezember 2003).

Diese Argumentation hat insofern etwas für sich, als die Zahl der ausgesprochen antisemitischen Vorfälle und Äußerungen innerhalb der sehr breit gefächerten globalisierungskritischen Bewegung zumindest in der öffentlichen Wahrnehmung begrenzt ist. Was sich innerhalb bestimmter extrem linker Zirkel abspielt, die sich an die Globalisierungskritiker angehängt haben, ist schwer zu überprüfen und möglicherweise auch gar nicht so relevant. „Ein paar Verrückte auf der Linken", von denen Misik spricht, stellen wahrscheinlich keine Bedrohung im Sinne einer breiteren Bewegung dar, allerdings auch ein Ärgernis. Wenn jedoch an belebten Stellen der Wiener Innenstadt Palästinensergruppen für ihre Sache werben und gleichzeitig (im Sommer 2004) das wirklich psychopathische Argument der Gruppe um den „Oberrabbiner" (einer jüdischen Sekte) plakatieren, die Juden hätten sich den Holocaust selbst zuzuschreiben, dann könnte man das als Aktion am Rande der Verhetzung klassifizieren.

Aber wie sind Aussagen aus den Kreisen der europäischen „bürgerlichen" linken „celebrities" einzuordnen? Auch als „ein paar Verrückte"? Gretta Duisenberg, die Frau des ersten Präsidenten der Europäischen Zentralbank und früheren niederländischen Finanzministers hängte eine palästinensische Flagge aus ihrem Fenster. Bei einem Besuch in den Palästinensergebieten im Januar 2001 nannte sie die israelische Besatzung „unmenschlich", was man diskutieren kann, und fügte dann hinzu: „Mit der Ausnahme des Holocaust ist die israelische Besatzung der palästinensischen Gebiete schlimmer als die Nazi-Besatzung der Niederlande." Die Grausamkeit der Israelis kenne keine Grenzen. Sie kündigte auch an, sie würde für ihre pro-palästinensische Petition „sechs Millionen Unterschriften" sammeln.

Der weltbekannte Komponist Mikis Theodorakis, eine Ikone der Linken, der unter dem Regime der griechischen Obristen in den späten sechziger Jahren eingesperrt war, sagte im Oktober 2003 bei einer Pressekonferenz in Anwesenheit des griechischen Kultus- und des Bildungsministers: „Wir sind zwei Staaten ohne Brüder in der Welt, wir (die Griechen – Anm.) und die Juden, aber sie haben Fanatismus und Kraft. Heute können wir sagen, dass dieser kleine Staat die Wurzel des Bösen ist, nicht des Guten, dass zu viel Selbstherrlichkeit und zu viel Starrsinn böse sind."

Der 79-jährige portugiesische Nobelpreisträger José Saramago, ein früherer Kommunist, verstieg sich während eines Besuchs einiger Mitglieder des „Internationalen Schriftsteller-Parlaments" in Ramallah, wo Palästinenserchef Arafat inmitten seines weitgehend zertrümmerten „Hauptquartiers" praktisch unter Hausarrest stand (und

steht) zu einem monströsen Vergleich: Der „Geist von Auschwitz"
schwebe über der Stadt. „Dieser Ort wird in ein Konzentrationslager
verwandelt", sagte er weiter.

## Wenn man die „internationalen Finanzmärkte" kritisiert, muss man auf die Untertöne achten

Die Debatte um antisemitische Tendenzen in der politischen Sprache
sei „durch die Thematisierung von Finanzmärkten und anhand der
Haltung zu Israel ausgelöst worden", sagte dazu Bernhard Obermayr,
Mitbegründer von Attac Österreich: „Attac war sich von Anfang an
bewusst, dass es im deutschsprachigen Raum eine lange Tradition
antisemitischer Finanzmarktkritik gibt. Die alte Unterscheidung zwischen gutem Realkapital und bösem ‚jüdischen‘ Finanzkapital ist im
deutsch-österreichischen Diskurs fest verankert." Von einer Organisation, die Finanzmärkte ins Zentrum der eigenen Kritik stelle, verlange das eine besondere Umsicht, so Obermayr. Deshalb wurde im
Juni 2004 in Wien eine Tagung hauptsächlich für Mitarbeiter und
Sympathisanten unter dem Titel „Blinde Flecken der Globalisierungskritik. Gegen antisemitische Tendenzen und rechtsextreme Ver-
einnahmung" abgehalten. Attac Deutschland hatte schon im April
einen „Reader" zu „Globalisierungskritik und Antisemitismus"
herausgegeben.

   In einem Grundsatzpapier der Attac-Austria für die Tagung hieß
es: „Die globalisierungskritische Bewegung ist zunehmend mit Vorfällen konfrontiert, die Berührungspunkte zu Versatzstücken rechtsextremer Ideologien aufzeigen oder zumindest nahe legen. Besonders
prominent ist hierbei die Debatte um einen Antisemitismus in der
Globalisierungskritik. Diese Auseinandersetzung hat im vergangenen
Jahr auch medial, namentlich im deutschsprachigen Raum, große
Aufmerksamkeit erregt (vgl. z. B. „Der Standard", „Die Zeit", „Spiegel"). Ein Bericht der Europäischen Beobachtungsstelle für Rassismus
weist ebenfalls auf diesbezügliche Probleme in der globalisierungskritischen Bewegung hin. Insbesondere im Kontext der Mobilisierung
gegen den Irakkrieg waren antisemitische Vorfälle zu beobachten.

Hier spielte häufig eine sehr undifferenzierte und mit problematischen Untertönen versehene Debatte um Israel eine große Rolle."

Anlass für die Alarmrufe waren unter anderem eine Kundgebung der Attac im November 2002 in München, an der sich auch etwa 20 Neonazis beteiligten, und einer anderen Demonstration in Düsseldorf einen Tag später, wo aus dem Demonstrationszug heraus deutschnationalistische Parolen gerufen wurden. Auf Attac-Mailinglisten tauchten Verteidiger Möllemanns und Karslis auf, sowie Funktionäre der rechtsextremen „Bürgerbewegung Solidarität".

Daraufhin sah man sich zu einer Klarstellung genötigt: In einem Diskussionspapier des deutschen „Attac-Koordinierungskreises zu Antisemitismus, Rassismus und Nationalismus" vom Dezember 2002 heißt es: „Attac versteht sich als pluralistisches und offenen Bündnis, in dem Individuen, Gruppen und Organisationen unterschiedlicher politischer Position für soziale und ökologische Gerechtigkeit im Globalisierungsprozess streiten. Pluralismus ist jedoch keine prinzipienlose Beliebigkeit, sondern findet dort seine Grenzen, wo Rassismus, Antisemitismus und Nationalismus ins Spiel kommen."

In den Schriften der deutschen Attac-Bewegung wird diese Problematik auf vielen Seiten und zum Teil in einem schwer verständlichen Jargon der „kritischen Theorie" erörtert. Astrid Kraus, Mitglied des Koordinierungskreises von Attac, gab in „Jungle World" ein Interview (17. September 2003), in der sie zugab, dass die Kritik von Attac an den Finanzmärkten als „strukturell antisemitisch fehlinterpretiert werden kann" und dass „mangelndes Bewusstsein für Forderungen, die den Antisemitismus befördern, bei vielen Attac-SympathisantInnen verbreitet" sei. Bei „erschreckend vielen Mitgliedern und Sympathisanten der Attac" blieben „antisemitisch kompatible Klischees unwidersprochen" und würden verharmlost. Bei einer internen Veranstaltung der Attac im Oktober 2003 in Aachen wurde das Thema ebenfalls heftig diskutiert.

Was sind „antisemitisch kompatible Klischees"? Zum Beispiel, wenn im Zusammenhang mit einer gewünschten „Zähmung" der globalen Finanzmärkte darauf hingewiesen wird, dass etwa der international bekannte Financier und Währungsspekulant George Soros jüdischer Abstammung ist (Soros wurde übrigens schon Ende der neunziger Jahre vom malaysischem Premier Mahatir mit diesem Hinweis als Verursacher der südostasiatischen Finanzkrise beschuldigt).

Auf einer grundsätzlicheren Ebene kommt es „bei der Finanzmarktkritik leicht zur falschen Aufspaltung des Kapitalismus in eine ‚schlechte' abstrakte Seite, und eine ‚gute' scheinbar konkrete Seite", führte der Publizist Norbert Trenkle (Zeitschrift „Krisis") bei der erwähnten Attac-Tagung in Wien aus. Er bezog sich dabei auch auf die von den Nazis eingeführte künstliche Unterscheidung in ‚raffendes und schaffendes Kapital'. Die schein-natürlichen „Sachzwänge" des Kapitalismus würden zuerst personalisiert als „Profitgier" und dann in ein phantasiertes „Judentum" projiziert. Da bei Attac das Thema „Finanzkritik" natürlich zentral sei, müsse man hier auf besondere Sorgfalt achten: „Es ist eine Tatsache, dass diese Art der Finanzmarktkritik einen gemeinsamen Boden mit dem Antisemitismus darstellt. Deshalb kann die Beschäftigung mit Antisemitismus hier nicht ausbleiben. Wo fängt Antisemitismus an? – Hier gibt es kein Rezept, aber bei der Gegenüberstellung von ‚spekulativem' und ‚produktivem' Kapital kann es bereits problematisch werden."

Das Hauptproblem scheint aber zu sein, dass etliche der jungen Aktivisten der Attac mit sehr vielen Begrifflichkeiten und ihrer möglichen antisemitischen Konnotation nicht umgehen können bzw. nicht über ein entsprechendes bildungsmäßiges Rüstzeug verfügen (was kein gutes Licht auf Schule und Universitäten wirft): „viele, vor allem junge AktivistInnen" zeigten eine „gewisse Hilflosigkeit", konstatiert Attac Österreich. Es existiere „ein weit verbreitetes Informationsdefizit bezüglich der Ursprünge, der Symbolik, Dynamik und der ideologischen Struktur des Antisemitismus im Allgemeinen und des Rechtsextremismus im Besonderen". Bei aller einhelligen und vehementen Ablehnung von rechtsextremen Ideologien, besteht offenbar zu wenig Erfahrung, um Schlüsselbegriffe, besonders in der Form des sekundären Antisemitismus der Anspielungen, rasch und verlässlich zu erkennen.

Der bereits mehrfach zitierte Experte des DÖW, Heribert Schiedel, wies beim Wiener Attac-Seminar auf gefährliche Ähnlichkeiten zwischen der Terminologie der Rechtsextremen und der globalisierungskritischen Strömungen hin. Die Rechten sprächen besonders gerne von „den Globalisierern" oder von „den Drahtziehern der Globalisierung". Immer noch in Tarnsprache, aber eindeutiger antisemitisch ist dann bereits die Verwendung von Begriffen wie „Kosmopoliten" oder „Ostküste". In allen Fällen aber meinten die Rechten damit die Juden.

Vorsicht und Differenzierung ist daher geboten. „Drahtzieher der Globalisierung" kann man von linker oder linksliberaler Seite ebenso hören wie von Rechtsextremen. In beiden Fällen verbinden die Menschen, die solche Begriffe oder eher Slogans verwenden, damit das Bild von anonymen wirtschaftlichen Mächten, die aus Profitgier und um der „Weltherrschaft" willen, besonders in der so genannten Dritten Welt bestimmte ökonomische Verhältnisse schaffen wollen. Das ist auf jeden Fall eine simplifizierte und von einem verschwörungsorientierten Weltbild ausgehende Sichtweise und sollte in jeder Diskussion vermieden werden.

Die Darstellung der Globalisierung als Verschwörung von ein paar Superkapitalisten an den Schalthebeln der Weltmacht muss nicht antisemitisch sein, sie kann es aber leicht werden. Die Nazis schufen die Figur des „über die Grenzen vagabundierenden" Finanzkapitals, den „parasitären" Spekulanten, der wiederum im „heimatlosen Juden" personifiziert wurde. Davon müssen sich Bewegungen wie Attac, die immerhin die Kontrolle der internationalen Finanzmärkte als ihre raison d'etre sieht, klar abgrenzen.

## Osteuropa: „In tieferen Bewusstseinsschichten überdauert"

„Antisemitismus ist in Osteuropa salonfähig und die Sorge vor dem Antisemitismus der neuen EU-Mitglieder ist berechtigt", sagt Wolfgang Benz vom Berliner Zentrum für Antisemitismusforschung. Es sei „der traditionelle, uralte Antisemitismus, wie er schon unter den russischen Zaren gepflegt wurde" (Benz im Gespräch mit dem Autor dieses Buches). „Bis hin zu den religiösen antijudaistischen Legenden wie dem Gottesmord, dem Ritualmord, denen in Mitteleuropa durch die Säkularisierung doch der Boden entzogen ist. Das hat alles nach dem Zusammenbruch des Kommunismus fröhliche Urständ' gefeiert, als hätte es die 70 Jahre Kommunismus nicht gegeben. Das hat in tieferen Bewusstseinsschichten überdauert und konnte mühelos erweckt werden, denn die ganzen alten Pamphlete und Schmähschriften aus dem 19. Jahrhundert kann man jetzt in Weißrussland, der Ukraine, Russland und den baltischen Staaten an der U-Bahnstation kaufen."

Erstaunlich sei, so Benz, „dass zum Beispiel in Russland, in Weißrussland und in der Ukraine der christliche Antijudaismus nach 1989 einfach wiederbelebt werden konnte – als seien 70 Jahre Kommunismus spurlos verschwunden". Dies stehe in einer bestimmten „Tradition der esoterisch-mystischen Welterklärung – und es ist kein Zufall, dass jetzt dort auch wieder die ‚Protokolle der Weisen von Zion', ein antisemitischer Klassiker, wieder erhältlich sind. Da wird in die ganz alten Arsenale der Judenfeindschaft gegriffen. Damit sperrt man sich gegen rational-westliches Denken. Das ist eine spezifisch russische Variante, in der der Antisemitismus eine große Rolle spielt."

Die orthodoxe Kirche habe in Russland nach der Wende großen Einfluss gewonnen und wenn man den Antisemitismus dort bekämpfen wolle, dann müssten auch die anderen christlichen Kirchen auf ihre orthodoxen Brüder entsprechend einwirken.

Tatsächlich existieren in Russland zahlreiche Verlage, die diese Literatur vertreiben. Ein Exemplar von „Mein Kampf" kostet etwa 300 Rubel (rund 10 Euro), die „De Luxe"-Ausgabe etwas mehr. Antisemitische Publikationen sind in der russischen Föderation strafbar, aber es gibt keine genaue Definition des Begriffes „ethnischer Hass", und manche Gerichte nutzen das für Freisprüche. 2002 verabschiedete die Duma auch ein „Extremismusgesetz": Als „extremistische Tätigkeit" gilt demnach das Schüren von nationalen, rassistischen oder religiösen Feindseligkeiten sowie der Versuch einer gewaltsamen Machtergreifung im Staat. Die Fraktion der Kommunisten stimmte gegen den Entwurf. „Das ist ein harter Versuch, das gesellschaftliche Leben in einen Rahmen zu zwingen", sagte der kommunistische Abgeordnete Valentin Romanow. Präsident Vladimir Putin hat sich öffentlich für ein behördliches Vorgehen gegen antisemitische Schriften und gegen gewalttätige Skinheads ausgesprochen, aber wie so oft in Russland ist der „Himmel hoch und der Zar weit". Die lokalen Behörden und Gerichte unterlaufen öfters die Dekrete aus dem fernen Moskau. Doch immerhin ist es jetzt sozusagen amtlich, dass die gegenwärtige Staatsführung zumindest den vulgären Antisemitismus nicht billigt und in einigen Fällen auch verfolgt: Im Dezember 2003 schritt der Staatsanwalt der Region Nowosibirsk gegen die antisemitische Tageszeitung „Russkija Sibir" und deren Chefredakteur wegen Artikeln wie „Die Machinationen der jüdischen Mafia" und „Die russische oder die jüdische Frage" ein.

Ein besonders heikles Kapitel in diesem Zusammenhang ist das Vorgehen Putins gegen die so genannten „Oligarchen", russische Superreiche, die ihre immensen Vermögen während des großen Privatisierungschaos unter Jelzin mit mehr oder minder fragwürdigen Mitteln erworben haben. Der aktuellste und aufsehenerregendste Fall ist die Inhaftierung des Hauptaktionärs des Öl-Giganten Michail Chodorkowski wegen angeblicher Steuerhinterziehung. Chodorkowski ist wie eine Reihe anderer „Oligarchen" jüdischer Abstammung. Die im Volk weit verbreitete Abneigung gegen diese Superreichen ist auch eindeutig antisemitisch unterlegt. Putin schürt diese Emotionen nicht offen, er tut aber auch nicht wirklich etwas dagegen.

Der Präsident und die von ihm instrumentalisierte Justiz versuchen den Fall als einen Konflikt zwischen Wirtschaftskriminalität der „Raubritter" und den geordneten Verhältnissen im neuen Russland darzustellen. Dafür sind aber die Maßnahmen besonders gegen „Yukos", das offensichtlich in den Bankrott getrieben werden soll, viel zu willkürlich. Was Putin betrifft, so wird man die Auseinandersetzung nicht im Lichte eines ausgeprägten Antisemitismus sehen können (Putin hat sich mit Vertretern der jüdischen Gemeinde ostentativ getroffen); es geht eher um eine Machtfrage und um eine nationalistische, autarkistische Wirtschaftspolitik. Die beiden anderen Oligarchen jüdischer Abstammung, Beresovski und Gussinski, die ins Exil getrieben wurden, versuchten mit Hilfe ihrer Medien, Opposition gegen Putin zu machen. Auch Chodorkowski hatte die letzten oppositionellen Medien und die liberale Partei unterstützt. Im Fall von „Yukos" geht es um die „Repatriierung" und mögliche Wiederverstaatlichung riesiger Ölreserven. Chodorkowski verhandelte knapp vor seiner Verhaftung mit einem US-Konzern wegen einer Beteiligung.

Putin scheint aufgeklärt genug zu sein, um den Antisemitismus nicht ausdrücklich als politische Waffe zu verwenden, und sei es aus Angst vor einer unangenehmen Reaktion in den westlichen Medien. Die russische Gesellschaft jedoch ist stark von Antisemitismen durchzogen, wobei die äußeren Umstände – Verlust eines großen Reiches, soziale Deklassierung breiter Schichten, ostentativer Reichtum von wenigen, die noch dazu oft Juden sind – geradezu ideale Voraussetzungen für ein Aufflammen des traditionellen Antisemitismus bietet. Im Jahr 2003 blieb die Zahl der antisemitischen Vorfälle stabil, sie wurden jedoch gewalttätiger. Dennoch kann man unter der autoritären Herrschaft Putins davon ausgehen, dass es keine Pogrome geben wird – der Strom antisemitischer Ressentiments knapp unter der Oberfläche der „russischen Erde" bleibt jedoch mit Sicherheit breit und stark.

Polen und Ungarn sind Länder mit Traditionen des klassischen osteuropäischen Antisemitismus und furchtbaren Opfern während des Holocaust. Von etwa drei Millionen Juden im Vorkriegspolen überlebte etwa ein Zehntel und davon lebt heute wieder nur ein Zehntel im Land. In Ungarn setzten die Deportationen (hauptsächlich nach Auschwitz) erst im Sommer 1944 ein, es kamen über 400.000 Menschen zu Tode. Heute leben etwa 100.000 Ungarn jüdischer Abstammung im Lande.

Benz nennt Polen und Ungarn „die beiden klassischen Länder für nicht verarbeitete Vorurteile aus der Vergangenheit. In Ungarn spielt das in der intellektuellen Szene noch eine Rolle. In Polen ist das eine Frage der Volkskultur, wenn man an ‚Radio Maria' denkt, dann hat auch die Katholische Kirche einen beträchtlichen Anteil. Ein Erzbischof in Polen wird sich nicht zu antisemitischen Tiraden hinreißen lassen, wohl aber der Ortspfarrer, der ja einflussreicher ist als der Bischof."

Nicht ein Bischof, aber ein sehr prominenter Prälat ließ sich mehrfach zu antisemitischen Ausfällen hinreißen. Prälat Henryk Jankowski erlangte in der „Solidarnosc"-Zeit eine bestimmte internationale Bekanntheit als Berater von Lech Walesa, mit dem er auf der

Danziger Werft die Messe las und ihm die Beichte abnahm – er im Fonds eines Mercedes sitzend, davor kniend der Arbeiterführer. Besuchern der Danziger Pfarrei von Jankowski, darunter der Autor dieses Buches, fiel damals schon die nationalistische, „nationalkatholische" Atmosphäre auf. Nach dem Sturz des Kommunismus wütete er von der Kanzel gegen „die Feinde Polens", zu denen für ihn auch „das internationale Judentum" – und die EU – gehörten. Als er behauptete, in den jüdischen Davidstern seien sowohl das Hakenkreuz, als auch Hammer und Sichel „eingeschrieben" – eine klassische obskurantistische Symboldeutung –, erhielt er von seinem Erzbischof ein Jahr Predigtverbot. Dennoch ließ er an einem Karfreitag ein Spruchband mit den Worten „Die Juden haben den Herrn getötet" anbringen.

Jankowski ist auch wegen seines persönlichen prunkliebenden Stils in Polen sehr bekannt – jetzt noch bekannter wegen des Vorwurfs, er habe sich an einem Ministranten vergangen –, aber er ist kein Einzelfall im polnischen Klerus, was antisemitische Ausfälle betrifft.

In Ungarn wurde die Aufmerksamkeit des westlichen Auslandes auf den postkommunistischen Antisemitismus, vertreten vor allem durch die rechtsextremistische Partei des Schriftstellers Istvan Csurka (die aber seit 2002 nicht mehr im Parlament ist), erst knapp vor dem EU-Beitritt gelenkt. Dann allerdings mit einem gewaltigen Paukenschlag, als mehr als 100 Schriftsteller, darunter so bekannte wie Péter Nádas, Péter Esterházy und György Konrád, als Reaktion auf antisemitische Äußerungen des Vorstandsmitglieds Kornél Döbrentei aus dem Verband ausgetreten. Döbrentei hatte erklärt, die Rassengesetze während der Nazi-Zeit seien „zum Schutz der Juden" eingeführt worden und sich über den „Geschmacksterror einer Minderheit", die dem ungarischen Volk ihre politischen und wirtschaftlichen Ansichten aufdränge, erregt. Minderheit ist Code für „Juden". Den ungarischen Nobelpreisträger für Literatur, Imre Kertész, der seine Erfahrungen als Jugendlicher in Auschwitz und Buchenwald verarbeitete, beschuldigte er, den Preis als Belohnung dafür bekommen zu haben, dass „er die Kollektivschuld eines Volkes suggeriert". Die Verleihung sei „eine Ohrfeige für das Ungartum" gewesen. Kertész selbst erklärte, der wahre Skandal sei, dass der Verbandspräsident die Ausfälle von

Döbrentei unter dem Titel „Gedankenfreiheit" habe durchgehen lassen. Die rechte Kulturszene verlieh Döbrentei ihren „alternativen Kossuth-Preis".

Antisemitismus wird in Ungarn hin und wieder als „politischer Spielball" benutzt, meinte der in den USA lehrende ungarische Historiker Ivan T. Berend in der Tageszeitung „Nepszabadsag". Zum Einsatz käme der „Ball", wenn sich rechte Parteien mit dem Ziel einer Neubelebung des Nationalismus um die Vergrößerung des eigenen Lagers bemühen. Dennoch sei „Judenhass" in Ungarn nicht größer als in vielen anderen Ländern.

## Die Vergangenheitsbewältigung in Osteuropa beginnt erst – und sie konzentriert sich auf den Kommunismus

In der Praxis der Beschäftigung mit der Vergangenheit sieht das etwa in Budapest so aus, dass zwar im April 2004 in einer renovierten Synagoge aus dem Jahr 1923 ein Holocaustmuseum eröffnet wurde (das fünfte weltweit), das so genannte „Haus des Terrors", in dem hauptsächlich der Opfer des Kommunismus gedacht wird, und dieses Haus wesentlich mehr staatliche Unterstützung erhielt. Das Museum foussiert klar auf den Kommunismus und setzt diesen dem Nationalsozialismus gleich: „Wenn man aus der Ausstellung hinaustritt, hat man das Gefühl, dass der Kommunismus viel schlimmer war als der Nationalsozialismus", klagte der ungarische Historiker György Litván. „Das ist Gehirnwäsche."

Die Direktorin des Museums, Mária Schmidt, die historische Beraterin des früheren nationalpopulistischen Premierministers Viktor Orbán war, bestätigt diesen Eindruck noch: „Die Ungarn mussten sowohl den Nationalsozialismus als auch den Kommunismus erleiden, beides wurde ihnen von ausländischen Besatzungsmächten aufgezwungen."

Der Herausgeber der jüdischen Zeitschrift „Midrasz" in Polen, Konstanty Gebert, verweist darauf, dass so etwas wie „Vergangenheitsbewältigung" in Polen erst spät eingesetzt habe. Es sei auch, anders als in Deutschland oder Österreich, nicht darum gegangen, die dunkle Nazi-Vergangenheit aufzuarbeiten. Die Bevölkerung habe sich immer in der Opferrolle gesehen. Das sei der Grund, weshalb dem Antisemitismus die Legitimität nicht entzogen wurde.

Letztlich stand auch diese Tendenz, die eigenen Leiden unter dem Kommunismus irgendwie höher zu bewerten als die der Juden unter dem Nationalsozialismus (obwohl auch Nichtjuden in Osteuropa von den Nazis massenmörderisch verfolgt wurden – rund drei Millionen Nichtjuden allein in Polen) hinter einer Kontroverse, die sich an einer Rede der damaligen lettischen Außenministerin und nunmehrigen EU-Kommissarin Sandra Kalniete entzündete.

Frau Kalniete hatte im März 2004 in ihrer Rede auf der Buchmesse in Leipzig (auf Englisch) gesagt, dass „hinter dem Eisernen Vorhang das Sowjetregime den Völkermord gegen die Völker Osteuropas, und in der Tat auch gegen das eigene Volk fortsetzte". Sie bestätige „die Wahrheit, dass die beiden totalitären Regimes – Nazismus und Kommunismus – gleichermaßen verbrecherisch waren".

Der Vizepräsident des Zentralrats der deutschen Juden, Salomon Korn, verließ nach dieser Textstelle demonstrativ den Saal. In einem Artikel für die „Süddeutsche" (31. März 2004) erklärte er seinen Entschluss: Einerseits habe Frau Kalniete die Kollaborationsverbrechen der Letten während der deutschen Besatzung von 1941 bis 1944 nicht erwähnt: „Sandra Kalnietes Formel ist simpel: je länger und dunkler die Schatten sowjetischer Verbrechen, desto unauffälliger die lettischen Kollaborationsverbrechen; und je schwerer der unter nationalsozialistischer und kommunistischer Besatzung erlittene Opferstatus der Letten wiegt, desto vernachlässigbarer erscheint die in vorauseilendem Gehorsam erfolgte lettische Beteiligung an der Judenvernichtung – eine Legitimationsstrategie, die auch in anderen osteuropäischen Ländern zu beobachten ist."

Lettland war überdies vorgeworfen worden, die Verbrechen des Stalinismus besonders scharf, den Mord an den Juden besonders lasch zu verfolgen. Jahr für Jahr durften außerdem die Angehörigen der ehemaligen „Freiwilligen lettischen Waffen-SS-Division" in Riga aufmarschieren.

Frau Kalniete (und die lettische Präsidentin Vike-Freiberga, die 2000 bei der Stockholmer Holocaust-Konferenz ebenfalls von „gleichermaßen verbrecherischen" Regimen sprach) begingen einen nicht unwichtigen gedanklichen Fehler, der allerdings in der Debatte über Nationalsozialismus und Kommunismus häufig vorkommt: die beiden waren mit Sicherheit gleich verbrecherisch, aber eine Gleichsetzung des kommunistischen „Genozids" mit dem nationalsozialistischen Holocaust ist nicht zulässig. Israels Terror richtete sich unterschiedslos gegen alle und hatte nicht die völlige Ausrottung eines Volkes zum Ziel.

Kalniete ist sicher keine Antisemitin, ihre Motive mögen auch hauptsächlich im Schicksal ihrer Familie unter den Sowjets liegen, trotzdem ist es wichtig, die Trennschärfe beizubehalten. Denn sonst geht in der Debatte unter den osteuropäischen Eliten ein entscheidendes Faktum verloren.

Das Ausmaß des Antisemitismus in Osteuropa – bezogen auf Beitrittsländer, Beitrittskandidaten und solche die wohl nie beitreten werden wie Russland, der Ukraine oder Weißrussland und Moldawien – ist noch relativ unerforscht. Die OSZE-Konferenz von Berlin im April 2004 setzte hier Schritte, um das zu ändern und ein regelmäßiges Monitoring zu gewährleisten, zu dem sich auch die 55 Mitgliedsländer verpflichtet haben. „Die Regierungen sind nun gerade in der Pflicht", sagte der US-Botschafter bei der OSZE, Stephan M. Minikes. Und der Vorsitzende der Konferenz, der bulgarische Außenminister Solomon Passy forderte, die einzige Möglichkeit sei „Null Toleranz" gegenüber allen antisemitischen Tendenzen.

# 5. Kapitel
## Die Zukunft des Antisemitismus

## *„Wenn Auschwitz nicht geheilt hat, was dann?"*

Was antworten wir Elie Wiesel auf seine Frage: „Wenn Auschwitz die Welt nicht vom Antisemitismus heilen konnte, was dann?"

Die – ernüchternde und wenig spektakuläre – Antwort darauf ist, dass es für relativ viele Menschen eben keine „Heilung" gibt, dass der Antisemitismus immer bei uns bleiben wird, sogar oder gerade nach Auschwitz, sogar und gerade ohne Juden. Dass es sich dabei um eine permanente Wahnidee handelt, die nie völlig ausrottbar ist, nie ganz durch rationale Argumentation überwindbar, nicht für immer durch strafrechtliche Verfolgung und politische Ächtung unterdrückbar.

In die Fertigstellung dieses Buches fielen die Wahlen in den ostdeutschen Bundesländern, die beachtliche Erfolge der neo-nazistischen und antisemitischen Parteien brachten, vor allem der NDP. Die Erfolge rechtsextremer Parteien bei den Landtagswahlen in Sachsen und Brandenburg gehen nach Ansicht des deutschen Bundestagspräsidenten Wolfgang Thierse (SPD) „weit über das hinaus, was man Protest- oder Wutwahl nennen könnte". Es habe sich „in den Herzen und Köpfen von jüngeren Leuten tatsächlich eine rechtsextreme Gesinnung festgesetzt", beklagte Thierse.

Die ebenso unspektakuläre und nüchterne Schlussfolgerung daraus ist aber, dass der ewige und ewig wiederkehrende Antisemitismus immer aufs Neue bekämpft und „besiegt" werden muss (und kann). Ein endgültiger, vollständiger Sieg ist nicht möglich, weil Wahnideen überhaupt und diese vielleicht virulenteste Wahnidee der Menschheitsgeschichte im Besonderen eben nie ganz verschwinden, weil sie ja fast eine neurotische Notwendigkeit für viele Menschen darstellt, die sich anders als über Hass und Ausgrenzung nicht selbst definieren und selbst verwirklichen können.

Wahnideen dieser Art und Intensität können nur eingehegt werden, im Sinne eines „Containment", wie der politische Terminus aus dem Kalten Krieg (Eindämmung des aggressiven Sowjetkommunismus) lautete. Die Vorgehensweise dabei kann nur aus einer Doppelstrategie bestehen, die Israel Singer, der Generalsekretär des „World Jewish Congress", mit „einer Kombination von Polizeieinsatz, Strafverfolgung und Erziehung" umschreibt: „Man muss die jungen Leute bilden und die alten vor denen schützen, die antisemitisch vorgehen."

Jonathan Joseph, der neue ungarische Vorsitzende des Europäischen Rats der Jüdischen Gemeinden (ECJC) sagte anlässlich seiner Wahl im Mai 2004: „Man kann den Antisemitismus nicht ausrotten, aber nun gibt es in Europa die politische und rechtliche Unterstützung, um gegen dieses Phänomen einzutreten."

Das ist eine wichtige Feststellung. Sie ist zugleich realistisch und optimistisch. Tatsächlich haben im Laufe des Jahres 2004 die europäischen Institutionen reagiert, und zwar zugleich auf symbolischer und auf praktischer Ebene. Ein Antisemitismus, der sich aus den Schmutzecken isolierter und diskreditierter Geisteshaltungen wieder herauswagt, der Eingang findet in den normalen politischen Diskurs, der sich eben in einer Welle von verbalen und physischen Übergriffen quer durch Europa Luft macht, muss und kann auf europäischer Ebene registriert und bekämpft werden. Das Europäische Parlament erhielt einen Bericht der Direktorin des EUMC, Beate Winkler, in dem sie auf die grundsätzlich notwendigen Maßnahmen hinwies: Engagement der politischen Führung, klare gesetzliche Rahmen, genaue Datenerhebung, Bildung der Jugend, Dialog der Kulturen. Von diesen ist ein klares „committment" für die aktuelle Situation wahrscheinlich am wichtigsten. Die Antisemiten müssen wissen, dass sie nicht unbeobachtet und nicht ungeschoren bleiben. Der Wachhund soll anschlagen.

Das Problem war aber offensichtlich so virulent, dass sich nicht nur die EU, sondern wenige Monate später in viel größerem Rahmen auch die OSZE, die Organisation für Sicherheit und Zusammenarbeit in Europa, mit einer großen Konferenz in Berlin unter Teilnahme unter anderem des amerikanischen Außenministers Colin Powell und des damaligen deutschen Bundespräsidenten Johannes Rau damit auseinander setzte. Die OSZE hat 54 Mitglieder, darunter die USA, aber auch Russland und die Nachfolgestaaten der Sowjetunion bis nach Zentralasien. Sie ist ein lockerer Zusammenschluss von Staaten, entstanden während des Zerfallsprozesses des Sowjetimperiums Mitte bis Ende der achtziger Jahre des vorigen Jahrhunderts. Sie hieß zunächst KSZE – „Konferenz für Sicherheit und Zusammenarbeit in Europa" und hatte die Aufgabe, eben den Transformationsprozess des „Ostblocks" friedlich und kooperativ zu managen. Diese Aufgabe ist zwar weitgehend gelöst, aber man hat es für nützlich befunden, die OSZE als Forum der Kooperation weiter aufrecht zu erhalten, wobei sich die Organisation auch stark um die Überwachung der Einhaltung der Menschenrechte kümmert.

Wenn nun eine solche Organisation auf einer Großkonferenz wie der Ende April in Berlin feierlich beschließt, intensiv und systematisch auf Anzeichen für antisemitische Tendenzen in ihrem Einflussbereich zu achten und damit eine eigene Agentur beauftragt (OHDIR in Warschau), dann ist das ein Zeichen dafür, dass die Regierungen der USA, des Vereinten Europa (inklusive der postkommunistischen Reformstaaten) und der Nachfolgestaaten der ehemaligen Sowjetunion eine besorgniserregende Entwicklung sehen, die sie glauben nicht mehr ignorieren zu können.

Die „Frankfurter Allgemeine" bezeichnete die Konferenz als „historisch", weil sich am Vorabend der EU-Erweiterung sämtliche Staaten, die sich dem „Westen" zurechnen, einer gemeinsamen Idee unterordneten – in der Stadt, von der die Judenvernichtung ausging. Die OSZE schickte mit der Konferenz (ebenso wie die EU mit dem kurz vorher abgehaltenen Seminar) ein Signal aus. Es war vor allem an die weniger „aufgeklärten", „westlichen" Mitgliedsstaaten wie Weißrussland, Russland, die Ukraine, die baltischen Staaten und Polen gerichtet: „Es gibt eine Verabredung in Europa, die primitive Instrumentalisierungen von Vorurteilen wie Antisemitismus ächtet – weil sie den Spielregeln unserer zivilisierten europäischen Gesellschaft widersprechen" (Prof. Wolfgang Benz). Oder mit anderen Worten: auch das neue, das Vereinigte, um den so genannten „Osten" erweiterte Europa duldet keinen Rückfall in die Finsternis.

Schließlich veröffentlichte noch die Europäische Kommission

gegen Rassismus und Intoleranz (ECRI) des Europarates in Straßburg im September 2004 neue Vorschläge zur Bekämpfung des Antisemitismus, die sie den europäischen Regierungen dringend zur Annahme empfahl. Diese neunte Allgemeine politische Empfehlung der ECRI ist der erste europäische Rechtstext hinsichtlich der Bekämpfung des Antisemitismus und spiegelte die „tiefe Besorgnis der Kommission über die jüngste Zunahme von Antisemitismus wider".

## „Weniger Gedanken über die Ursachen machen, sondern energisch vorgehen"

Man kann übrigens den Antisemitismus, vor allem den gewalttätigen, entschlossen und tatkräftig bekämpfen, ohne sich viel Gedanken über die Motive und Rechtfertigungen der Antisemiten zu machen. Joschka Fischer hat das in seiner Brüsseler Rede mit sympathischer Vehemenz formuliert: „Ich kann das Wiederaufflammen des Antisemitismus nicht verstehen und ich will es auch nicht verstehen. Entscheidend ist – was tun wir? Ob wir es mit einem alten oder neuen Antisemitismus zu tun haben, ist nicht so entscheidend. Es handelt sich um ein Verbrechen gegen die Menschheit. Es gibt daher nur eine Antwort: Widerstand. Wir sollten uns daher weniger Gedanken über die Ursachen machen als energisch vorgehen – die Justiz und die Zivilgesellschaft. Solange Synagogen, Schulen, Kindergärten usw. von der Polizei geschützt werden müssen, solange Politiker mit antisemitischen Ressentiments auf Stimmenfang gehen – solange müssen wir uns der Bedrohung stellen. Jedes Mal, wenn der Antisemitismus sein Haupt erhebt und wenn es Not tut, müssen wir ihm auf dieses Haupt schlagen. Toleranz ist nicht wehrlos. Sie muss sich gegenüber der Intoleranz zur Wehr setzen. Wir müssen aktiv werden – und mit ‚wir' meine ich die Mehrheit der Bevölkerung. Wenn uns eines in den dreißiger Jahren gefehlt hat, dann die Zivilcourage."

Das gilt auch für den privaten Bereich. Es ist nicht leicht, den immer wieder geäußerten Klischees und Vorurteilen entgegenzutreten – „Die Juden haben ja die Macht in den USA, das weiß man ja" –, aber es ist im Grunde auch nicht möglich zu schweigen. Der wie

Feinstaub in der deutschen, österreichischen, europäischen Gesellschaft verteilte Antisemitismus wird uns noch lange, wahrscheinlich für immer, bleiben. Wenn man ihn aber akzeptiert, wenn man sozusagen aufgibt, ohne ihm energisch entgegenzutreten, in der öffentlichen Debatte wie im privaten small talk, dann werden viele „Mitläufer" und Mitplapperer glauben, dass es nun wieder erlaubt ist, so über Juden zu sprechen. Dann wird der Antisemitismus wieder in die Nähe einer Meinungsführerschaft kommen.

Was aber die Verschmelzung zwischen dem Konflikt zwischen Arabern und Juden, Israelis und Palästinensern einerseits und dem daraus resultierenden Neuen Antisemitismus andererseits betrifft, so hat der Historiker Dan Diner den Vorschlag einer „gordischen Lösung" gemacht: „Nämlich den Antisemitismus zu bekämpfen, als wäre der arabisch-jüdische, israelische-palästinensische Konflikt nicht; und alles zu unternehmen, um eben jenen Konflikt einer beiden Seiten erträglichen Lösung zuzuführen, so, als gäbe es den Antisemitismus nicht."

# Personenregister

247